기도문 필사 시리즈 3

영적 거장들의 기도문 필사 노트 1

세움북스는 기독교 가치관으로 교회와 성도를 건강하게 세우는 바른 책을 만들어 갑니다.

기도문 필사 시리즈 3

영적 거장들의 기도문 필사 노트 1

초판 1쇄 인쇄 2022년 2월 15일
초판 1쇄 발행 2022년 2월 20일

번역 · 엮음 | 정요한
펴낸이 | 강인구
펴낸곳 | 세움북스

등 록 | 제2014-000144호
주 소 | 서울특별시 서대문구 연희로 160 3층 연희회관 302호
전 화 | 02-3144-3500
팩 스 | 02-6008-5712
이메일 | cdgn@daum.net

교 정 | 류성민
디자인 | 참디자인

ISBN 979-11-91715-17-0 (03230)

* 이 책은 신저작권법에 의하여 국내에서 보호를 받는 저작물입니다.
  출판사와의 협의 없는 무단 전재와 무단 복제를 엄격히 금합니다.
* 책값은 뒤표지에 있습니다.
* 잘못된 책은 교환하여 드립니다.

 # 일러두기 | 이 책의 인명과 지명은 국립국어원 외래어 표기법을 따랐다.

기도문 필사 시리즈 3

영적 거장들의 기도문 필사 노트

1

정요한 번역 · 엮음

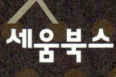
세움북스

이 책의 활용법

〈세움북스 기도문 필사 시리즈〉는 필사를 통한 보다 **풍요로운 신앙생활**과 **성장**을 위해 기획되었습니다. 기도문을 따라 쓰다 보면 **기도의 모범**을 배우게 되고, **더 깊은 기도 생활**을 몸으로 익히는 유익한 시간이 될 것입니다.

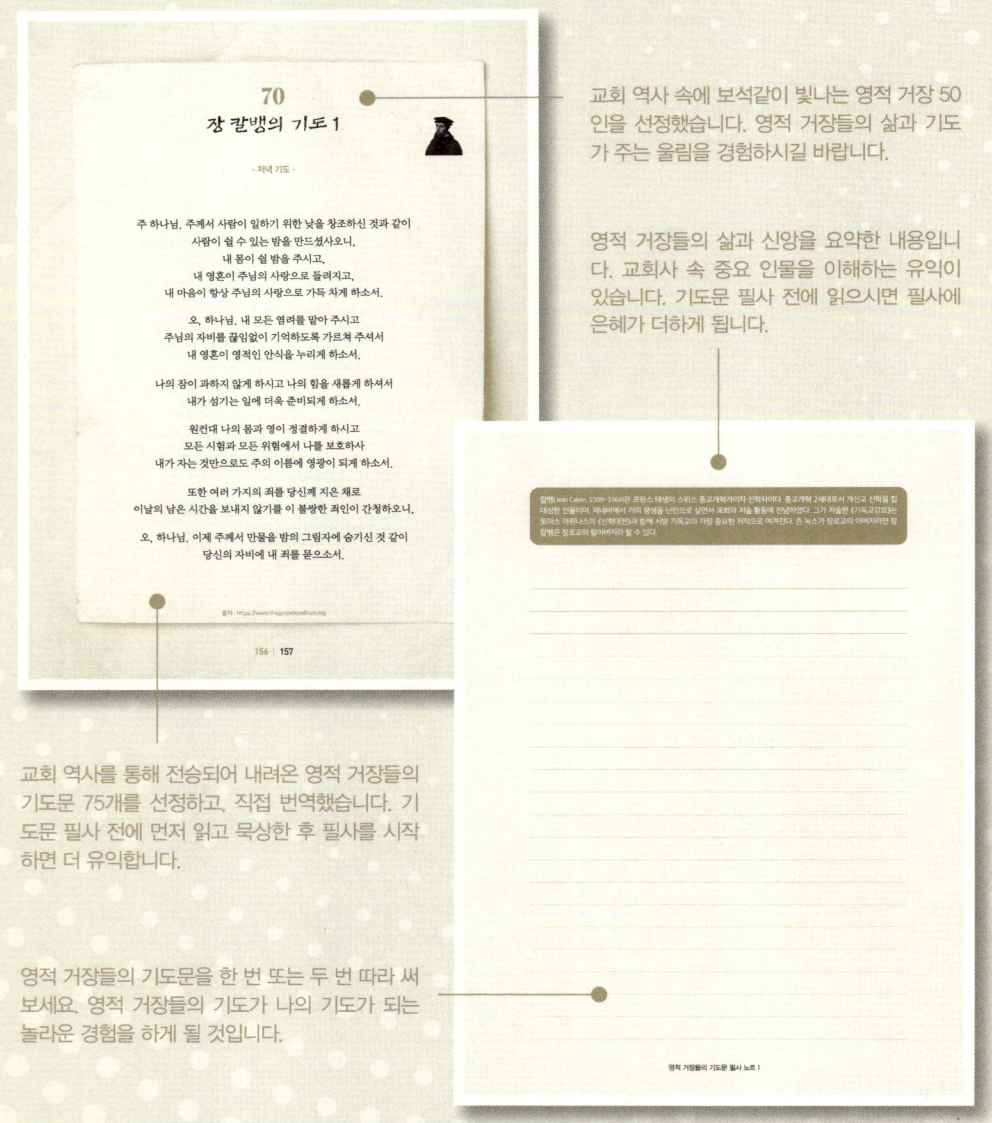

교회 역사 속에 보석같이 빛나는 영적 거장 50인을 선정했습니다. 영적 거장들의 삶과 기도가 주는 울림을 경험하시길 바랍니다.

영적 거장들의 삶과 신앙을 요약한 내용입니다. 교회사 속 중요 인물을 이해하는 유익이 있습니다. 기도문 필사 전에 읽으시면 필사에 은혜가 더하게 됩니다.

교회 역사를 통해 전승되어 내려온 영적 거장들의 기도문 75개를 선정하고, 직접 번역했습니다. 기도문 필사 전에 먼저 읽고 묵상한 후 필사를 시작하면 더 유익합니다.

영적 거장들의 기도문을 한 번 또는 두 번 따라 써 보세요. 영적 거장들의 기도가 나의 기도가 되는 놀라운 경험을 하게 될 것입니다.

엮은이 서문

기독교 역사에는 믿음의 본을 보인 많은 선조들이 있습니다. 우리의 신앙은 따로 떨어져 섬처럼 존재하지 않으며, 현시대 우리 각자가 우리 앞 시대의 선조들과 성령의 끈으로 연결되어 있습니다. 따라서 믿음의 선조들의 신앙을 배우는 것은 단지 역사를 배우는 것만이 아니라 그들과 연결된 우리의 신앙을 배우고 확인하는 것이기도 합니다.

믿음의 사람들은 하나같이 기도의 사람들이었습니다. 그들은 기쁠 때나 슬플 때나 즐거울 때나 괴로울 때나 건강할 때나 병들었을 때나 심지어 죽음을 직면했을 때조차도 변함없이 하나님께 기도했습니다. 길게 혹은 짧게, 소박하게 혹은 화려하게 드려진 그들의 기도는 하나님 앞에 바쳐져 그분을 즐겁게 하는 향기가 되기도 했고, 또 우리에게 전해져 기도의 모범으로서 가르쳐지기도 했습니다. 따라서 그들의 기도는 개인적인 기도로 그치지 않고 우리 공동체와 우리 자신의 기도이기도 합니다.

이 책은 세례 요한으로부터 16세기까지 50명의 믿음의 사람과 공동체의 기도문 75편을 엮은 책입니다. 그들은 상황이나 환경에 상관없이 하나님께 기도했습니다. 그들의 기도를 통해 우리 역시 그런 상황에서 어떻게 기도해야 할지 배울 수 있습니다. 한 번 읽고 써 보는 것으로 그치기보다는, 이 기도들을 하나하나 마음에 새겨 우리도 하나님께 기도하고 그분께 영광 돌리게 되기를 바랍니다.

목차

이 책의 활용법 • 4

엮은이 서문 • 5

01 세례 요한의 기도 • 8
02 로마의 클레멘스의 기도 1 • 10
03 로마의 클레멘스의 기도 2 • 12
04 로마의 클레멘스의 기도 3 • 14
05 안디옥의 이그나티오스의 기도 • 16
06 폴리카르포스의 기도 • 18
07 1세기 무명 그리스도인의 기도 • 20
08 이레니우스의 기도에 관한 권면 • 22
09 알렉산드리아의 클레멘스의 기도 • 24
10 테르툴리아누스의 기도 • 26
11 히폴리투스의 기도 • 28
12 오리게네스의 기도 • 30
13 키프리아누스의 기도 • 32
14 에우세비우스의 기도 • 36
15 아타나시우스의 기도 1 • 38
16 아타나시우스의 기도 2 • 40
17 3세기 마가의 예식서에 포함된 기도문 • 42
18 3세기 동방교회 예식서에 포함된 기도문 • 44
19 3세기 갈리아 교회 예식서 • 46
20 이집트 마카리오스의 기도 • 48
21 카이사리아 바실의 기도 1 • 50
22 카이사리아의 바실의 기도 2 • 52
23 카이사리아의 바실의 기도 3 • 54
24 니사의 그레고리우스의 기도 • 56
25 암브로시우스의 기도 1 • 58
26 암브로시우스의 기도 2 • 62
27 히에로니무스의 기도 • 66
28 크리소스토무스의 기도 1 • 68
29 크리소스토무스의 기도 2 • 70
30 크리소스토무스의 기도 3 • 72
31 크리소스토무스의 기도 4 • 74
32 아우구스티누스의 기도 1 • 76
33 아우구스티누스의 기도 2 • 78
34 아우구스티누스의 기도 3 • 82
35 아우구스티누스의 기도 4 • 84
36 아우구스티누스의 기도 5 • 86
37 아우구스티누스의 기도 6 • 88
38 아우구스티누스의 기도 7 • 90

39 패트릭의 저녁 기도 • **92**	57 토마스 아 켐피스의 기도 2 • **130**
40 4세기 무명 그리스도인의 기도 • **94**	58 얀 후스의 기도 • **132**
41 보에티우스의 기도 • **96**	59 지롤라모 사보나롤라의 기도 • **134**
42 5세기 무명 그리스도인의 기도 • **98**	60 마르틴 루터의 기도 1 • **136**
43 다마스쿠스의 요한의 기도 • **100**	61 마르틴 루터의 기도 2 • **138**
44 8세기 갈리아 교회의 기도 • **102**	62 마르틴 루터의 기도 3 • **140**
45 시리아 야고보 교회의 디오니시우스의 기도 • **104**	63 마르틴 루터의 기도 4 • **142**
	64 마르틴 루터의 기도 5 • **144**
46 앨프레드 대왕의 기도 • **106**	65 요하네스 부겐하겐의 기도 • **146**
47 클레르보의 베르나르의 기도 • **108**	66 윌리엄 틴들이 처형 직전 드린 기도 • **148**
48 안셀무스의 기도 • **110**	67 필립 멜란히톤의 기도 • **150**
49 아시시의 프란체스코의 기도 1 • **112**	68 15세기 무명 그리스도인의 기도 • **152**
50 아시시의 프란체스코의 기도 2 • **116**	69 파이트 디트리히의 기도 • **154**
51 보나벤투라의 기도 • **118**	70 장 칼뱅의 기도 1 • **156**
52 토마스 아퀴나스의 기도 1 • **120**	71 장 칼뱅의 기도 2 • **158**
53 토마스 아퀴나스의 기도 2 • **122**	72 장 칼뱅의 기도 3 • **162**
54 토마스 브래드워딘의 기도 • **124**	73 장 칼뱅의 기도 4 • **164**
55 리차드 롤의 기도 • **126**	74 요아킴 민싱거 폰 프룬덱의 기도 • **166**
56 토마스 아 켐피스의 기도 1 • **128**	75 토마스 크랜머의 기도 • **168**

01 세례 요한의 기도

성부여, 당신의 아들을 저에게 보여 주소서.
성자여, 성령님을 저에게 보여 주소서.
성령이여, 당신의 능력으로 저에게 지혜를 주소서.

거룩하신 아버지여,
아버지의 능력으로 나를 거룩하게 하시고,
아버지의 탁월함과 영광을 알게 하시며,
아버지의 아들을 내게 보이사,
아버지의 지식으로 말미암아 빛을 받은
당신의 성령으로 나를 채워 주소서.

거룩하신 아버지여,
아버지의 권능을 나타내시고,
아버지의 영광을 우리에게 보이시며,
아버지의 아들을 우리에게 알게 하소서.

내 주님,
아버지의 지식을 통하여 빛을 주시는
당신의 영으로 우리를 채우소서.

출처 : http://www.thisischurch.com

02
로마의 클레멘스의 기도 1

예식서에서

오, 주님.
당신을 송축합니다.
당신은 내가 어렸을 적부터 나를 키워 주셨으며,
모든 육체에게 양식을 주시는 분이십니다.

우리 마음을 기쁨과 즐거움으로 채워 주시고.
언제나 모든 일에 넉넉하게 하시며
모든 선한 일을 넘치게 하소서.

그리스도 예수 우리 주님 안에서 그리하소서.
그분을 통해 당신께 영광을,
명예와 권세와 위엄과 주권을
영원히 영원히 돌립니다.

출처 : Prayers of the Early Church, edited by J. Manning Potts, 1953

테르툴리아누스 말에 따르면 로마의 클레멘스(Clemens Romanus, 30~101)는 베드로에게서 사제 서품을 받았다고 한다. 1세기 말에 로마 교회에서 사목 활동을 펼쳤고, 이후 베드로가 로마 교회의 모든 업무를 위임했으며, 실질적인 자신의 후계자로 지명했다고 한다. 또한 로마 교회의 네 번째 주교(베드로를 포함해서)로 알려졌으며, 당시 대부분의 로마 교회 신자들이 열두 사도에 버금가는 인물로 생각했다. 그의 저서로는 유일하게 『고린도 교회에 보낸 편지』가 남아 있으며, 이는 신약 성경 이후 가장 오래된 최초의 교부 문헌이다. 트라야누스 황제 때 체포되어 목에 닻을 달고 바닷속에 던져져 순교했다.

03
로마의 클레멘스의 기도 2

예식서에서

오, 전능하신 하나님.
당신의 독생자 그리스도의 아버지시여.
나에게 더러움 없는 몸과 정결한 마음,
조심스러운 생각과 정확한 앎,
성령의 능력을 주시옵소서.

당신의 그리스도를 통해 진리를 얻고
이 진리를 완전히 누리게 하소서.
성령 안에서 영원히 당신께 영광을 돌립니다.

출처 : Prayers of the Early Church, edited by J. Manning Potts, 1953

04
로마의 클레멘스의 기도 3

통치자들을 위해

오, 주님.
모든 왕과 통치자에게 건강과 평화와 화합과 안정을 주셔서
당신께서 그들에게 주신 정부를 그들이 오류 없이 통치하게 하소서.
당신을 위해.

오 하늘의 주인, 만왕의 왕이시여.
사람의 아들들에게 영광과 존귀와 권세를 주셔서
땅에 있는 모든 것을 다스리게 하소서.

오, 주님. 그들의 길을 인도하옵소서.
화평과 온유와 경건 안에서
당신 보시기에 선하고 기뻐하시는 길로 이끄시고,
당신께서 주신 권위로 이 땅을 다스리게 하소서.

그러면 그들이 당신을 끊임없이 기쁘게 해 드릴 것입니다.
당신만이 우리를 위해 이런 일들을,
이보다 더 큰 일들을 하실 수 있습니다.
우리 영혼의 대제사장이시며 보호자이신 당신을 찬양합니다.

예수 그리스도, 그분으로 말미암아
그들에게 영광과 위엄이
이제와 영원히 있기를 원하나이다.

출처 : Prayers of the Early Church, edited by J. Manning Potts, 1953

05
안디옥의 이그나티오스의 기도

죽음 앞에 있는 이들을 위해

오, 주님.
이 세상을 떠나 당신께로 가는 당신 종들의 영혼을
고요하게 받으시고 평화롭게 받으소서.

그들에게 안식을 허락하시고
복된 영혼들의 거처인 빛의 처소에 두소서.

그들에게 늙지 아니하는 생명을,
없어지지 아니하는 좋은 것과 끝없는 기쁨을
우리 주 예수 그리스도로 말미암아 주시옵소서.

출처 : http://www.thisischurch.com

안디옥의 이그나티오스(Ignatios of Antioch, 35~110)는 초대 교회 속사도 6인 중 한 명이며 안디옥의 주교였으며, 친구인 폴리카르포스와 함께 사도 요한의 제자였다고 전해진다. 트라야누스 황제에게 처 포되어 키르쿠스 막시무스(로마의 대경기장)에서 순교했다. 안디옥에서 로마로 압송되던 중에 일곱 편의 편지를 썼는데, 주된 내용은 교회론, 성례전, 사제직에 관한 것이었고 교부 시대 초기의 기독교 모습을 잘 보여 주고 있다. 또한 보편 교회(Catholic church, 지금의 천주교가 아닌, 공교회라는 의미)라는 용어를 처음 사용한 인물로 알려져 있다.

06
폴리카르포스의 기도

순교를 앞두고

오, 당신의 사랑받고 복된 아들 주 예수의 아버지.
우리로 예수를 통해 당신을 알게 하신 하나님이여.

오, 천사와 권세와 모든 살아 있는 피조물과
당신의 존전에 사는 모든 믿는 이의 하나님이여.

이 은혜의 날과 때를 허락하사 썩지 않게 하시는 성령님 안에서,
우리 몸과 영혼 모두를 영원한 생명으로 일으키시는 그리스도의 사람 중에서,
순교자로서 제 몫을 허락하심에 감사하나이다.
오늘날 그들 가운데 저를 당신 눈앞에
유익하고 열납할 만한 제물로 받아 주셨사오니,
이는 당신께서 이미 준비하셨고, 자주 나타내셨으며, 이제 성취되었사옵나이다.

당신은 거짓을 말씀하지 않으시는 가장 신실하신 하나님이십니다.
이 모든 일로 인해 당신을 찬양하며, 당신을 송축하고,
당신께 영광을 돌리나이다.
영원하신 대제사장, 곧 당신의 사랑하는 아들 예수 그리스도로 말미암아
이 모든 영광이 당신과 성령께 이제와 영원히 있기를 원하나이다.

출처 : Prayers of the Early Church, edited by J. Manning Potts, 1953

폴리갑이라고도 불리는 폴리카르포스(Polykarpos, 69~155)는 사도 요한의 제자이며 이레니우스의 스승이다. 마르키온주의 이단과 격렬히 싸웠으며 초대 교회 변증가 중 한 명으로 알려져 있다. 그는 마르쿠스 아우렐리우스 황제 시절 체포되어 화형당하였고, 배교를 권하는 총독에게 남긴 다음과 같은 말로 유명하다. "나는 36년간 하나님을 섬겼는데, 그동안 하나님은 나에게 어떤 잘못된 것도 주신 일이 없다. 그런데 내가 어떻게 하나님이자 나의 구원자를 배신할 수 있겠는가? 당신은 한순간에 내 몸을 태울 불로 나를 위협하고 있지만, 당신을 위해서는 악인들을 영원히 태우는 지옥불이 예비되어 있다."

07
1세기 무명 그리스도인의 기도

1세기 파피루스에서 발견된 기도문

우리를 구하소서 주님.
우리를 모든 악에서 구하소서.

우리의 날에 평화를 주소서.
우리가 죄에서 자유로울 수 있게
당신의 자비로 지키소서.

모든 걱정으로부터 우리를 보호하소서.
우리 주님의 오심을
우리가 기쁜 소망으로 기다릴 때 그리하소서.
예수 그리스도의 우리의 주님이시여.

출처 : http://www.thisischurch.com

08
이레니우스의 기도에 관한 권면

당신이 하나님의 형상을 닮은 것이 아닙니다.
하나님이 당신을 그분의 형상으로 만드셨습니다.

당신이 하나님의 작품이라면,
마땅한 때가 되어 모든 일을 행하시는
예술가의 손길을 기다리십시오.

자신에게 부드럽고 다루기 쉽도록 만든 그분이
당신을 조성하신 그 모습 그대로
당신의 마음을 바치십시오.

당신이 어렵게 자라지 않도록,
그분의 손가락 자국을 잃지 않도록
무른 진흙이 되십시오.

출처 : https://www.fccpalestine.org

이레니우스(Irenaeus, 130~202)는 갈리아의 루그두눔(오늘날의 프랑스 리옹)의 주교이자, 초대 교회의 신학 사상을 대체로 정리한 인물이며, 최초의 체계적인 기독교 변증서라 볼 수 있는 『이단 논박』의 저자이면서 폴리카르포스의 제자이다. 교회의 신학이 교회 안에서만 아니라 믿지 않는 세상과 어떻게 대화해야 하는지, 이를 최초로 고백하고 글로 남긴 사람으로서, 동·서방 교회를 막론하고 초대 교회 최고의 신학자로 추앙받고 있다.

09
알렉산드리아의 클레멘스의 기도

인생을 위한 기도

주님, 당신의 어린 자녀들에게 친절을 베풀어 주소서.
우리 선생님, 우리 아버지, 이스라엘의 인도자이신 성자, 또 성부이시여.

우리는 당신께서 우리에게 말씀하신 것들을 행함으로
당신의 형상에 충실한 모습을 얻을 수 있고
당신 안에서 좋으신 하나님과 관대한 판관을 찾을 수 있습니다.

우리 모두 당신에게서 오는 평화 안에서 살기 위해
당신의 도성을 향해 여행하기를 원하며,
파도가 닿을 수 없는 죄의 바다를 건너 항해하는 동안
모든 것을 초월한 당신의 지혜이신 성령의 고요한 인도를 받길 원합니다.

모든 것의 마지막 날까지
밤과 낮에 우리의 찬양이 당신께 드리는 감사이길,
우리의 감사로 당신을 찬양하길 원하오니,

당신은 홀로 아버지시며 아들이시고,
아들이시며 아버지이시고,
우리의 선생이신 아들이시며,
성령님과 함께하시나이다.

출처 : Prayers of the Early Church, edited by J. Manning Potts, 1953

알렉산드리아의 클레멘스(Titus Flavius Clemens, Clement of Alexandria, 150~215)는 알렉산드리아 교리문답 학교의 수장이었으며 오리게네스의 스승이다. 그리스 철학에 대해 어떤 신학자들보다도 조예가 깊고 관심과 존경심을 가진 반면에, 조직 교회에 대해서는 어떤 교부들보다도 냉담하게 대했다. 그리스 철학만 아니라 불교에도 조예가 깊어 이를 언급한 최초의 신학자이다.

10
테르툴리아누스의 기도

기도의 합당함을 고백

모든 천사들이 기도합니다.
모든 피조물들이 기도합니다.
가축과 짐승들이 기도하며 무릎을 꿇습니다.

그들이 우리와 굴에서 나올 때 하늘을 바라보고 외치며
그들만의 방식으로 그들의 영혼을 들어 올립니다.

새들도 일어나서 하늘로 솟구칩니다.
손 대신 날개를 펼쳐 십자가를 만들고
지저귐으로 소리 내어 기도합니다.

기도를 해야 함에 무슨 말이 더 필요하겠습니까.
주님 자신도 기도하셨습니다.
그분께 존귀와 권세가 세세히 있기를 원합니다.

출처 : Prayers of the Early Church, edited by J. Manning Potts, 1953

터툴리안이라고도 불리는 테르툴리아누스(Quintus Septimius Florens Tertullianus, 155~240)는 삼위일체라는 용어를 최초로 사용한 교부이자 신학자이다. 카르타고 출신이며 아버지는 로마 총독의 백부장이었다. 법률을 공부하고 변호사가 되었으며 순교자들의 신앙을 보고 감동받아 기독교인이 되었다. 교회사 최초로 라틴어를 사용해 신학을 전개했다. 또한 십자가를 멸시하는 마르키온에게 예수의 십자가야말로 기독교인 최고의 영예이자 신앙의 필수임을 주장했다.

11
히폴리투스의 기도

그리스도의 부활을 찬양하는 기도

그리스도께서 부활하셨습니다.
아래 세상은 황량합니다.

그리스도께서 부활하셨습니다.
악한 영은 타락했습니다.

그리스도께서 부활하셨습니다.
하나님의 천사들은 기뻐합니다.

그리스도께서 부활하셨습니다.
죽은 자의 무덤은 비어 있습니다.

그리스도께서 참으로 죽음에서 부활하셔서
잠자는 자들의 첫 열매가 되셨습니다.

영광과 능력이 영원토록 그분의 것입니다.

출처 : http://www.thisischurch.com

히폴리투스(Hippolytus of Rome, 170~235)는 2세기 가장 중요한 신학자 중 한 사람으로 팔레스타인, 이집트, 아나톨리아, 로마, 중동 전체의 공동체에서 그를 추앙한 흔적이 발견된다. 이레니우스의 제자로 추정되고 로마 교구와 대립했다는 사실 외에는 정확한 이력은 알려져 있지 않다.

12
오리게네스의 기도

성경을 읽기 전에

주님,
당신의 말씀을 읽도록 영감을 주시고,
그것을 밤낮으로 묵상하게 하소서.

우리에게 필요한 것이 무엇인지
참으로 알게 해 주시기를 간청하오니,
그리하시면 우리가 주의 교훈을 실천하도록 돌아서겠나이다.

주님,
당신의 은혜로 충만한 사랑에 뿌리박지 않는다면,
우리의 이해와 우리의 선한 의도가
여전히 쓸모없음을 우리가 아오니,

당신의 성경 말씀 위에서
단순히 종이 위의 글자를 찾는 것이 아니라
우리 마음을 향한 은혜의 통로를 찾게 하소서.

출처 : The One Year Book of Personal Prayer, Tyndale House Publishers, 1991

오리겐이라고도 불리는 오리게네스(Origenes of Alexandria, 185~254)는 알렉산드리아 학파를 대표하는 교부이며, 철저한 금욕주의자로 유명하다. 성경 신학, 조직 신학, 변증학을 망라하는 방대한 신학을 펼쳤으나, 알레고리를 성경 해석의 주된 방법으로 사용하여 이후 성경 해석에 영향을 끼쳤으며, 급진적인 신학 사상으로 인해 다른 교구와 충돌을 일으켰고 끝내는 알렉산드리아 교회에서 추방당했다.

13
키프리아누스의 기도

사탄의 권세로부터 해방을 구함

주 예수 그리스도, 우리 하나님, 만물의 창조주요 공급자시여.
당신은 거룩하고 존귀하십니다.
만왕의 왕, 신 중의 신이시여. 영광을 받으소서.
불가해하며 멀리 있는 빛 가운데 사시는 분이시여.
당신의 미천하며 무가치한 종이 기도합니다.

당신을 따르는 자들로부터 마귀가 떠나가게 하시고,
그들의 모든 속임수를 없애 주소서.
필요에 따라 비를 내려 주시고 땅이 그 열매를 맺게 하소서.
나무들과 포도원이 열매를 많이 맺게 하소서.

여인들에게 죄와 태의 불임으로부터 자유를 주시고,
이 모든 일이 성취되고 온 세상이 자유를 얻게 된 후에는
모든 피조물을 악마의 속박에서 벗어나게 하소서.
당신의 모든 종과 그 집안의 모든 것이
사탄의 모든 결박과 마술과 부적과 모든 원수의 권세로부터 놓이게 하소서.

뒷장에 이어서 ▶

> 키프리아누스(Thascius Caecilius Cyprianus, 200~258)는 테르툴리아누스와 함께 북아프리카의 가장 중요한 교부 가운데 한 명이다. 청빈한 삶을 강조하고 스스로도 이를 실천했다. 이단 교회에서 세례받고 회개한 신자들에게 재세례를 주어야 한다고 적극적으로 주장했으나 받아들여지지 않았다.

오, 주여. 우리 조상들의 하나님이시여.
모든 사탄의 일을 결박하시고,
마술과 부적과 주문과 사탄의 모든 행위와 묶음에서 풀어 주시는
당신의 지극히 거룩한 이름을 부를 때,
모든 정직하지 못한 일을 파멸하소서.

하나님, 모든 것들의 주님.
이와 같이 이 무가치한 자의 기도를 들으시고
당신의 종을 모든 사탄의 결박에서 풀어 주소서.
주 우리 하나님, 모든 것을 아시고 분별하시는 주님.
지금 바로 사탄의 일을 깨뜨리시고 당신의 종을 보호하소서.
그리고 그와 그 온 집안을 사탄의 모든 궤계로부터 보호하소서.
주여, 죄인인 나와 나의 온 집안의 기도를 들으소서.

모든 질병과 모든 저주와 모든 분노와 역경과 험담과
시기와 유혹과 무자비함과 게으름과 탐욕과 무력함과
어리석음과 우매함과 교만과 잔인함과 불공정함과 자만과
알고 있거나 모르고 있는 모든 오류와 실수를
당신의 거룩한 이름과 당신의 영원한 영광을 위해 고치소서.

출처 : https://lucian-hodoboc.com

14
에우세비우스의 기도

화목을 위해-

주님. 내가 누군가의 적이 되지 않고
그저 영원하시며 항존하시는 분의 친구가 되길 원하오니,
나와 가장 가까운 사람들과 결코 다투지 않게 하시고
만일 다툰다면 속히 화해하게 하소서.

모든 사람이 행복하고 누구도 다른 사람을 부러워하지 않으며,
나에게 해를 끼친 사람의 불행을 결코 기뻐하지 않고,
잘못된 것을 행하고 말할 때 다른 사람의 책망을 기다리기보다
바로잡을 때까지 스스로 책망하게 하시며,
서로에게 화가 난 친구들 사이에서 화평을 끼치게 하소서

위험에 처한 친구를 결코 외면하지 않게 하시고,
슬픔에 잠긴 사람들을 찾아가 그들의 고통을 나누며
부드럽게 위로해 도울 수 있게 하소서.
나 스스로를 존중하게 하소서.

내 안의 격렬한 분노를 길들이길 원하오니,
온유한 사람이 되게 하시고
상황을 핑계로 다른 이들에게 성내지 않게 하소서.

누가 악하고 어떤 악을 행하는지 결코 논하지 않으며,
그저 선한 사람들을 배우고 그들의 자취를 따르게 하소서.

출처 : https://innerhealingministry.org

유세비우스라고도 불리는 에우세비우스(Eusebius Pampilus, 263~339)는 로마의 신학자, 역사가, 성경학자, 초대 교회사를 기록한 '교회사'의 저자이며, 그리스도의 삼중직(선지자, 제사장, 왕의 직분을 통해 택자들을 구원하셨다는 교리)을 최초로 주장한 인물이다.

15
아타나시우스의 기도 1

그리스도를 찬양하는 기도

당신은 아버지의 아들 예수님이십니다. 아멘, 그렇습니다.
당신은 그룹과 스랍들에게 명하시는 분이십니다. 아멘, 그렇습니다.
당신은 진리 가운데 아버지와 언제나 함께하셨습니다. 아멘, 그렇습니다.

당신은 천사들을 다스리십니다. 아멘, 그렇습니다.
당신은 하늘의 권세이십니다. 아멘, 그렇습니다.
당신은 순교자들의 면류관이십니다. 아멘, 그렇습니다.
당신은 성도들의 모사이십니다. 아멘, 그렇습니다.
당신은 아버지의 숨겨진 깊은 비밀이십니다. 아멘, 그렇습니다.

당신은 선지자들의 입술이십니다. 아멘, 그렇습니다.
당신은 천사들의 혀이십니다. 아멘, 그렇습니다.
당신은 예수님, 나의 생명이십니다. 아멘, 그렇습니다.

당신은 예수님, 세상이 거부하고,
세상이 자랑하는 분이십니다. 아멘. 그렇습니다.
예수 그리스도,
마음을 당신에게 두는 모든 이에게 희망이 되시는 분이시여.

출처 : Coptic Homilies in the Dialect of Upper Egypt, A.W.T. Budge

아타나시우스(Athanasius of Alexandria, 269~373)는 알렉산드리아 교구의 총대주교였으며, 모든 기독교 종파에서 위대한 신학자로 추앙받고 있다. 그리스도가 하나님과 유사 본질을 지닌 피조물이라고 주장한 아리우스에 대항하여 그리스도와 하나님은 동일 본질인 한 분 하나님을 주장해 삼위일체의 신학적 체계를 만든 인물이다. 325년 니케아 공의회에서 아타나시우스의 삼위일체 교리를 정통으로 결정했다.

16
아타나시우스의 기도 2

그리스도를 송축하는 기도

누가 당신만큼 영광스럽고 누가 당신과 비교할 수 있겠습니까.
당신은 그룹들 위에 좌정하신 왕이시요, 스랍들은 당신들 앞에 서 있습니다.
하늘과 땅이 당신의 자비하심을 고대합니다.
당신은 사람과 가축과 들짐승들과 새들에게 생명을 주시고
그들 모두를 먹이십니다.

당신은 임마누엘이시니 우리와 함께하시는 하나님이십니다.
당신은 천하게 태어나셨지만 위대한 신성을 지니신 하나님이자 주인이십니다.
당신을 송축합니다.

축복이 당신께 속했고 영광도 당신께 속했으며 자비도 당신께 속했습니다.

그리스도여, 나를 멀리하지 마소서.
당신은 자비로우시고 영혼을 사랑하시는 분이십니다.
당신께서 나를 버려진 데서 구원하셨고,
주의 백성들의 목자가 되게 하셨으니 내가 그들을 주의 뜻대로 인도하였나이다.

당신을 송축합니다. 나의 구원자시여. 당신을 송축합니다.
성도들의 자랑이신 예수님, 그룹과 스랍들의 권능이신 분이여.
당신을 송축합니다. 땅을 풍요롭게 하시는 예수님,
강한 자들 중에 지혜로운 자여. 당신을 송축합니다.
공의로운 왕의 홀, 시들지 않는 면류관, 모든 이들의 생명이여.
당신을 송축합니다.
모든 이의 부활, 빛에서 오신 빛이시여.

출처 : http://www.prayerfoundation.org

17
3세기 마가의 예식서에 포함된 기도문

동방 정교회, 그리스 정교회에서 사용되는 예배 의식서

오, 가장 강력하신 왕. 성부와 함께 영원하신 분.
당신은 당신의 능력으로 지옥을 이기고 죽음을 밟으셨습니다.
당신의 기적 같은 힘과 형언할 수 없는 신격의 광채로
강자들을 결박하셨습니다.

당신은 두 번째 아담으로 무덤에서 일어나셨습니다.
당신의 축복이 가득한 보이지 않는 오른손을 보내셔서
우리 모두를 축복하십니다.

오 주여, 우리를 불쌍히 여기소서.
당신의 신성한 권능으로 우리를 강하게 하소서.
육체의 욕망과 죄 되고 사악한 영향을 없애시고,
우리 영혼에 빛을 비추시며, 우리를 둘러싼 죄악의 암흑을 거두소서.

당신을 기쁘시게 하는 축복받은 무리에 나를 부르소서.
당신을 위해, 당신을 통해 모든 찬양과 영광과 능력과 예배와 감사를 돌립니다.
성부와 성령께 이제로부터 영원히.

출처 : The One Year Book of Personal Prayer, Tyndale House Publishers, 1991

3세기경부터 사용된 것으로 여겨지는 이집트 콥트교회의 예배 의식서. 전승에 따르면 마가복음의 저자 마가가 전달한 것으로 전해진다.

18
3세기 동방교회 예식서에 포함된 기도문

동방 정교회, 그리스 정교회에서 사용되는 예배 의식서

오, 하나님.
당신은 위대한 권능이시며, 이해할 수 없는 분이십니다.
우리를 향한 당신의 계획은 놀랍습니다.
당신의 종에게 성령의 은사를 주셔서 채워 주소서.
그리하시면 그가 당신의 거룩한 제단 앞에 흠 없이 서겠나이다.

그리하소서.
당신의 왕국의 복음을 전하고
당신의 진리의 말씀을 행하고
당신께 예물과 신령한 제사를 드리며
당신의 백성을 중생의 샘에서 새롭게 하기 위해
그리하소서.

당신의 유일하신 외아들, 우리의 위대하신 하나님.
구원자 예수 그리스도께서 다시 오실 때
당신의 거룩하고 위엄 있는 이름이
찬송과 영광을 받으시고
당신의 자비로 우리가 상급을 받게 되리이다.

출처 : Prayers of the Early Church, edited by J. Manning Potts, 1953

19
3세기 갈리아 교회 예식서

갈리아 지방, 지금의 프랑스 지역 교회에서 사용된 예배 의식서

오, 주님. 자비를 베푸소서.
우리와 함께 우정으로 묶이고
가족으로 결합된 모든 사람에게.

그리고 그들이 우리와 함께
당신의 거룩한 뜻에 완벽히 일치하게 하시고,
모든 죄에서 깨끗하게 하시며,
당신의 사랑의 영감을 통해
우리가 가치 있는 존재로 발견되게 하소서.

당신의 하늘 왕국 축복에
우리 주 예수 그리스도를 통해 동참하게 하소서.

출처 : Prayers of the Early Church, edited by J. Manning Potts, 1953

20
이집트 마카리오스의 기도

죽음을 기다리며

주님,
내 인생이 끝을 향해 가고,
저녁이 나를 기다리고 있사오니
이제 자비를 베푸소서.

내 죄가 심히 많아 그 죄를 씻기에는
나에게 남겨진 시간이 너무나도 부족하오니,
내가 아직 이 땅에 있는 동안 나를 고쳐 주소서.
그러면 내가 참으로 건강할 것입니다.

당신의 자비 안에 나를 통회하게 하소서.
그리하면 내가 천국에서 당신을 만날 때
부끄러워하지 않을 것입니다.

출처 : http://www.catholicdoors.com

마카리오스(Makarios of Egypt, 300~391)는 사막 교부 가운데 한 명이다.

21 카이사리아 바실의 기도 1

고난과 위험 가운데 드리는 기도

선하신 주님,
내 삶의 키를 잡아 주소서,
당신의 고요한 항구로 인도하소서.

그곳은 죄와 갈등의 폭풍으로부터 안전하오니
내가 가야 할 길을 보여 주소서.

내 안에 분별의 은사를 새롭게 하사
내가 가야 할 바른 방향을 항상 보게 하시고,
바다가 거칠고 파도가 높을지라도
바른길을 택할 수 있는 힘과 용기를 주소서.

당신의 이름으로 견디는 고난과 위험을 통해
우리가 위안과 평화를 찾습니다.

출처 : http://www.prayerfoundation.org

바실(Basil of Caesarea, 330~379)은 아리우스나 아폴리나리스 등 초기 이단들을 판박하고 니케아 신경을 지지한 신학자이다. 가난하고 소외된 계층을 지원하고 공동체 생활, 전례력에 따른 기도, 노동에 대한 지침을 마련하는 등 신학만 아니라 사회복지에도 힘을 쓴 교부였다.

22
카이사리아의 바실의 기도 2

오, 하나님.
당신께서 주신 이 땅을
우리와 함께 집으로 공유하는 모든 생명,
우리의 작은 형제, 자매들과 더욱 깊은 교제를 누리게 하소서.

이전에 우리가 그들을 다스리면서
거만하고 잔혹하게 행동하여
노래가 되어 당신에게 울려 퍼졌어야 할 땅의 목소리가
고통의 신음으로 변하게 한 것을 후회합니다.

우리만 그런 것이 아니라 이 모든 피조물도
그들 자신과 주님 당신을 위해 산다는 것을 깨닫게 하소서.
우리가 그런 것보다
그들이 스스로의 방법으로 당신을 더 잘 섬기고
우리가 그러하듯이
그들도 스스로 삶의 선함을 사랑합니다.

출처 : http://www.prayerfoundation.org

23
카이사리아의 바실의 기도 3

성찬식 후에 드리는 기도

오, 우리 주 하나님이여.
우리 몸과 영혼의 선, 거룩, 치유를 위하여 주신
당신의 거룩하고 순결하고 불멸하는 천상의 신비인
성찬으로 인해 당신께 감사를 드립니다.

오, 당신. 세상의 주권자시여.
그리스도의 거룩한 몸과 피의 이 성찬을 통해
부끄러움 없는 믿음, 신실한 관대함, 성숙한 지혜, 영혼과 몸의 건강,
모든 질병으로부터의 분리, 율법에 대한 준수,
그리고 그분의 두려운 심판대 앞에서의 칭의로
우리를 양육하여 주소서.

오, 그리스도 우리 하나님.
우리의 능력을 통해 주님의 섭리의 비밀이 이루어졌나이다.
우리는 당신의 죽음을 상기시켰고 당신의 부활의 모습을 보았습니다.
우리는 당신의 무한한 생명으로 가득하며 당신의 무궁한 기쁨을 맛보았습니다.

그리고 우리는 당신의 영원하신 아버지와
당신의 거룩하고 선하시고 생명 베푸시는 성령의 은혜를 통해
이제와 영원히 합당하게 하시기를 기도합니다.

출처 : http://www.prayerfoundation.org

24
니사의 그레고리우스의 기도

선한 목자께 바치는 기도

오, 선한 목자여. 온 양 떼를 어깨에 메신 분이여.
당신이 양 떼를 메고 가시는 곳은 어디십니까.

평화의 장소를 보여 주시고 저를 먹이시는 좋은 풀밭으로 인도하사
당신의 음성을 듣게 하시고 당신의 말씀으로 영생을 허락하소서
내 영혼이 사랑하는 당신의 말씀을 기다립니다.

당신이 저를 여기 초장으로 인도하신다면
당신은 저를 정오에 눕게 하시고 평화 속에 잠들게 하시며
그림자로 얼룩지지 않은 빛 가운데 쉬게 하실 것입니다.

이 빛 가운데 당신의 양 떼들을 데려오고
당신의 자녀들은 당신과 함께 쉼을 누립니다.
오로지 빛의 자녀, 낮의 자녀들만 이 쉼에 합당합니다.
의의 태양이 그에게 비칩니다.

오, 선한 목자여. 어떻게 쉬고 어디서 풀을 뜯을지
한낮의 쉼을 어떻게 취할지 그 길을 보여 주소서.

아무것도 몰라 무리에서 떨어지지 않도록
주님의 양 떼 가운데 하나가 아닌 다른 무리에 들어가지 않도록
나를 보호하소서. 나를 보호하소서.

출처 : http://www.justprayer.org

그레고리우스(Gregorius Nyssenus, 335~395)는 카파도키아 출신의 교부로서, 삼위일체설을 견고히 세우는 데 힘을 보탰다.

25
암브로시우스의 기도 1

죄와 곤고함 가운데 자비를 구하는 기도

오, 사랑의 주 예수 그리스도여.
죄인인 나 자신의 공로를 주장하지 아니하고 당신의 자비와 선하심을 신뢰하며
두려움과 경외함으로 당신의 가장 신성한 잔치의 식탁에 나아갑니다.

내가 많은 죄로 내 마음과 몸을 더럽혔고
내 생각과 혀를 엄격히 지키지 못하였나이다.
그런즉, 오, 은혜로우신 하나님. 오, 두려운 위엄이여.
저는 가련한 피조물입니다.
곤란에 얽혀 있으나 자비의 샘이신 주께 의지합니다.
나는 치유를 원해 당신께 날아가고 당신의 보호 아래 피난처를 구합니다.
그리고 나는 나의 심판자로는 대면할 수 없는 당신을
나의 구세주로 모시길 불같이 원합니다.

주여, 내 상처를 주께 드러내고 내 수치를 주께 드러냈나이다.
내 죄가 많고 내 죄가 크므로 내 마음이 두려움으로 가득하오나
나는 당신의 끝없는 자비하심을 믿습니다.

그러므로 주 예수 그리스도, 영원한 왕이시여.
자비의 눈으로 나를 내려다보소서.
인류를 위해 십자가에 못 박히신 사람이자 하나님이시여.
내 소망이 당신 안에 있으니 내 목소리를 들으소서. 내게 자비를 베푸소서.
나는 죄와 곤고함으로 가득합니다.

뒷장에 이어서 ▶

암브로시우스(Ambrosius, 340~397)는 서방 교회 4대 교부 중 한 사람이면서 법률가이자 밀라노의 주교이다. 아리우스파에 대항해 정통 삼위일체 교리를 세우는 데 주력했다. 데살로니가 학살로 인해 테오도시우스 1세 황제와 대립해서 황제를 파문하고 사죄를 받은 사건으로 유명하다.

자비의 샘이 끝없이 흐르게 하시는 주님.
나와 온 인류를 위해 십자가 나무 위에 바쳐진
구원의 희생자를 찬양합니다.
온 세상의 죄를 씻어 없앤 상처에서 흘러나오는
십자가에 못 박히신 나의 주 예수 그리스도의
고귀하고 보배로운 보혈을 찬양합니다.

주님, 당신의 피로 구속하신 당신의 피조물을 기억하소서.
내가 죄를 지었기에 슬퍼하고, 이로써 내가 한 일을 갚기 원하오니,
지극히 자비로우신 아버지시여.
나의 모든 불의와 죄를 내게서 거두소서.

지성소에 합당하도록 영혼과 몸이 정화되었사오니,
나는 합당치 못하지만,
당신의 몸과 피를 바치는 이 거룩한 예물을 허락하소서.
내 죄를 사하시고 내 모든 허물을 완전히 정결케 하시며
모든 악한 생각을 없이 하시고 모든 악한 생각을 몰아내소서.

모든 거룩한 욕망을 새롭게 하시는 수단을 주시고
당신을 기쁘시게 하는 일이 성취되게 하사
내 적들의 올무에 저항하는 영혼과 육체의 가장 강력한 방어를 허락하소서.

출처 : http://ascensionpress.com

26
암브로시우스의 기도 2

은혜의 방도 성찬을 대하며

성찬 전
오, 주여. 영원한 영광의 왕이신 예수 그리스도여.
보소서. 오늘 내가 당신께 나아가 당신의 영예와 영광,
그리고 내 영혼의 유익을 위하여 당신의 몸과 피를
이 천국의 성례를 통해 받기게 하소서.

나는 당신을 받기 원합니다.
이것이 당신의 뜻이요,
당신의 의지이기 때문입니다.
당신의 이름이 영원히 송축 받으소서.

막달라 마리아처럼 당신께 다가가 모든 악으로부터 구원받고
나의 유일한 선이신 당신을 안고 싶습니다.
당신께 나아가기 원합니다.

당신과 행복하게 연합해서
이후로 나는 당신 안에, 당신은 내 안에 거하기를 원하나이다.
삶과 죽음의 그 어떤 것도 당신에게서 나를 끊을 수 없게 하소서.

뒷장에 이어서 ▶

성찬 후

나의 예수님, 당신을 사랑하고 경배합니다.
당신이 내게 오셨으니 나는 당신과 하나입니다.
현세와 내세에 당신께서 나와 영원히 함께하시기를 원합니다.

당신의 신성한 생명을 나눠 주셔서 감사합니다.
이 거룩한 성찬을 통해 당신을 더 닮길 원합니다.
당신과 함께함을 당연한 것으로 여기지 않게 하시고
죄와 무지와 이기심으로 어두워진 자들을 위해 기도하게 하소서.

하나님의 은혜를 향하여 가겠노라는 사도 바울의 말씀을 기억합니다.
오, 주님. 저는 날마다 주님을 닮아가겠습니다.
복음을 들어 본 적도 없고,
들어도 거부한 이들을 위해서 매일 기도하겠습니다.

출처 : http://www.thisischurch.com

27
히에로니무스의 기도

신앙고백에 앞서 바치는 기도

오, 주님.
당신의 자비를 저에게 보여 주시고
제 마음을 기쁘게 해 주소서.

나는 여리고로 내려가는 사람 같아서
강도들에게 붙잡혀
죽음에 버려졌습니다.

오, 선한 사마리아인이여.
오셔서 나를 고치소서.
나는 길 잃은 양과 같습니다.

오, 선한 목자여.
나를 찾아 주셔서
당신의 뜻에 따라 당신의 집으로 이끄소서.

내 평생 당신의 집에 종일토록 거하게 하시고
거기 있는 자들과 함께
세세토록 당신을 찬양하게 하소서.

출처 : Prayers Ancient and Modern by Mary Wilder Tileston, Boston, Little Brown, 1914

제롬이라고도 불리는 히에로니무스(Jerome, Eusebius Sophronius Hieronymus, 347~420)는 391~406년, 15년간에 걸친 라틴어 불가타 성경의 번역자로 알려져 있다. 정경과 외경을 구분해서 정경만을 번역했으나 당시 교회의 압력에 밀려 모두 번역을 실시했다. 그럼에도 교회의 책이라 하여 정경과 구분하면서 이렇게 말했다. "읽으면 신앙에 유익을 얻을 수 있지만 여기서 교회의 교리를 도출해서는 안 된다."

28
크리소스토무스의 기도 1

공동체의 기도

전능하신 하나님,
당신께 우리가 함께 간구할 수 있도록
이 시간 우리에게 은혜를 베푸셨나이다.

그리고 당신은 당신의 사랑하는 아들을 통해
두세 사람이 그의 이름으로 함께 모이면
그들 가운데 거하실 것이라고 약속하셨나이다.

이 세상에서는 우리에게 당신의 진리를 알게 하시고
내세에는 영생을 주시옵소서.

출처 : Prayers of the Early Church, edited by J. Manning Potts, 1953

크리소스톰이라고도 불리는 크리소스토무스(John Chrysostom, 349~407)는 콘스탄티노폴리스의 대주교이자 뛰어난 설교자로 그가 남긴 많은 설교집들은 지금까지도 교회에 유익을 주고 있다. 부자들의 인색함과 잔인함을 비판하는 설교로 유명하다.

29
크리소스토무스의 기도 2

마음을 위한 기도

오, 주님. 악한 욕망으로 어두워진
나의 마음을 밝혀 주소서.

오, 주님. 당신의 은총을 내게 내려 주사
당신의 이름에 영광을 돌리게 하소서.

오, 주님. 그리스도 예수여.
생명책에 나를 기록하시고 나를 선한 결과로 인도하소서.

오, 주님. 내 영혼에
당신의 은총의 이슬을 내려 주소서.

오, 주님. 내 안에
선한 생각을 더하소서.

오, 주님. 저에게 눈물과 사망에 대한
기억과 통회를 주소서.

오, 주님. 모든 선의 뿌리를 내 안에 심어 주시고,
당신을 경외하는 마음 갖게 하소서.

오, 주님. 내가 영혼과 마음을 다해 당신의 뜻을 모두 행함으로
당신을 사랑하게 하소서.

출처 : Prayers of the Early Church, edited by J. Manning Potts, 1953

30
크리소스토무스의 기도 3

공동체의 보존을 위해

인류를 사랑하시는 유일하신 하나님.
우리가 주님께 어떤 찬양과 어떤 감사와 어떤 상(賞)을 드리리이까.

우리가 멸망의 선고를 받고 죄에 빠졌을 때,
당신은 우리에게 자유를 주셨고
그리스도의 몸과 피의 불멸과 하늘의 양식을 주셨나이다.

그러므로 간구하오니
당신을 섬기는 종들인 우리를 심판에서 구원해 주소서.
우리의 삶을 영예롭고 거룩하게 지켜 주소서.

우리와 함께 기도하는 사람들,
당신의 신비한 식탁에 참여한 자들을
마지막 숨 거둘 때까지 정죄를 받지 않게 보존해 주소서.

그들의 영혼과 몸을 거룩하게 하셔서 당신의 계명을 지키게 하시고,
그리하여 모든 시대로부터 당신을 기쁘시게 한 모든 사람과 함께
당신의 천국을 얻게 하소서.

출처 : Prayers of the Early Church, edited by J. Manning Potts, 1953

31
크리소스토무스의 기도 4

온 세상을 위한 기도

평화 안에서 우리 주님께 기도합시다. 주여, 자비를 베푸소서.
위로부터의 평화와 우리 영혼의 구원을 위해 주님께 기도합시다.
주여, 자비를 베푸소서.
온 세상의 평화와 하나님의 거룩한 교회의 안녕과
모든 이들의 연합을 위해 기도합시다. 주여, 자비를 베푸소서.
이 거룩한 집과 여기 들어오는 모든 신실한 예배자들과
하나님을 두려워하는 자들을 위해 기도합시다. 주여, 자비를 베푸소서.
우리의 목사들과 교사들과 그리스도를 섬기는 모든 자,
모든 목회자와 모든 성도를 위해 주님께 기도합시다. 주여, 자비를 베푸소서.
우리나라와 그 주장과 모든 공직자와 그 지키는 자들을 위해 주님께 기도합시다.
주여, 자비를 베푸소서.
이 교구와 교회와 모든 도시와 나라와 거기 사는 모든 신실한 자를 위해
주님께 기도합시다. 주여, 자비를 베푸소서.
좋은 날씨와 풍성한 땅의 소산과 평화로운 때를 위하여 주님께 기도합시다.
주여, 자비를 베푸소서.
땅과 바다와 하늘로 여행하는 자들과 병자들과 고통받는 자들과
포로들과 그들의 구원을 위해서 주님께 기도합시다. 주여, 자비를 베푸소서.
우리의 모든 환란과 진노와 위험과 고통으로부터의
구원을 위해 주님께 기도합시다. 주여, 자비를 베푸소서.
당신의 은총으로 우리를 도우소서. 우리를 구하소서.
우리 위에 자비를 베푸시고 우리를 보호하소서. 오, 하나님.

출처 : http://www.ocf.org

32
아우구스티누스의 기도 1

성령께 드리는, 성령의 내주를 위한 기도

오, 성령이여. 내 안에 숨을 불어 넣으사 내 생각이 모두 거룩해지게 하소서.
오, 성령이여. 내 안에서 행하사 내 일도 거룩하게 하소서.
오, 성령이여. 내가 거룩한 것들을 사랑하도록 내 마음을 이끄소서.
오, 성령이여. 내게 힘을 주사 모든 거룩한 것들을 보호하게 하소서.
그런즉 성령이여, 나를 지키셔서 내가 항상 거룩하게 하소서.

출처 : https://prayerandverse.com

성령님. 성부와 성자를 신성하게 묶는 분이시요,
강한 위로자요. 고통받는 자들의 희망이시여.
내 마음에 내려오셔서 당신의 사랑의 다스림을 베푸소서.
내 미지근한 영혼에 당신의 사랑의 불을 붙이셔서
내가 당신께 온전히 복종하게 하소서.

우리는 당신이 우리 안에 거하시며,
또한 성부와 성자와 함께 거하심을 믿사오니
저에게 오소서. 버려진 자들의 위로요 궁핍한 자들의 보호자시여.
고통받는 자를 도우시며, 약한 자를 강하게 하시며,
흔들리는 자를 붙잡아 주소서.

오셔서 나를 정결케 하소서. 악한 욕망이 나를 지배하지 못하게 하소서.
당신은 겸손한 자들을 사랑하고 교만한 자들을 미워하시오니,
오소서. 산 자들의 영광이요 죽은 자들의 소망이시여.
당신을 항상 기쁘게 하도록 당신의 은혜로 나를 인도하소서.

출처 : Prayers of the Early Church, edited by J. Manning Potts, 1953

어거스틴이라고도 불리는 히포의 아우구스티누스(Augustinus Hipponensis, 354~430)는 히포의 주교이다. 기독교 역사상 가장 위대한 신학자이자 기독교 철학자로서, 천주교와 개신교 모두 아우구스티누스의 신학을 근거로 각자의 신학 체계를 세웠다.

33
아우구스티누스의 기도 2

가난한 마음으로 드리는 기도

사랑을 구함

오, 나의 하나님. 당신을 내게 주소서. 당신을 내게 주소서.
보소서 내가 당신을 사랑하나이다.
내 사랑이 약하다면 당신을 더욱 강하게 사랑하게 하소서.
내 사랑이 얼마나 부족한지 알기 위해 측정할 길이 없습니다.
내 영혼이 당신의 품으로 서둘러 달려가게 하시고
당신의 임재, 그 은밀한 피난처에 숨기실 때까지
나의 하나님, 결코 나를 외면하지 마소서.

내가 아는 유일한 것은
당신이 나와 함께하지 않으신다면,
당신이 내 안이 있지 아니하신다면,
그것은 내게 유익하지 않다는 것입니다.
당신을 너무나도 원합니다.
하나님을 원하는 것이 아니라면,
이 세상은 아무 소용이 없습니다.

뒷장에 이어서 ▶

병자를 위해

오, 주님. 이 밤에 깨어서 지키는 자들,
눈물 훔치는 자들과 함께 지키소서.
당신의 천사들을 주셔서 자는 자들을 채우소서.

오, 주 그리스도여.
당신의 병든 자들을 돌봐 주소서.
당신의 약한 자들이 쉬게 하소서.
당신의 죽어가는 자들을 축복하소서.
당신의 고통받는 자들을 달래 주소서.
당신의 괴로워하는 자들을 불쌍히 여기소서.
당신의 기뻐하는 자들을 지켜 주소서.
당신의 모든 사랑으로 그리하소서.

출처 : Prayers of the Early Church, edited by J. Manning Potts, 1953

34
아우구스티누스의 기도 3

오랫동안 하나님을 찾아 마침내 만남

너무나도 늦게 당신을 사랑했습니다.
아주 오래된 아름다움,
아주 새로운 아름다움이시여.

너무나도 늦게 당신을 사랑했습니다.
당신은 내 안에 계셨지만,
나는 당신 밖에 있었습니다.

그리고 거기서 당신을 찾아 헤맸습니다.
나의 연약함 가운데 나는 그저
당신이 만드신 아름다움만을 쫓아다녔습니다.

당신은 나와 함께 계셨지만 나는 당신과 함께 있지 않았습니다.
당신이 만드신 것들이 당신에게로 가는 길을 막았습니다.
그것들은 당신의 창조 안에 있지 않고서는 존재하지 못했을 것들입니다.

당신은 부르고 외쳐서 나의 귀먹음을 뚫으셨습니다.
빛을 쬐시고 밝게 비추사 나의 눈먼 것을 고치셨습니다.
당신은 향기를 발하셨고, 나는 그것을 들이마시며, 당신을 간절히 사모했습니다.
나는 당신을 맛보았고, 당신께 굶주리고 목말랐습니다.
당신은 나를 만지셨고, 나는 당신의 평화를 간절히 원합니다.

출처 : Confessions 10.27

35
아우구스티누스의 기도 4

끊임없이 하나님을 찾음

오, 주 나의 하나님. 나는 성부와 성자와 성령을 믿습니다.
내가 할 수 있는 한, 당신이 나에게 힘을 주시는 한,
나는 당신을 찾았습니다.
나는 몹시 지쳤고, 몹시 고통스러웠습니다.

오, 주 나의 하나님. 나의 유일한 소망이시여.
당신을 믿게 도와주시고, 당신 찾는 것을 그치지 않게 하소서.
내가 항상, 그리고 열렬히 당신의 얼굴을 찾게 하소서.
당신을 찾도록 도우시고, 당신을 만날 수 있다는 소망을 더욱더 허락하셨으니,
오, 주 나의 하나님. 당신 찾을 수 있는 능력을 주소서.

여기 나의 굳건함과 연약함을 가지고 당신 앞에 서오니
굳건함을 지켜 주시고 연약함을 고쳐 주소서.
여기 나의 힘과 나의 무지를 가지고 당신 앞에 서오니
당신이 나를 위해 문 열어 두신 곳,
그곳에서 나를 맞아 주시고,
당신이 나를 향한 문을 닫아 두신 곳,
나의 부르짖음을 들으시고 열어 주소서.

오, 주 나의 하나님.
내가 당신을 기억하고 당신을 이해하며
당신을 사랑하게 하소서.

출처 : Prayers of the Early Church, edited by J. Manning Potts, 1953

36
아우구스티누스의 기도 5

자기를 아는 지식을 위하여

주 예수님. 내가 나 자신을 알고 당신을 알게 하시며,
주님 외에는 아무것도 바라지 않게 하소서.
내가 나 자신을 미워하고 당신을 사랑하게 하시며,
당신을 위한 모든 일을 하게 하소서.
내가 나 자신은 겸손히 낮추고 당신을 높이게 하시며,
당신이 아니고서는 아무것도 생각하지 않게 하소서.
당신으로부터 오는 모든 일을 받아들이게 하소서.

주 예수님. 내가 나 자신은 버리고 당신을 따르며,
언제나 당신을 따르기를 갈망하게 하소서.
내가 나 자신으로부터 달아나 당신에게서 피난처를 찾게 하시며,
당신의 보호를 받을 만한 사람이 되게 하소서.

내가 나 자신을 무서워하게 하시고, 당신을 두려워하게 하시며
당신이 선택하신 자들 가운데 있게 하소서.
내가 나 자신을 믿지 않게 하시고, 내 모든 신뢰를 당신께 두게 하시며,
당신을 위해 기꺼이 순종하게 하소서.
당신이 아니고는 무엇에도 집착하지 않게 하소서.

내가 당신에게 가난하게 하소서.
나를 보소서. 그리하시면 당신을 사랑하겠나이다.
당신을 바라보고 당신을 영원히 즐거워하도록,
주 예수님. 나를 불러 주소서.

출처 : Prayers of the Early Church, edited by J. Manning Potts, 1953

37
아우구스티누스의 기도 6

소망을 두고 행함

오, 주 나의 하나님. 당신의 자비로 말미암아 당신에 대해 말해 주소서.
내 영혼에 말씀해 주소서.
"나는 너의 구원이다."

오, 주님. 내가 들을 수 있게 말씀해 주소서. 내 마음이 듣고 있습니다.
당신의 말씀을 들을 수 있도록 열어 내 영혼에 말씀해 주소서.
"나는 너의 구원이다."

이 말씀을 듣고 당신을 붙잡기 위해 급히 달려갑니다.
당신의 얼굴을 내게서 숨기지 마소서.
죽음 뒤까지도 당신의 얼굴을 보게 하시고
당신을 보고 싶어 죽어 가지 않게 하소서.

내 영혼의 집은 당신을 받아들이기에 너무 작으니
당신에 의해 늘어나게 하소서.
거기는 모두 폐허이니 당신께서 고쳐 주소서.

거기에는 당신의 시야를 가릴 것들만 있음을 알고 또 고백합니다.
그러나 누가 그것을 깨끗하게 하겠으며,
또 내가 당신 외에 무엇을 위하여 부르짖겠습니까?

오, 주여. 나의 은밀한 죄에서 나를 깨끗하게 하시고,
다른 이들의 죄에서 주의 종을 구하소서.

출처 : Prayers of the Early Church, edited by J. Manning Potts, 1953

영적 거장들의 기도문 필사 노트 1

38
아우구스티누스의 기도 7

하나님의 약속을 신뢰함

나의 하나님,
당신을 알고 당신을 사랑하여
당신 안에서 내 행복을 찾게 하소서.

이 땅에서는 이를 온전히 이룰 수 없사오니,
완전히 성취할 수 있을 때까지
날마다 고쳐 나가게 도와주소서.

땅에서 당신을 더욱 알 수 있게 하셔서
하늘에서도 당신을 완전히 알게 하시고,
땅에서 당신을 더욱 사랑할 수 있게 하셔서
하늘에서도 당신을 완전히 사랑하게 하소서.

오, 진리의 하나님.
당신의 약속대로 나의 기쁨이 충만하도록 하늘의 행복을 저에게 주소서.
그때 내 마음에 행복이 머물고, 내 혀가 그것을 말하며,
내 마음은 그것을 원하고, 내 입으로 그것을 발하며,
내 영혼이 그것에 주리고, 내 육체가 그것에 목마르며,
내 온 존재가 그것을 갈망하게 하소서.
죽음으로 내 영원한 주님의 기쁨 안에 들어가기까지 그리하소서.

출처 : Prayers of the Early Church, edited by J. Manning Potts, 1953

39
패트릭의 저녁 기도

잠을 청하기 전에

지극히 높으신 하나님의 아들 예수님.
당신의 거룩한 천사들을 보내셔서
우리가 누울 때 우리를 지키게 하시고
우리가 잠들 때 우리 즐거운 침대를 보호하게 하소서.

우리가 잠들었을 때 참된 환상을 나타내시고
우리의 꿈으로 가르쳐 주소서.
우주의 높으신 왕이시여,
신비한 대제사장이시여.

공기 중에 악마가 없게,
우리 적들의 악의가 침범치 못하게,
악한 꿈을 꾸지 않고 가위에 눌리지 않게,
우리의 잠과 쉼을 방해하지 못하게 하소서.

밤새워 기도하는 것이 거룩해지도록,
우리의 임무가 성취되도록,
우리의 잠으로 생생하고 자유로워지도록,
우리의 잠이 멈추지 않고 중단되지 않도록….

출처 : A Celtic Psaltery, New York, 1917

파트리치오, 파트리치우스라고도 불리는 패트릭(Saint Patrick, 385~461)은 영국과 아일랜드에서 활동한 기독교 선교사이자 아일랜드 교회의 주교이다.

40
4세기 무명 그리스도인의 기도

4세기 파피루스에서 발견된 기도문

그분은 빛이십니다.
그러므로 그분은 우리 영혼의 태양이십니다.
그분은 생명이십니다.
그러므로 우리는 그분 안에 삽니다.
그분은 거룩이십니다.
그러므로 그분은 모든 죄를 파괴하십니다.
그분은 구원이십니다.
그러므로 그분은 당신의 피로 온 세상을 속량하셨습니다.
그분은 부활이십니다.
그러므로 그분은 무덤에 있는 자들을 자유롭게 하시고
당신의 피로 그들을 다시 새롭게 하셨습니다.

그분은 길이십니다.
그러므로 그분은 아버지께로 이끄십니다.
그분은 문이십니다.
그러므로 그분은 낙원으로 이끄십니다.
그분은 목자이십니다.
그러므로 그분은 잃은 양을 찾으십니다.
그분은 어린양이십니다.
그러므로 그분은 세상의 불결함을 깨끗게 하십니다.

이분이 나의 하나님이십니다.
그분께 영광과 권능이 속했기에
세세토록 그분께 영광을 돌립니다.

출처 : Prayers of the Early Church, edited by J. Manning Potts, 1953

41
보에티우스의 기도

진정한 사랑의 기도

내 양심의 평화, 내 열정이 명하는 것은
당신에 대한 사랑입니다.

내 친애하는 친구들에게도 이 복을 주소서.
그리하면 내가 황제를 동정할 만큼
충분히 행복할 것입니다.

오, 주님.
이것이 나의 가장 합리적이고 겸손한 소망이며
이것이 감히 내가 이 세상의 행복이라 부르는 모든 것입니다.
당신의 손과 섭리에는 어떤 규칙도 제한도 둘 수 없사오니,

당신이 기뻐하시는 지혜에 따라 나를 이끄소서.
내 실패를 통해서라도
당신의 뜻이 이루어지길 원합니다.

출처 : http://www.thisischurch.com

보에티우스(Anicius Manlius Torquatus Sererinus Boethius, 480~524)는 로마 최후의 저술자이자 철학자이다. 아리스토텔레스 철학을 기독교에 접목해서 스콜라 철학을 처음 전개한 사람이다.

42
5세기 무명 그리스도인의 기도

5세기 기독교 문서들 더미에서 발견된 기도문

오, 주님.
이날 우리의 발걸음을 평화로 인도하시고
당신의 명령에 순종하도록
우리의 마음을 강하게 하소서.

새벽이 위로부터 찾아오게 하셔서
흑암에 앉은 자들이나
죽음의 그늘에 있는 자들에게
빛을 주옵소서.

그들이 당신의 자비를 경배하게 하시고,
당신의 진리를 좇게 하시며,
당신의 달콤함을 갈망하게 하소서.

당신은 이제로부터 영원히
이스라엘의 복되신 주 하나님이십니다.

출처 : Prayers of the Early Church, edited by J. Manning Potts, 1953

43
다마스쿠스의 요한의 기도

죄 사함과 거룩을 위해

주와 선생 되신 예수 그리스도 우리 하나님.
홀로 사람의 죄를 사할 권능을 가진 분이시니
당신은 선하시고 모든 인간을 사랑하십니다.

알게 모르게 지은 나의 모든 죄를 용서하시고,
저를 정죄함 없는 가치 있는 자로 만드셔서
당신의 신성하고 영광스러우며
순수하고 생명을 창조하시는 신비를 나누게 하소서.

그 신비가 내 형벌이 되지 않게 하시고,
내 죄를 늘리는 것이 되지 않게 하소서.
그 신비가 나의 정결이 되게 하시고
거룩이 되게 하소서.

그 신비는 생명과 장차 올 왕국의 약속이며,
모든 악한 자들의 공격을 막아 주고 도와주며,
나의 많은 허물을 제거합니다.

당신은 모든 인류에게 자비를 베푸시고
관대하시며 사랑하는 하나님이십니다.
우리가 아버지와 성령과 함께
이제와 영원히 세세토록 영광을 돌립니다.

출처 : http://www.thisischurch.com

다마스쿠스의 요한(Ioharnes Damascenes, 676~749)은 초기 시리아 교회의 수도사이다. 기독교 신앙에 대한 교리서와 찬미가를 작곡했으며, 그의 찬미가는 오늘날까지도 동방 수도원 여러 곳에서 불리고 있다.

44
8세기 갈리아 교회의 기도

성찬을 위해

오, 주님. 입술의 정결과 깨끗하고 순수한 마음과
행동의 의를 나에게 주소서.

겸손, 인내, 절제, 순결, 신중함, 의로움
용기와 자제력을 나에게 주소서.

지혜와 총명의 영과 모사와 능력의 영과
지식과 경건의 영과 당신에 대한 두려움을 나에게 주소서.

내 모든 마음과 내 모든 영혼과 내 모든 생각을 다해
언제나 당신의 얼굴을 찾도록 이끄시고,
당신의 사랑 외에는 아무것도 원하지 않게 하사,
(한 줄 소실)
당신 앞에서 통회하고 겸손한 마음을 갖게 하소서.

지극히 높으시고, 영원하시고, 형언할 수 없는 지혜로
눈멀고 무지한 어둠을 내게서 쫓아내소서.

지극히 높고 영원한 능력이시여, 나를 구하소서.
지극히 높고 영원한 용기시여, 나를 도우소서.
지극히 높고 불가해한 빛이시여, 나를 비추소서.
지극히 높고 무한하신 자비시여, 나에게 자비를 베푸소서.

출처 : Prayers of the Middle Ages, edited by J. Manning Potts, 1954

45
시리아 야고보 교회의 디오니시우스의 기도

하나 됨과 화평을 위해

하나님 아버지,
신성의 근원이시여,
모든 선 가운데 선이시여,
모든 공평 가운데 공평이시여,
당신 안에는 고요함과 평화와
하나됨이 있습니다.

우리 안에 서로를 갈라놓은 것들을 고치시고
당신의 신성한 사랑처럼
우리의 사랑의 일치를 회복시키소서.

당신이 모든 것들 위에 계시는 것처럼
당신과 함께, 다른 이들과 함께
우리가 영적으로 하나 되게 하소서.

모든 것에 평화를 주시는 당신의 평화로 말미암아
당신의 유일한 독생자 예수 그리스도의
은혜와 자비와 다정함을 통해 그리하소서.

출처 : Prayers of the Middle Ages, edited by J. Manning Potts, 1954

디오니시우스(Dionysius Telmaharensis, ?~845)는 시리아 정교회의 지도자로서, 내부 분열을 정리하고 효과적으로 일치를 이루었다. 이슬람 통치자들과 온건한 관계를 이뤄 박해를 막았으나 그의 사후에 다시 격렬한 박해가 시작되었다.

46
앨프레드 대왕의 기도

혼란스러운 마음을 붙잡기 위해

전능하신 주 하나님,
모든 피조물의 조성자시요 통치자시여.
우리의 길을 찾을 수 없을 때
우리를 당신께로 인도하시는 당신의 크신 자비를 위해 기도합니다.

우리가 스스로 그리할 수 없으니 당신의 뜻으로 우리를 인도하시고,
우리 영혼의 필요를 채우소서.

우리 마음을 당신의 뜻 안에 굳건하게 하시고
우리 영혼의 필요를 깨우치소서.

마귀의 유혹을 이기도록 우리를 강하게 하시고,
우리에게서 모든 정욕과 모든 불의를 제거하시고,
보이거나 보이지 않는 우리의 모든 적으로부터 보호하소서.

깨끗한 마음으로 모든 만물보다 먼저
마음 깊이 당신을 사랑하도록, 당신의 뜻을 행하도록 우리를 가르쳐 주소서.

당신은 우리의 창조자요, 우리의 구원자요,
우리의 도움이요, 우리의 위로요,
우리의 신뢰요, 우리의 소망입니다.
이제와 영원히 당신을 찬양하고 영광 돌립니다.

출처 : Prayers of the Middle Ages, edited by J. Manning Potts, 1954

앨프레드 대왕(Alfred the Great, 849~899)은 영국의 역대 왕들 가운데 유일하게 대왕의 칭호를 받은 사람이다. 앵글로색슨 7왕가를 통일해 잉글랜드 국가 및 정체성을 확립한 왕이며, 아더 왕의 전설은 알프레드 대왕을 모델로 재구성한 것으로 추정된다.

47
클레르보의 베르나르의 기도

더욱 사랑하기 위한 기도

오, 하나님.
당신의 위대함에는 한계가 없고
당신의 지혜는 끝이 없으며
당신의 평화는 모든 이해를 초월합니다.

우리를 향한 사랑과 도움은 측량할 수 없사오니
당신을 사랑하도록 우리를 도우소서.

우리가 완전히 그리할 수는 없지만,
당신의 무한하신 선하심으로 인해
우리의 이해를 더하시고 깊게 하소서.

우리 주 예수 그리스도를 통해
당신을 사랑할 수 있도록
더욱더욱 그리하소서.

출처 : Prayers of the Middle Ages, edited by J. Manning Potts, 1954

베르나르(Bernardus Claraevallensis, 1019~1153)는 시토 수도회를 설립하고 이후 많은 수도원을 설립했다.

48
안셀무스의 기도

새로운 일을 시작하기에 앞서

오, 가장 자비로우신 아버지여.
당신은 태초에 우리를 창조하셨고
당신 독생자의 고난으로 우리를 새롭게 창조하셨습니다.

당신의 뜻과 당신이 기뻐하시는 것 모두를 위해
당신은 지금도 우리 안에서 일하십니다.

우리는 연약하고 스스로 선한 일을 행할 수 없사오니
우리에게 당신의 은총과 하늘의 복을 주옵소서.

우리가 만나는 모든 일 가운데
모든 것을 당신의 존귀와 영광을 위해 하게 하소서.

우리를 죄에서 지키소서.
또 선한 일을 할 수 있게 매일 우리에게 능력을 주옵소서.

우리가 항상 당신을 섬기겠습니다.
우리가 이 땅을 떠날 때 우리의 모든 죄를 용서하시고
영생으로 우리를 받아 주옵소서.

당신과 지금도 살아 계시고 다스리시는 분과 성령님을 통해
이제와 영원히 그리하소서.

출처 : Prayers of the Middle Ages, edited by J. Manning Potts, 1954

안셀름이라고도 불리는 안셀무스(Anselmus Cantuariensis, 1033~1109)는 영국 캔터베리의 대주교로서, 십자군에 대해 공개적으로 반대했다. 존재론적 신 존재 증명으로 유명하다. "신학은 이해를 추구하는 신앙이다."

49
아시시의 프란체스코의 기도 1

가장 높으신 분을 찬양함

거룩하다, 거룩하다, 거룩하다! 전능하신 주 하나님.
이제도 계시고 어제도 계셨고 장차 오실 분이여!
모든 것 위에 영원히 그분을 찬양하고 영광 돌립시다.

주 우리 하나님, 당신은 찬송과 존귀와
영광과 송축을 받으시기에 합당하십니다.
모든 것 위에 영원히 그분을 찬양하고 영광 돌립시다.

죽임당하신 어린양이 능력과 신성과 지혜와 힘과
존귀와 영광과 송축을 받으시기에 합당하십니다.
모든 것 위에 영원히 그분을 찬양하고 영광 돌립시다.

성부와 성자와 성령을 송축합니다.
모든 것 위에 영원히 그분을 찬양하고 영광 돌립시다.

주님의 모든 일로 인하여 주님을 송축합니다.
모든 것 위에 영원히 그분을 찬양하고 영광 돌립시다.

뒷장에 이어서 ▶

프란체스코(San Francesco d'Assisi, 1181~1226)는 금욕적인 생활과 신비주의로 유명한 아시시의 수도사이다.

우리 하나님께 찬양하라. 그분의 모든 종들아.
하나님을 경외하는 너희 작은 자들과 큰 자들아.
모든 것 위에 영원히 그분을 찬양하고 영광 돌립시다.

하늘과 땅은 영광스러우신 그분을 찬양하라.
모든 것 위에 영원히 그분을 찬양하고 영광 돌립시다.

하늘과 땅과 땅 아래와 바다와 그 안에 거하는 모든 것, 모든 피조물아,
모든 것 위에 영원히 그분을 찬양하고 영광을 돌립시다.

성부와 성자와 성령께 영광을 돌립니다.
모든 것 위에 영원히 그분을 찬양하고 영광 돌립시다.

태초와 이제와 영원히
모든 것 위에 영원히 그분을 찬양하고 영광 돌립시다.

출처 : http://www.sacred-texts.com

50
아시시의 프란체스코의 기도 2

하나님은 어떠한 분이신가

주님, 당신은 거룩하신 유일한 하나님이십니다.
당신이 행하신 일들은 놀라우십니다.

당신은 강하십니다. 당신은 위대하십니다.
당신은 가장 높으십니다. 당신은 전능하십니다.
당신은 하늘과 땅의 왕의 성부이십니다.
당신은 삼위일체 주 하나님, 모든 선이십니다.
당신은 선이시며, 모든 선이시고,
지고 선이신 주 하나님, 살아 계시며 참되십니다.

당신은 사랑이십니다. 당신은 지혜이십니다.
당신은 겸손이십니다. 당신은 인내이십니다.
당신은 휴식이십니다. 당신은 평화이십니다.
당신은 즐거움과 기쁨이십니다.
당신은 정의이시며 절제이십니다.

당신은 우리의 모든 부요이시며 당신은 우리에게 충분하십니다.
당신은 아름다움이시며 당신은 친절함이십니다.
당신은 우리의 보호자이십니다. 당신은 우리의 수호자요 방어자이십니다.
당신은 우리의 용기이십니다. 당신은 우리의 안식처이자 소망이십니다.

당신은 믿음이시며, 우리의 큰 위로이십니다.
당신은 영생이시며, 위대하고 놀라운 주님이십니다.
전능하신 하나님, 자비로운 구세주시여!

출처 : http://www.sacred-texts.com

51
보나벤투라의 기도

예수님을 향한 갈망

아, 감미로운 예수님.
당신 사랑의 치유하는 화살로
내 영혼의 골수를 꿰뚫어
당신만을 향한 갈망으로
진정 타오르고 녹아내리고 시들게 하소서.

내 영혼은 완전히 녹아내려서
당신과 함께하기를 갈망합니다.

생명의 빵에 굶주리게 하시고,
영원한 빛의 샘이요 원천이시며
참된 기쁨의 냇물이신 당신께 목마르게 하소서.

언제나 당신을 갈망하고, 당신을 찾고, 당신을 발견하고,
당신 안에서 달콤하게 안식하게 하소서.

출처 : Prayers of the Middle Ages, edited by J. Manning Potts, 1954

보나벤투라(Bonaventura, 1221~1274)는 중세 천주교의 가장 뛰어난 신학자 가운데 한 사람이며, 파리 신학교 교수이다. 아시시의 프란체스코의 전기를 남기는 등 많은 저술을 남겼다.

52
토마스 아퀴나스의 기도 1

최선을 다하기 위한 기도

오, 주님. 당신이 내게 하라고 요구하시는 모든 일 가운데
나에게 지식을 더하시고 열망과 능력을 더하셔서
내가 할 수 있는 한 그것을 완수하고
당신께 가는 길을 만들게 하소서.
기도합니다.
끝에 이르기까지 저를 보호하시고,
정확히 걷게 하시며, 완전하게 하소서.

오, 주님. 어떤 가치 없는 열정도 밑으로 끌어내리지 못하는
견고한 마음을 주시고, 어떤 환난도 해칠 수 없는
함락되지 않는 마음을 주소서.
어떤 무가치한 목적도 옆으로 제쳐 버릴 수 없는
강직한 마음을 주시고, 나에게 또한 허락하소서.

오, 주 나의 하나님. 당신을 알게 하는 지식을,
당신을 찾는 부지런함을, 당신을 발견할 수 있는 지혜를,
그리고 마침내 당신을 껴안을 수 있는 믿음을 주소서

출처 : Prayers of the Middle Ages, edited by J. Manning Potts, 1954

아퀴나스(Thomas Aquinas, 1224~1274)는 천주교회의 가장 위대한 신학자이자 스콜라 철학자이다. 자연 신학의 선구자이며 파리 신학교의 위대한 교수로서, 아리스토텔레스 철학을 도입해서 스콜라 철학을 집대성한 인물로 유명하다. 그의 저술 『신학대전』은 미완성인 채로 끝났음에도 천주교 신학의 가장 위대한 신학 집대성으로 여겨진다.

53
토마스 아퀴나스의 기도 2

공부를 시작하며 드리는 기도

만물의 창조주시여,
빛과 지식의 참된 근원이시여,
모든 존재의 고결한 기원이시여,
당신의 광채로 부드럽게 비추셔서
내 이해가 닿지 않는 암흑을 밝히소서.

내 출생으로부터 나를 둘러싼 어두움,
죄와 무지로 된 모호함의 장막을 거두시고,
예리한 이해력과 잊지 않는 기억력과
사물을 정확하게 근본으로부터 파악하는 능력을 내게 주소서.

정확한 설명을 할 수 있는 재능과
철저하고 매력적으로 나를 표현할 수 있는 능력을 주시고,
그리스도 우리 주님을 통해 시작을 알게 하시며,
방향을 가르쳐 주사 잘 끝마칠 수 있도록 도와주소서.

출처 : Prayers of the Middle Ages, edited by J. Manning Potts, 1954

54
토마스 브래드워딘의 기도

하나님을 찾음

나의 하나님, 나는 무엇보다도 당신을 사랑합니다.
나는 내 삶의 모든 날 당신과 함께 걷기를 열망합니다.

언제나, 그리고 모든 것들 가운데
나의 모든 마음과 모든 힘을 다해 당신을 찾습니다.

당신이 나에게 당신을 주지 않으신다면,
당신은 내게 무엇도 주지 않으시는 것입니다.

내가 당신을 발견하지 못한다면,
나는 무엇도 발견하지 못하는 것입니다.

그러므로 지극히 은혜로우신 주님,
내가 항상 그 무엇보다도
당신으로 인해 당신을 사랑할 수 있게 하소서.
그리고 이생의 언제나, 어디서나 당신을 찾게 하소서.

그러면 마침내 내가 당신을 발견하고,
내 오는 모든 날에 영원히 당신을 붙잡겠습니다.
우리 주 예수 그리스도로 인해 그렇게 하소서.

출처 : Prayers of the Middle Ages, edited by J. Manning Potts, 1954

브래드워딘(Thomas Bradwardine, 1290~1349)은 영국의 신학자이자 수학자이면서, 캔터베리의 대주교이다. 펠라기우스주의에 반대했으며 수학적 자연학을 시작한 인물로서, 아리스토텔레스 역학을 발전시켜 갈릴레이 이전 최고의 역학자로 여겨진다.

55
리차드 롤의 기도

새로운 삶을 위하여

오, 거룩한 하나님. 당신은 완전한 선이십니다.
당신의 동정과 자비가 당신을 높은 보좌에서 내려오시게 했습니다.
이 아래 세상으로, 슬픔과 눈물을 골짜기로.
그리고 여기서 당신은 우리의 본성을 가져가셨습니다.
그 본성 안에서 당신은 고통과 죽음의 수난을 당하셨습니다.
그래서 우리의 영혼을 당신 왕국으로 데려가셨습니다.
자비로우신 주님. 우리가 행하고, 생각하고, 말한 모든 죄를 용서해 주소서.
오, 영광스러운 삼위일체 하나님.
우리 마음을 씻기시고, 우리 영혼을 정결케 하소서.
당신의 성령으로 우리를 회복시키고
당신의 권능으로 우리를 강하게 하소서.
그러면 우리가 항상 악한 유혹을 견딜 것이오니
당신의 성령으로 우리를 위로하시고
우리를 은혜와 너그러움으로 채우소서.
그러면 우리가 덕스러운 삶을 살고,
온 마음을 다해, 온 힘을 다해, 온 영혼을 다해 당신을 사랑할 것입니다.
그러면 우리가 결코 당신께 범죄치 않을 것입니다.
그저 우리의 의지와 말과 생각과 행동으로
당신의 기쁨을 따를 것입니다.
선하고 무한하신 주님, 이제 우리에게 이를 허락하소서.
예수 그리스도 당신의 아들을 통해
우리를 영원히 참아 주소서.

출처 : Prayers of the Middle Ages, edited by J. Manning Potts, 1954

롤(Richard Rolle, 1295~1349)은 영국의 신비주의 작가로서, 셰익스피어 이전에 영문학과 영문법의 체계를 세운 인물이다. 영국 문학의 아버지이기도 하다.

56
토마스 아 켐피스의 기도 1

복잡한 마음과 근심 가운데

나의 가장 은혜로우신 하나님,
나를 이생의 근심에서 보호하소서.
내가 그 근심에 얽매이지 않게 하소서.

육체의 많은 욕망에서 보호하시고
내가 그 쾌락에 빠지지 않게 하시며
영혼에 거치는 모든 것으로부터 보호하소서.

내가 그 거침돌에 넘어지거나
무너지지 않게 하소서.

출처 : A Book of Prayers: Together with Psalms and Hymns and Spiritual Songs,
Ancient and Modern, Ed. Charles Leffingwell, Morehouse Publishing Company, 1921

토마스 아 켐피스(Thomas à Kempis, 1380~1471)는 독일의 신비사상가이다. 공동생활 형제단의 일원으로 활동했고 '그리스도를 본받아'의 저자이기도 하다.

57
토마스 아 켐피스의 기도 2

안식을 구하는 기도

오, 지극히 감미롭고 사랑하는 예수님, 허락하소서.
모든 피조물보다
모든 건강과 아름다움보다
모든 영광과 존귀보다
모든 능력과 존귀함보다
모든 기쁨과 환희보다
모든 명예와 칭송보다
모든 달콤함과 위로보다
모든 소망과 약속보다
모든 포기와 열망보다,
당신이 주실 수 있고 불어넣으실 수 있는 모든 은사와 선물보다
마음으로 받고 느낄 수 있는 모든 기쁨과 즐거움보다,
모든 천군과 천사들보다
모든 하늘의 주관자들보다
모든 보이는 것과 보이지 않는 것들보다
모든 당신에 미치지 못하는 것들보다
당신 안에서 안식을 얻을 수 있게 하소서.
오, 나의 하나님!

출처 : The One Year Book of Personal Prayer, Tyndale House Publishers, 1991

58
얀 후스의 기도

처형 직전에 드린 기도

주 예수 그리스도시여.
저는 당신의 복음과 당신의 말씀 전파를 위해
이 끔찍하고 수치스럽고 잔인한 죽음을
가장 참을성 있고 겸손하게 견디기를 원하나이다.

하나님이시여,
나에게 자비를 베푸소서.
오, 주님. 내가 주를 신뢰하나이다.
오, 그리스도, 살아 계신 하나님의 아들이시여.
내게 자비를 베푸소서.
주님, 내 영혼을 당신의 손에 맡기나이다.

출처 : John Huss, His Life and Teaching after 500 years, David Schley Schaff, Scribner's, 1915

후스(Jan Hus, 1369~1415)는 체코의 종교개혁자로서, 루터 이전의 4대 종교개혁가 중 한 사람으로 유명하다. 위클리프의 영향을 받아서 성경만을 믿음의 유일한 원천으로 가르쳤다. "너희는 지금 거위 한 마리를 불태워 죽이나 100년 후에는 태울 수도, 삶을 수도 없는 백조가 나타날 것이다."

59
지롤라모 사보나롤라의 기도

환난과 역경 앞에서

주님, 저는 평안을 구하지 않습니다.
나의 환난이 그치지 않게 하여 주옵소서.

당신의 영혼과 당신의 사랑을 향해 기도합니다.
저를 강하게 하시고
역경을 극복하는 은혜를 허락해 주옵소서.

출처 : The One Year Book of Personal Prayer, Tyndale House Publishers, 1991

사보나롤라(Girolamo Savonarola, 1452~1498)는 이탈리아 피렌체의 신비주의자이자 종교개혁가이다. 루터 이전 4대 종교개혁가들 가운데 한 사람이다.

60
마르틴 루터의 기도 1

고난 가운데 드리는 기도

전능하신 주 우리 하나님,
당신은 가난한 자들의 절규를 무시하지 않으십니다.
괴로운 마음이 원하는 것을 멸시하지 않으십니다.
우리의 필요를 가지고 당신에게 바치는
우리의 기도를 들어주소서.

또한 자비롭게 우리를 들으소서.
사탄과 죄악된 세상이 우리를 대적해서 펼쳐 놓은 모든 것을 헛되게 하시고,
그 모든 것이 당신의 도움으로 우리를 방해하지 못하도록 바꿔 주소서.

그 어떤 고난 중에도 당신의 회중 가운데 있음에 감사합니다.
그리고 당신의 아들, 우리 주 예수 그리스도를 통해
당신을 찬양합니다.

출처 : Martin Luther, the German Litany, First Collect

루터(Martin Luther, 1483~1546)는 독일의 종교개혁가이다. 면죄부 판매에 반대하여 〈95개조 반박문〉을 비텐베르크 교회 문에 내건 1517년 10월 31일을 종교개혁 발발일로 기념하고 있다. 위대한 신학자, 설교가, 작곡가, 기독교 신학 전반에 걸친 저술로도 유명하다.

61
마르틴 루터의 기도 2

성경을 읽을 때 드리는 기도

성부 하나님께 짧은 탄식
오 하나님, 모든 가난하고 비참한 영혼들의 아버지시여.
당신의 모든 은혜를 우리에게 주시고,
당신의 진리로 우리를 밝히소서.
당신께 영원한 찬양과 영광과 감사를 돌립니다.

성자 하나님께 짧은 탄식
주 예수여, 우리 왕이여.
당신은 평화이시고 빛이시고, 생명이십니다.
영생을 위해 당신의 거룩한 말씀으로
우리의 마음을 밝히시고 깨우시고 강하게 하소서.
당신께 영원한 찬양과 영광과 감사를 돌립니다.

서신서를 읽기 전에(하나님의 뜻을 알기 위해)
사랑하는 주님.
제 마음으로 당신의 형상을 제대로 이해하지 못해 죄송합니다.
그러니 제가 당신의 형상을 제대로 알고 닮을 수 있게 도와주소서.

복음서를 읽기 전에(그리스도를 알기 위해)
가장 사랑하는 주 하나님.
우리가 그리스도와 당신의 모든 자비를 알 수 있게 도와주시고,
세례 요한과 같이 큰 전도자의 무리가 되어
세상을 향해 많은 목소리를 보낼 수 있게 도와주소서.

출처 : Gebetbuch, enthaltend die sämtlichen Gebete und Seufzer Martin Luther's, wie auch Gebete von Melanchthon, Bugenhagen, Matthesius, Habermann, Arnd und andren Gott- erleuchteten Männern: Herausgegeben vom Evangelischer Bücher-Verein, 1866

62
마르틴 루터의 기도 3

성경을 공부하기에 앞서

가장 사랑하는 주 하나님.
당신의 은혜를 저에게 주셔서
주의 말씀을 올바로 깨닫고
깨달은 것보다 더하여
그 말씀대로 행하게 하소서.

오, 사랑하는 주 예수 그리스도여.
내 공부가 당신의 영광만을 위한 것이 아니라면
가장 작은 단어조차 하나라도
이해하지 못하게 하소서.

당신의 영광을 위해
그저 불쌍한 죄인에게 필요한 만큼
이해할 수 있는 능력을 주소서.

출처 : Gebetbuch, enthaltend die sämtlichen Gebete und Seufzer Martin Luther's, wie auch Gebete von Melanchthon, Bugenhagen, Matthesius, Habermann, Arnd und andren Gott- erleuchteten Männern: Herausgegeben vom Evangelischer Bücher-Verein, 1866

63
마르틴 루터의 기도 4

죄책감으로 마음이 괴로울 때

사랑하는 주 예수 그리스도여.
나는 내 죄를 느낍니다.
그것은 나를 물고 뒤쫓고 두렵게 합니다.
내가 어디로 가야 합니까?

주 예수 그리스도시여, 당신을 바라봅니다.
나의 약점에도 불구하고 나는 당신을 믿습니다.
나는 당신을 굳게 붙잡고 당신이 하신 말씀,
"나를 믿는 자는 영생을 얻으리라"는 약속을 굳게 믿습니다.

내 양심이 근심할 때,
내 죄가 나를 두렵게 할 때,
내 마음이 놀라 떨릴 때,
당신은 여전히 말씀하십니다.

"아들아, 힘을 내거라.
너의 죄는 사해졌고
영생이 너에게 주어졌다.
마지막 날에
내가 너를 일으켜 세울 것이다."

출처 : Gebetbuch, enthaltend die sämtlichen Gebete und Seufzer Martin Luther's, wie auch Gebete von Melanchthon, Bugenhagen, Matthesius, Habermann, Arnd und andren Gott- erleuchteten Männern: Herausgegeben vom Evangelischer Bücher-Verein, 1866

64
마르틴 루터의 기도 5

그리스도의 승천일에 드렸던 두 기도문

전능하신 하나님.
하늘로 승천하신 당신의 외아들,
우리 구주에 대한 믿음을 저희에게 허락해 주시어
우리가 매일 그분께 마음과 영을 고정한 채로 살게 하옵소서.
당신의 사랑하는 아들,
우리 주 예수 그리스도의 이름으로 기도합니다.

가장 사랑하는 주 하나님.
우리의 자비로우신 하늘 아버지.
우리 주 그리스도의 승천을 기념하는 이 축일에
위로와 기쁨이 충만함을 보고
이로 인해 당신께 찬양과 감사를 돌립니다.
우리를 당신의 은혜 가운데 품어 주시고,
마침내는 당신의 아들 예수 그리스도로 말미암아
복된 마지막을 허락하소서.
그리하시면 우리가 그분의 인도하심을 따르고
당신 우편에 앉아 영생과 구원을 즐기게 될 것입니다.
가장 사랑하는 주님.
우리에게 이를 허락하소서.

출처 : Gebetbuch, enthaltend die sämtlichen Gebete und Seufzer Martin Luther's, wie auch Gebete von Melanchthon, Bugenhagen, Matthesius, Habermann, Arnd und andren Gott- erleuchteten Männern: Herausgegeben vom Evangelischer Bücher-Verein, 1866

65
요하네스 부겐하겐의 기도

회개의 기도

불쌍한 죄인이 전능하신 하나님께 고백하며 나의 수많은 죄를 회개합니다.
나는 헛되고 부패했으며 내 죄를 완전히 알지도 못하고
이를 결코 충분히 회개하지도 못합니다.

그러므로 전능하신 하나님, 모든 위로의 아버지시여.
내 많은 죄에 따라 나를 대하지 마시고 당신의 크신 자비를 따라 대하여 주소서.
당신의 말씀을 들을 때에 당신의 성령을 허락하셔서
우리 주 예수님의 위로의 언약에 따라 내 죄를 깨닫게 하시고
내 죄 많은 삶을 알게 하시며, 진실로 당신을 찾고
마음과 양심에 안심을 얻게 하소서.

오, 주 예수 그리스도, 나의 구원자시여.
당신의 쓰디쓴 죽음과 수난으로 인해 당신의 하늘 아버지 하나님과 나 사이에
중재자와 중보자가 되어 주소서.
또한 당신의 의로움과 순결함으로 나의 죄와 사악함을 덮으소서.

그저 주님의 말씀을 듣기만 하는 것이 아니라
그것을 마음에 담아두고 그로 인해 살아가게 하소서.

출처 : Gebetbuch, enthaltend die sämtlichen Gebete und Seufzer Martin Luther's, wie auch Gebete von Melanchthon, Bugenhagen, Matthesius, Habermann, Arnd und andren Gott- erleuchteten Männern: Herausgegeben vom Evangelischer Bücher-Verein, 1866

부겐하겐(Johannes Bugenhagen, 1485~1558)은 루터가 포메라니아(독일 북부 지역)의 박사로 부른 인물이다. 독일 북부 지역과 스칸디나비아 지역에 루터란 교회를 조직했고, 루터와 카타리나 폰 보라의 결혼 주례자였으며, 루터의 장례식을 집례한 인물이기도 하다.

66
윌리엄 틴들이 처형 직전 드린 기도

나라를 위한 기도

주여, 영국 왕의 눈을 열어 주소서.

틴들(William Tyndale, 1494~1536)은 영국의 성경 번역가이다. 성경을 영어로 번역한 죄로 화형당했다. 킹제임스성경의 70%가 틴들의 영어 성경에 근거한다.

'영국 왕' 대신에 자신이 원하는 정치인이나 대표자의 이름을 넣어 기도문을 작성해 보세요.

나라를 위한 기도문을 작성해 보세요.

67
필립 멜란히톤의 기도

삼위 하나님의 역사

전능하시고 영원하신 하나님,
우리 주 예수 그리스도의 아버지,
하늘과 땅과 인간의 창조주시여.

당신의 아들 우리 주 예수 그리스도,
당신의 말씀이요 형상과 함께,
당신의 성령과 함께,
우리에게 자비를 베푸소서.

당신의 놀라운 계획을 따라
우리의 중보자로 삼으신 당신의 아들로 인하여
우리의 죄를 용서하소서.

사도들에게 부어진 당신의 성령으로
우리를 인도하시고 거룩하게 하시오며,
영원토록 당신을 진정으로 알고 찬양하게 하소서.

출처 : Prayers from the evangelical-lutheran heritage, Paul C. Stratman, 2017

멜란히톤(Philipp Melanchthon, 1497~1560)은 독일의 신학자이자 종교개혁가이다. 루터의 친구이자 후계자요 칼뱅의 친구이기도 하면서, 루터교 신학을 정립하고자 노력하였고, 〈아우크스부르크 신앙고백〉을 저술하였다.

68
15세기 무명 그리스도인의 기도

하나님의 자녀 된 영광을 기뻐하며

하나님,
당신의 독생자의 영광스러운 변화로
당신은 믿음의 비밀을 확신케 해 주셨습니다.
모세와 엘리야가 이를 증언했습니다.

빛나는 구름에서 들려오는 목소리로
당신은 우리로 당신의 양자가 되었음을
놀랍게 알리셨습니다.

당신의 자비로
우리가 그리스도와 함께
당신의 자녀가 되는 영광을 주셨사오니
마침내 우리가 그와 같은 영광을
그와 함께 나누게 하소서.

당신의 아들 예수 그리스도, 우리 주 성령님과 함께
살아 계시고 다스리시는 한 분 하나님을 통해
이제와 영원히!

69
파이트 디트리히의 기도

거듭난 삶을 위한 기도

오, 주 하나님, 하늘의 아버지.
우리 불쌍한 죄인들이 고백합니다.
우리 육체 가운데 선한 것이 없고
우리 자신에게 남겨진 것은 죄 가운데 죽음과 멸망뿐입니다.
육으로 난 것은 육일 뿐이니 하나님의 나라를 볼 수 없습니다.

그러나 우리는 간청합니다.
당신의 은혜와 자비를 우리에게 베푸소서.
당신의 아들 예수 그리스도로 인하여
우리 마음에 성령님을 보내시고
그분 안에 거듭나게 하옵소서.

세례 때 주신 당신의 약속에 따라서
우리 죄 사해 주심을 굳게 믿습니다.
날마다 형제 사랑과 다른 선한 일을 더하게 하시되,
당신이 사랑하시는 아들 우리 주 예수 그리스도, 성령님과 함께
살아 계시고 다스리시는 유일하시고 참된 하나님을 통해
우리가 마침내 영원한 구원을 얻을 때까지 그리하소서.
이제와 영원히!

출처 : The Collects of Veit Dietrich in Contemporary English, Paul C. Stratman, 2016

디트리히(Veit Dietrich, 1506~1549)는 독일 루터교 신학자이자 개혁가이면서, 작가이기도 하다. 마틴 루터의 가까운 측근으로서, 루터의 집에 같이 살면서 루터의 《탁상담화》를 기록했다.

70
장 칼뱅의 기도 1

저녁 기도

주 하나님. 주께서 사람이 일하기 위한 낮을 창조하신 것과 같이
사람이 쉴 수 있는 밤을 만드셨사오니,
내 몸이 쉴 밤을 주시고,
내 영혼이 주님의 사랑으로 들려지고,
내 마음이 항상 주님의 사랑으로 가득 차게 하소서.

오, 하나님. 내 모든 염려를 맡아 주시고
주님의 자비를 끊임없이 기억하도록 가르쳐 주셔서
내 영혼이 영적인 안식을 누리게 하소서.

나의 잠이 과하지 않게 하시고 나의 힘을 새롭게 하셔서
내가 섬기는 일에 더욱 준비되게 하소서.

원컨대 나의 몸과 영이 정결하게 하시고
모든 시험과 모든 위험에서 나를 보호하사
내가 자는 것만으로도 주의 이름에 영광이 되게 하소서.

또한 여러 가지의 죄를 당신께 지은 채로
이날의 남은 시간을 보내지 않기를 이 불쌍한 죄인이 간청하오니,

오, 하나님. 이제 주께서 만물을 밤의 그림자에 숨기신 것 같이
당신의 자비에 내 죄를 묻으소서.

출처: https://www.thegospelcoalition.org

칼뱅(Jean Calvin, 1509~1564)은 프랑스 태생의 스위스 종교개혁가이자 신학자이다. 종교개혁 2세대로서 개신교 신학을 집대성한 인물이며, 제네바에서 거의 평생을 난민으로 살면서 목회와 저술 활동에 전념하였다. 그가 저술한 《기독교강요》는 토마스 아퀴나스의 《신학대전》과 함께 서방 기독교의 가장 중요한 저작으로 여겨진다. 존 녹스가 장로교의 아버지라면 장 칼뱅은 장로교의 할아버지라 할 수 있다.

71
장 칼뱅의 기도 2

아침 기도

나의 하나님, 나의 아버지, 나의 구원자시여.
지난밤과 시작되는 아침의 모든 시간 동안에
당신의 은혜를 부으셔서 나를 지키셨사오니,
내가 당신을 섬기는 데 완전히 몸을 바치고 당신을 기쁘시게 하도록,
당신의 거룩한 뜻에 순종하는 일과
내 모든 행동이 당신의 이름에 영광 돌리는 것과
내 형제들의 구원을 위한 것 외에는
생각하거나 말하거나 행하지 않겠나이다.

그러므로 이 지상에서의 삶과 마찬가지로
당신의 태양 빛을 온 세계에 비추시고,
또한 성령님의 조명하심으로 내 지성을 밝히셔서
주의 의로운 길로 나를 인도해 주옵소서.

오, 나의 하나님.
내 목표는 항상 당신을 섬기고 경외하는 것이오며,
오직 당신께서 주시는 복으로만 나의 유익으로 삼기를 원하고,
당신께서 기뻐하시지 않는 일은 하나라도 행하지 않는
이 일들이 나에게 이루어지기를 원합니다.

뒷장에 이어서 ▶

또한 주님.
내가 나의 몸과 이 현세에서의 삶을 위해서 일하는 모든 것 가운데서도
당신께서 당신의 자녀들을 위해 준비해 놓으신 이 천상의 삶과 복락에까지
내 영혼을 높이 들어 올리게 하시고,
또한 사탄의 모든 유혹에 맞서도록 나를 단련시키사
끊임없이 다가오는 위험 가운데 나를 건지시고,
내 영혼과 육체를 보호해 주옵소서.
인내 없이 시작할 수 있는 것은 아무것도 없기에
오, 하나님. 이 하루만이 아니라 내 삶의 마지막까지도
나를 인도하시고 다스려 주시기를 원하나이다.

또한 우리 영혼의 참된 빛이신 당신의 아들 예수 그리스도와
완전한 연합에 이르기까지 내가 날마다 자라가도록
내 안에 당신의 은혜와 은사를 끊임없이 부어 주옵소서.

그러나 오, 나의 하나님. 내가 당신께 이토록 커다란 유익을 얻을 수 있도록,
우리 구주 예수 그리스도 안의 진실한 마음으로
당신께서 부르실 모든 자에게 약속하신 것과 같이,
내 모든 죄를 잊으시옵소서.

당신의 무한한 자비에 따라 나를 용서해 주시기를 간절히 원하옵나이다.
주 예수 그리스도의 이름으로 기도합니다.

출처 : https://www.thegospelcoalition.org

72
장 칼뱅의 기도 3

회개의 기도

오, 주님. 우리는 진실한 슬픔으로 회개하고
우리의 잘못을 개탄합니다.
우리는 우리 자신과 우리의 악한 길을
참된 회개로 정죄합니다.

오, 지극히 은혜로우신 하나님.
모든 자비의 아버지시여.
당신의 아들 우리 주 예수 그리스도로 말미암아
당신의 은혜가 우리의 고통을 덜어 주시며,
우리를 긍휼히 여기심을 기뻐하여 주소서.

우리 자신의 불의를 우리의 가장 깊은 마음으로 깨달아
우리의 죄책과 오염을 제거하시고,
성령의 은총을 날마다 더하소서.

우리가 슬픔에 닿을 때,
그것이 참된 회개를 이루고
이로써 우리 안에 있는 모든 죄를 죽이며
당신 눈에 기뻐하시는
성령의 거룩하고 정의로운 열매를 맺을 것입니다.

출처 : http://artistictheologian.com

73
장 칼뱅의 기도 4

제네바 교회의 예배 순서 중 회개의 기도

주 하나님, 영원하시고 전능하신 아버지여.
당신의 위엄 앞에서 우리는 가련한 죄인들, 불법과 부패 가운데
잉태되고 태어난 자들임을 거짓 없이 고백하고 깨닫습니다.

우리의 악덕은 악을 행하려는 경향만 있고 모든 선에 쓸모가 없으며
당신의 거룩한 명령을 끝없이 쉬지 않고 범합니다.
이같이 행하여 우리는 당신의 정당한 판결로 말미암아
우리 위에 내리는 파멸과 멸망을 얻게 될 것입니다.

그러나 주여, 우리는 우리가 당신을 모욕한 것을 참회하며,
우리와 우리의 죄악을 참된 회개로 정죄하오니,
원하기는 당신의 은총으로 우리의 재앙을 살피사,
인자하시고 긍휼하신 하나님,
당신의 아들 우리 주 예수 그리스도의 이름으로 우리를 불쌍히 여기소서.

온 마음을 다하여 우리의 불의를 깨닫고 절망에 빠져서
우리 안에 참된 회개를 낳도록
우리의 악덕과 더러움을 지워 주사 우리를 해방하여 주시고,
성령님의 은총을 우리에게 날마다 더하여 주소서.

이로써 우리의 모든 죄악을 제거하시고,
당신께서 기뻐하시는 의롭고 순결한 열매를 맺기를 원합니다.

출처 : la foreme des prieres et chantz ecclesiastiques, avec la maniere d'administrer les sacremens et consacrer le mariage selon la coustume de l'eglise ancienne, 1542

74
요아킴 민싱거 폰 프룬덱의 기도

공동체의 회복을 바라며

오, 영원하신 하나님, 은혜로우신 아버지.
당신의 아들 예수 그리스도를 통하여
당신의 성령을 우리에게 약속하셨습니다.
그리고 사랑의 새 계명을 우리에게 주셨습니다.

우리를 축복하소서.
당신의 불쌍한 아이들을 축복하소서.
당신의 은혜의 영으로 축복하소서.
우리 주 예수 그리스도로 말미암아
우리 마음을 위로하시고 붙잡아 주소서.

우리가 기쁨으로 주님 말씀에 거하게 하시고
신실한 기도를 당신께 드리게 하시고
언제나 인내로 당신을 섬기게 하소서.

출처 : Gebetbuch, enthaltend die sämtlichen Gebete und Seufzer Martin Luther's, wie auch Gebete von Melanchthon, Bugenhagen, Matthesius, Habermann, Arnd und andren Gott- erleuchteten Männern: Herausgegeben vom Evangelischer Bücher-Verein, 1866

프룬덱(Joachim Mynsinger von Frundeck, 1514~1588)은 독일의 법학자요, 정치가이면서, 시인이기도 하다. 슈파이어 제국상공회의 최연소 판사였으며 브런즈윅-울펜뷔텔 공국의 총리를 역임하였다.

75
토마스 크랜머의 기도

삼위 하나님을 찬양

우리를 거룩하게 하시는 성령님께,
우리를 창조하시고 조성하신 성부와 함께
우리를 구속하신 하나님의 아들이여,
모든 존귀와 영광을 받으소서!
이제와 영원히!

출처 : http://www.biblia.work

크랜머(Thomas Cranmer, 1489~1556)는 영국 캔터베리의 대주교이자 종교개혁가이다. 케임브리지 대학생 시절부터 마르틴 루터의 사상에 영향을 받았으며 성공회 종교개혁에 앞장섰다. 그러나 블러디 메리의 박해로 화형당했다. 교황이야말로 그리스도의 적이자, '적그리스도'라고 주장했다.

지금당장재활

안소현
김소연
이재호

대한나래출판사

DaehanNarae Publishing, Inc.

SK V1 Tower 1507
Younmujang 5 gagil 25, Sungdong-gu,
Seoul 04782, Korea
TEL: +82-2-922-7080
FAX: +82-2-922-0841
E-mail: nrpub@naver.com
Website: www.nrbooks.kr

지금 당장 재활

발행일	2025년 2월 25일
저자	안소현, 김소연, 이재호
발행인	최용원
편집디자인	김애선
표지디자인	김애선
교정·교열	고윤지
일러스트	정유빈, 김민아
촬영기획	정우연(전주기전대학), 조승원(전주기전대학), 양지원(비투엠필름), PT_INFORM
발행처	대한나래출판사 (등록 제2012-000051호/1994.6.10)
주소	서울시 성동구 연무장 5가길 25, 성수역 SK V1 Tower 1507호
전화	(02) 922-7080
팩스	(02) 922-0841
이메일	nrpub@naver.com
홈페이지	www.nrbooks.kr

Copyright ⓒ 2025 by DaehanNarae Publishing, Inc.

본서는 저자와의 계약에 의해 **대한나래출판사**에서 발행합니다.
본사의 서면동의 없이 본서의 일부 또는 전부를 무단으로 복제하거나 스캔 또는 사진으로 복사하여 pdf나 그림파일로 전자기기에 저장 및 전송하는 행위는 법률로 엄격히 금지하고 있습니다. 이를 위반 시는 5년 이하의 징역 또는 5천만 원 이하의 벌금에 처하거나 이를 병과할 수 있습니다.

ISBN 979-11-7133-164-2

정가 19,000원

Printed in Korea

추천사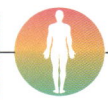

안녕하세요. 23년 차 육상선수입니다.

23년 차, 인생 반 이상을 운동선수로 살아온 저에겐 몸이 전부입니다. 하지만 살아가는 누구에게나 '잘 움직이는 몸'은 삶의 기본이죠. "지당재"는 단순한 재활 책이 아니에요. 저는 이 책으로 실제 큰 도움을 받았습니다. 훈련 후 회복은 물론, 일상에서 불편했던 작은 움직임들도 편안해졌으니까요!

재활운동, 물리치료, 이완 마사지뿐 아니라 일상 동작을 편하게 만들어 주는 작업치료 방법까지 담겨 있어 누구나 따라 하기 좋고, QR코드로 동작을 바로 볼 수 있어 실용성도 뛰어나요! 이 책은 단순히 아픈 곳을 회복시키는 걸 넘어서 내 몸을 더 오래, 더 건강하게 써 나가는 법을 알려 주는 든든한 가이드입니다. "지당재" 최고예요.

— **김 지 은** 국가대표 육상선수 · 피지컬: 100 시즌2 — 언더그라운드

현대인들 중에 온전히 건강한 사람이 얼마나 될까. 쌓이는 피로와 통증을 대수롭지 않게 넘기지만 몸은 정직하게 신호를 보낸다. 이 책은 그런 몸의 언어를 이해하는 법을 알려 준다. 신뢰받는 재활 전문가들이 오랜 경험을 바탕으로 집필한 만큼 단순한 통증 완화가 아니라 내 몸을 더 건강하게, 더 오래 잘 쓸 수 있도록 돕는 책. 믿고 볼 만하다.

— **정 규 민** 환승연애 2 · 환승연애, 또 다른 시작

『힘콩의 재미어트』 저자 유석종입니다.

'DIE어트는 죽을 만큼 힘들고 HELL스는 지옥에 갈 만큼 힘들다'라는 말이 있습니다. 그렇지만 즐겁게 운동하면 '재미'어트가 됩니다

어렵고 접근하기 힘든 재활을 쉽게 알 수 있는 『지금 당장 재활』을 출간해 준 안소현 · 김소연 · 이재호 님께 감사함을 전합니다~!!

— **유 석 종** 힘콩 재미어트 대표 · 『힘콩의 푸쉬업&스쿼트 100』 저자 · 누적 조회 2억 뷰 유튜버

이 책은 인체해부학적 구조를 바탕으로 기본 개념, 이론적 배경, 실제 사례, 그리고 적용 방법 등을 체계적이고 구체적인 방법으로 제시하고 있다. 작업 치료와 필라테스, 물리치료의 융합을 통해 환자에게 맞춤형 치료를 제공할 수 있는 중요한 지침서가 될 것이라 자부한다. 아울러 전문 지식과 실무 경험을 겸비한 재활 전문가나 일반인들 및 학생들에게 매우 유용한 자료가 될 것이며 재활 분야의 이해를 더욱 깊이 있게 만들어 줄 것이다.

– **권 영 두** 국가대표 월드챔피언·체육학박사

통증 없는 삶을 위한 지침서!

우리는 통증을 참고 견디며 살아간다. 하지만 '참을 필요 없는 통증'이 있다. 『지금 당장 재활』은 물리치료, 작업치료, 필라테스 전문가들이 모여 과학적 근거와 실용성을 결합한 재활 솔루션을 제시하고 있다.

거북목, 허리 통증, 관절 문제 등 현대인의 흔한 고질병을 다루며, 단순한 증상 완화가 아닌 근본적인 몸의 균형 회복을 목표로 한다. 단계별 운동법과 Q & A, 셀프 마사지와 스트레칭 가이드, 그리고 QR코드를 활용한 직관적인 실천 방법까지 제공해 누구나 쉽게 따라 할 수 있다.

이 책은 단순한 운동 지침서가 아니다. '지금 당장' 실행할 수 있는 변화의 시작점이다. 건강을 위한 최고의 투자는 멀리 있지 않다. 이 책을 통해 통증 없는 삶을 위한 첫걸음을 내디뎌 보자.

– **조 덕 현** 전주기전대학 부총장

　우리 주변을 살펴보면 근골격계 질환으로 뼈저리게 아픈 통증을 참지 못하고 고생하는 사람들이 너무 많다.

　갈수록 변화무쌍한 일상과 고질적인 현대 직업병에 따른 잘못된 습관적인 자세로 인해 몸의 근골격계는 어느 순간 망가져 거북목, 요통, 어깨 통증 등을 호소하는 경우가 다반사다.

　때문에 근골격계 질환 예방 및 치료에 대한 구체적인 방법을 제시하기 위해 재활 전문가들이 한마음이 돼 뭉쳤다.

　이 책은 일반인과 재활 전문가들이 적극 활용할 수 있는 실용적이고 효과적인 재활 방법과 구체적인 정보를 제공하고 있다.

　따라서 『지금 당장 재활』에 근골격계 질환의 예방 및 치료에 대한 명확한 해답이 있다고 자신 있게 여러분들에게 추천드린다.

- 정 병 창 전북중앙 기자(부장)

　고통 없는 건강한 삶은 인류의 아주 오래된 숙원이다. 몸과 마음은 서로 연결되어 있으면서 고통과 기쁨을 주고받는다. 근골격계의 근육과 뼈들은 무수히 많은 신경망으로 연결되어 있으며, 일상의 행복감은 우리의 활동을 좌우하는 근골격계에 의해 결정된다.

　큰 고통이 포함되는 많은 질병은 우리의 잘못된 자세와 근골격계의 틀어짐에서 기인한다. 이러한 통증과 질병은 현대인의 잘못된 생활 습관과 함께, 자세와 활동에 대한 교육을 제대로 받은 적이 없기 때문에 일어난다.

　이 책은 풍부한 전문지식과 실무 경험을 겸비한 현장 전문가들의 경험과 지식의 결정판으로, 통증에 시달리는 일반인뿐만 아니라 재활 전문가들도 활용할 수 있는 실용적이고 구체적인 정보를 제공한다.

　이 책을 활용하여 근골격계의 틀어짐을 교정해 생활에 따른 피로를 최소화하고 통증을 예방하면서 효과적인 작업을 가능하게 하자. 『지금 당장 재활』을 실행하여 통증을 제거하고 일상의 효율과 기쁨을 만끽하자.

- 황 호 진 전 전북특별자치도 부교육감·현 전북대학교 특임교수

목차

시작하며 · IX
물리치료 · XVII
작업치료 · XVIII
필라테스 · XIX
손끝에서 시작되는 재활: 마사지 방법 & 도구 · · · · · · · · XX

PART 1 목과 등 · 1

목에서 다루는 문제 근육들 · · · · · · · · · · · · · · · 2
목 통증 · 5
- 한눈에 보는 해부학 · 8
- 셀프 마사지 1~3 · 10
- 셀프 스트레칭 1~2 · · · · · · · · · · · · · · · · · · · 13
- 한눈에 보는 해부학 · · · · · · · · · · · · · · · · · · 18
- 셀프 마사지 1~3 · 21
- 셀프 스트레칭 1~2 · · · · · · · · · · · · · · · · · · · 24
- 지금 당장 재활 · 26

등 통증 · 33
- 한눈에 보는 해부학 · · · · · · · · · · · · · · · · · · ·35
- 한눈에 보는 해부학 · · · · · · · · · · · · · · · · · · ·37
- 셀프 마사지 1~3 · 41
- 셀프 스트레칭 1~2 · · · · · · · · · · · · · · · · · · ·44
- 한눈에 보는 해부학 · · · · · · · · · · · · · · · · · · 48
- 셀프 마사지 1 · 52
- 셀프 스트레칭 1~2 · · · · · · · · · · · · · · · · · · · 53
- 지금 당장 재활 · 55

PART 2 　허리·골반·고관절　59

허리 & 골반 관련 근본적인 근육 문제 ········ 60
허리 통증 ·········· 62
- 한눈에 보는 해부학 ················ 69
- 셀프 마사지 1~4 ················· 72
- 셀프 스트레칭 1~4 ················ 76
- 지금 당장 재활 ·················· 80

골반/고관절 통증 ········· 82
- 한눈에 보는 해부학 ················ 83
- 셀프 마사지 1~4 ················· 85
- 셀프 스트레칭 1~3 ················ 89
- 지금 당장 재활 ·················· 92

PART 3 　어깨·팔꿈치·손목　97

상지 파트에서 다루는 통증 ············ 98
어깨 & 팔 근육 해부학 ·············· 99
어깨 통증 ········· 100
- 한눈에 보는 해부학 ················ 102
- 셀프 마사지 1~3 ················· 105
- 셀프 스트레칭 1~2 ················ 108
- 지금 당장 재활 ·················· 112

팔꿈치 통증 ········ 115
- 한눈에 보는 해부학 ················ 117
- 셀프 마사지 1~2 ················· 119
- 셀프 스트레칭 1~2 ················ 121
- 지금 당장 재활 ·················· 123

손목 통증 ········· 126
- 한눈에 보는 해부학 ················ 128
- 셀프 마사지 1~2 ················· 130
- 셀프 스트레칭 1~2 ················ 132
- 지금 당장 재활 ·················· 134

PART 4 무릎·발목 & 발바닥 · · · · · · · *135*

하지 파트에서 다루는 통증 · · · · · · · · · · *136*
무릎 & 발 근육 해부학 · · · · · · · · · · · *137*
무릎 통증 · *138*
- 한눈에 보는 해부학 · · · · · · · · · · · · · · · *140*
- 셀프 마사지 1~4 · · · · · · · · · · · · · · · · *142*
- 셀프 스트레칭 1~3 · · · · · · · · · · · · · · *146*
- 지금 당장 재활 · · · · · · · · · · · · · · · · · *150*

발목 & 발바닥 통증 · · · · · · · · · · · · · · *153*
- 한눈에 보는 해부학 · · · · · · · · · · · · · · · *155*
- 셀프 마사지 1~3 · · · · · · · · · · · · · · · · *159*
- 셀프 스트레칭 1~2 · · · · · · · · · · · · · · *162*
- 지금 당장 재활 · · · · · · · · · · · · · · · · · *164*

부록 산전·산후 재활 운동법 · · · · · · · *165*

산전·산후 재활 운동법 · · · · · · · · · · · *166*
참고자료 · *184*

시작하며

누구나 근육통증은 있다

백세시대! 기대수명이 빠르게 증가하면서 수명의 연장뿐 아니라 삶의 질 증진에 더 많은 관심과 연구가 요구되고 있다. 여기서는 삶의 질에 큰 영향을 줄 수 있는 통증(pain)을 이야기하고자 한다. 국제통증연구학회(International Association for the Study of Pain)는 통증을 실제 혹은 잠재적인 조직 손상과 연관되거나, 손상의 측면으로 판단된 감각적이고 정서적인 불쾌한 경험으로 정의하고 있다.

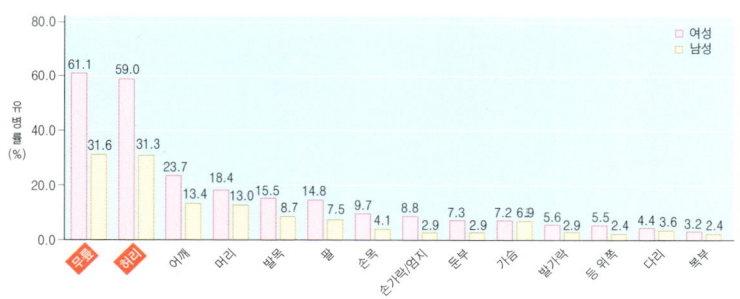

남녀노소 모두 무릎과 허리가 제일 아프다(60세 이상).

통증은 우리 가까이에 존재한다. 2008년 노인실태조사에서는 "어르신께서 평소 통증을 느끼시는 신체 부위가 있으십니까?"라는 설문으로, 통증을 느끼는 신체 부위와 일상생활에서의 어려움 정도를 조사하였다. **60세 이상 남녀노소 모두 무릎과 허리에서 통증을 느낀다고 하였다.** 문항에서 명확한 기간을 조사하지는 않았지만 '평소' 통증은 만성통증을 측정하는 데 타당한 문항으로 평가된다.

예상되는 변수를 막는 자기관리 운동

"아프기도 한데 괜찮을 거 같기도 하고 병원을 가야 하는 건지…."
"의사가 알아주는 것 같지도 않고, 약을 먹어도 그대르인 거 같기도 하고…."
"좋은 치료법을 알려 주는 치료사 구하는 것도 어렵그, 운동을 하다가 더 악화되기도 하고…."

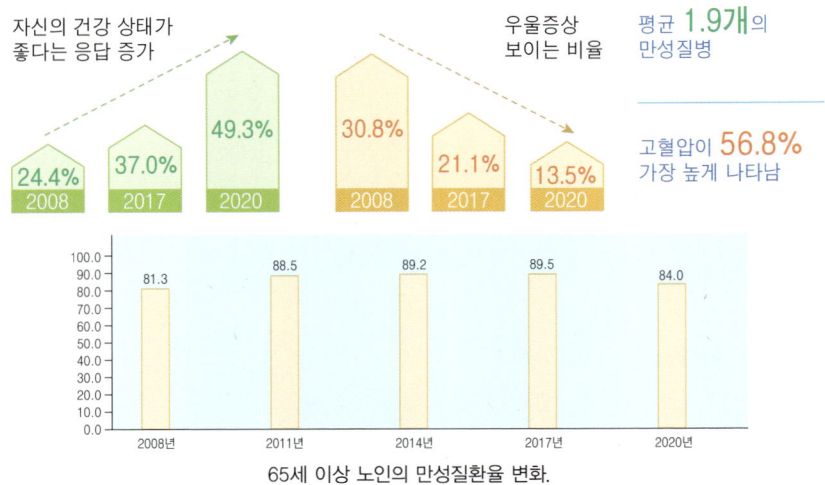

65세 이상 노인의 만성질환율 변화.

2020년 노인실태조사 결과에 따르면 '자신의 건강 상태가 좋다'는 응답이 '08년 24.4% → '17년 37.0% → '20년 49.3%로 증가하는 추세이다. 평소 자신의 건강 상태가 좋은 것으로 평가하는 노인이 49.3%로 자신의 건강이 나쁘다고 평가하는 노인 19.9%보다 2배 이상 높게 나왔다. 우울증상을 보이는 비율('08년 30.8% → '17년 21.1% → '20년 13.5%)도 감소하여 주관적 건강 상태의 긍정적 변화와 유사한 흐름을 보이고 있다. <u>하지만, 운동 실천율은 '11년 50.3% → '17년 68.0% → '20년 53.7%로 다소 저하되었다.</u>

1개 이상의 만성질환을 앓고 있는 비율은 '08년 이후 증가세를 보이다가 '20년 들어 감소세로 들어섰다('08년 81.3% → '17년 89.5% → '20년 84.0%). 평균 1.9개의 만성질병을 가지고 있으며, 종류별 유병률을 보면 고혈압이 56.8%로 가장 높게 나타났다. 또한 만성질병 1개 29.2%, 만성질병 2개 27.1%, 만성질병 3개 이상 27.8%로 조사되었다.

예방운동은 건강을 유지하고 질병을 예방하는 데 중요하다. 규칙적인 운동은 심장질환, 비만, 당뇨병 등의 위험을 줄이고 신체와 정신건강을 향상시킬 수 있다. 운동과 자기관리는 서로 긴밀하게 연관되어 있다. 운동은 신체적인 측면을 강화하고 건강을 유지하는 데 도움을 주며, 자기관리는 우리의 삶을 조절하고 향상시키는 데 중요하다. 자기관리는 건강에만 국한되지 않고 정신적, 감정적, 사회적 측면도 포함된다. 따라서 운동을 통한 건강관리와 자기관리를 결합하면 삶의 만족도에 기여하게 된다. 그러므로 예방운동 및 운동과 자기관리는 100세 시대인 현대 사회에서는 건강한 삶을 유지하는 데 필수적이다. 운동에 대한 관심과 수요가 증가할 수밖에 없는 시대에 맞춰 이 책을 기술하게 되었다.

우리나라 성인의 성별에 따른 비만 유병률 변화

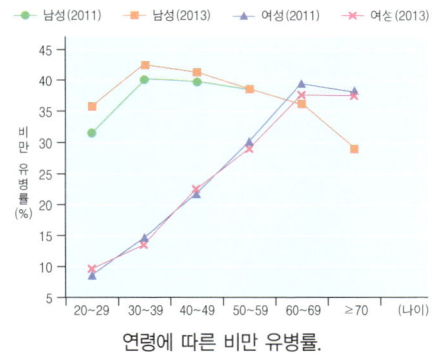

연령에 따른 비만 유병률.

2011년과 2013년 2년 동안 건강검진을 실시한 우리나라 성인의 비만 유병률 변화를 분석한 결과 최종 연구 대상자는 144,934명 중 남자 83,604명(58%), 여자 61,330명(42%)이었다.

2011년 기준으로 **전체 대상자 3명 중 1명이 비만**(BMI≥25kg/m^2: 남성 37.7%, 여성 27.3%)이었으며, **절반 이상이 과체중**(BMI≥23kg/m^2: 남성 65.6%, 여성 50.4%)으로 나타났다. 2개년간의 체질량지수(body mass index; BMI)는 남·녀 모두 유의하게 상승했다(P<0.0001).

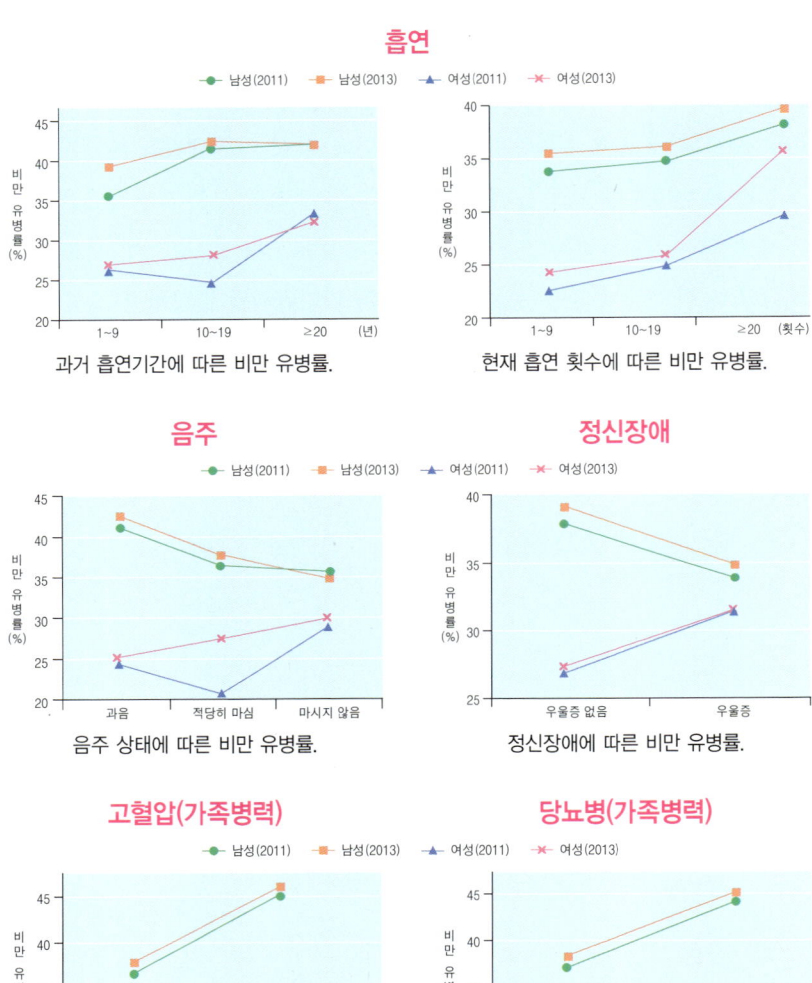

비만은 흡연율 및 음주율과 밀접한 관련이 있으며 연구에 따르면 음주, 흡연 등 생활습관과도 연관이 깊다.

남·녀 모두에서 흡연기간이 길수록, 흡연량이 많을수록, 고혈압 가족력이 있는 경우, 당뇨병 가족력이 있는 경우 비만 유병률이 더 높았다. 하지만 거주 지역, 수입 정도, 음주 상태, 정신장애, 장애 상태, 장애 중증도 변수에서 비만 유병률은

성별로 상이한 양상을 보였다.

정기적인 운동은 비만 개선에 중요한 역할을 한다. 꾸준한 운동을 실천하는 사람은 체중 감량과 지방 축적 감소에 큰 도움을 받으며, 이는 비만을 관리하고 예방하는 데 효과적인 방법이다. 국내 비만 연구에서 적용된 운동요법의 효과에 대한 메타분석에 따르면 체지방률과 혈중지질변인들을 유의하게 변화시킴으로써 비만을 개선하는 데 효과적이었으나, 체중과 BMI는 중간 이하의 효과, 체지방량은 작은 효과를 보였다(김경배 외, 2007).

이에 따라 재활 분야에서는 질병 예방과 재활의 중요성이 더욱 부각되며, 일반인들이 건강한 삶을 유지할 수 있도록 돕는 데 중요한 역할을 할 수 있다. 이러한 관심을 바탕으로 본 책을 통해 질병 예방과 재활의 중요성, 질병 관리에 대한 효과적인 방법을 제시하고자 한다.

전문재활치료 관련하여

노인인구의 급속한 증가 및 만성질환자의 증가로 인해서 재활치료 비용이 계속적으로 증가하고 있다. 특히, 이학요법료는 외래에서 발생하는 진료비 규모가 크고, 의원 및 병원 진료비 비중이 높기 때문에 진료 내역의 심층적 분석이 필요하다. 물리치료, 작업치료는 계속적인 치료를 선호하게 될 가능성이 있다. 2010년 기준으로 이학요법료는 입원부문에서 3,727억 원, 외래에서 5,535억 원이 발생하고, 이는 2006년부터 연평균 입원 29.5% 증가, 외래 6.2% 증가한 수치로 확인할 수 있다(신현철, 2011).

물리치료, 작업치료는 보건복지부령으로 정한 「건강보험 행위 급여·비급여 목록표 및 급여 상대가치점수」를 반영하여 산정한다. 이어 물리치료는 보행풀치료(walking pool therapy), 전신풀치료(whole body pool therapy), 중추신경계 발달재활치료, 호흡재활치료, 재활기능치료로 구성되어 있으며, 작업치료는 단순(simple)작업치료, 복합(complex)작업치료, 특수(special)작업치료, 일상생활동작 훈련치료, 연하재활 기능적전기자극치료, 연하장애재활치료로 이학요법료에 근거하여 분류되어져 있다.

국민건강보험공단에 2003~2013년 청구된 이학요법료는 제1, 2, 3절 행위별 청

국민건강보험 수가표에 따른 재활 수가 중 ICF 분류

ICF component	코드	코드 이름
신체기능	MM048	전신수영장(풀)치료
	MM105	중추신경계 장애에 대한 재활발달치료
	MM120	신경성 방광훈련
	MM151	기능성 전기자극요법
	MM290	재활호흡요법
	MX141	재활성 이형성증 치료
신체기능 & 활동/참여	MM301	매트리스 또는 동원 훈련
	MM047	보행풀치료
	MM111	단순(simple)작업치료
	MM112	복합(complex)작업치료
	MM113	특수(special)작업치료
활동/참여	MM302	보행훈련
	MM114	일상생활활동훈련

구 건수 및 비용의 총합 통계분석 결과 1절이 74,420,135천 원으로 가장 높은 청구 금액을 기록했다. 제3절 전문재활치료로의 행위별 청구 건수와 비용을 분석한 결과 총 비용에서는 중추신경계발달재활치료가 134억 원으로 가장 많았고, 기능적 전기자극치료, 매트 및 이동치료 순으로 많았다(차유진 외, 2017).

전문재활치료의 행위수가를 의료기관 종별에 따라 시기별로 현황을 분석한 결과 '활동 및 참여'가 강조되는 회복기 및 만성기 환자들이 주로 입원하고 있는 병원과 요양병원에서 신체기능 회복을 위한 치료보다 '활동 및 참여' 치료 서비스가 상대적으로 적게 제공될 수 있음을 확인할 수 있었다. 즉, 이러한 결과를 통해 활동 및 참여를 통한 삶의 질 향상이라는 국제기능장애건강분류(International Classification of Functioning, Disability and Health; ICF)의 건강 및 재활의학 개념을 반영한 활동이 많아져야 한다.

ICF 개념은 재활치료의 중요성을 강조하며, 전문적인 재활치료를 통해 독립적인 일상생활 활동을 만든다. 재활치료를 통해 활동 수준을 높이는 것이 중요한 과제

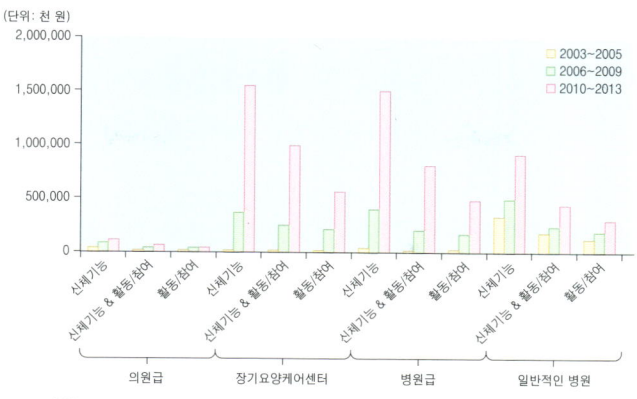

병원 분류와 다양한 기간에 따른 신체기능 및 활용/참여의 평균 비용.

이다. <u>그 과정에서 운동 실천은 필수적인 역할을 하며, 적극적인 운동 참여는 기능 향상과 회복을 촉진하는 핵심 요소이다.</u> 운동을 꾸준히 실천함으로써 일상생활에서의 독립성을 높이고 전반적인 삶의 질을 높일 수 있다.

이 책은 이렇게 읽습니다

"당신이 생각하는 거기가 아플 때에는 이 책의 차례를 먼저 봐 주세요."
"분명 허리가 아팠는데, 전신이 아파졌다면, 이 책을 읽어 주세요."
"약을 복용하면서 발생할 수 있는 합병증, 통증도 기술했습니다."
"치료사, 필라테스 강사를 하면서 부족한 전문지식은 이 책으로 해결해 보세요."

이 책은 '재활치료, 필라테스 경력 8년 차 이상 전문가(물리치료사, 작업치료사, 필라테스 원장)'들이 기술하였다.

재활과 연결된 전문가 3명이 모여 물리치료, 작업치료, 필라테스 분야의 경험과 임상 경력을 바탕으로 국내·외 근거기반으로 작성된 결과물로서 이 책은 보편적인 운동법이나 치료법에 그치지 않고, 몸에 대한 정확한 이해와 예방, 그리고 치료법 및 운동법을 비롯해 환경적인 개선까지를 포괄적으로 다루고자 한다.

정형계 물리치료사로서 병원에 방문하기 전 본인의 체형과 증상에 알맞은 해결 방법을 제시해 삶의 질을 향상시키고 이미 발생한 통증에 대한 올바른 지식을 전달하여 통증을 해소, 나아가 예방하는 방법을 알려드리고자 한다.

예방의학 박사전공자로서 작업치료 경력을 바탕으로 환자들에게 필요한 보조도구, 일상생활활동 치료법, 에너지보존법칙 등을 소개하고자 한다. 건강 수준을 높이고 발병 전 예방 단계가 제일 중요하다고 생각한다. 지속적인 건강을 위해서는 질병의 유·무와 관계없이 중요한 발판이 되는 매일 재활이 필요하다.

필라테스 교수로서 임상 9년의 경험을 바탕으로 필라테스만의 강점을 녹여 가장 효과적인 방식으로 운동법을 소개한다. 균형, 유연성, 근력, 정신적 안정 등을 향상시켜 주며 내 몸에 대한 올바른 이해와 올바른 자세의 운동법을 제공한다.

이 책은 재활 운동으로 구성된 **내 몸을 위한 접대선물**과 같다.
본문에 쉽게 이해할 수 있는 그림과 QR코드를 통해 내용을 빨리 파악할 수 있도록 하였으며, 재활이 필요한 분들이 효과적으로 운동을 수행할 수 있도록 최대한의 노력을 하여 저술하였다. 비전공자 및 전공자 학생들에게 유익한 지식을 쉽게 전달하여 생활이나 현장에 많은 도움이 되길 바란다. 임상가가 되었음에도 근육의 위치도 모르겠고 질환에 대한 이해가 필요하다면 이 책으로 도움이 되었으면 한다. 또한 키 성장을 위한 어린이 및 임산부에게도 도움이 되길 바란다.
이제, 몸과 마음을 강화하는 우리의 여정을 시작하려고 한다.

물리치료

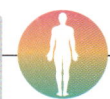

운동을 하다가 병원에 가야 하는 이유

Q & A

Q. 선생님, 병원은 언제 방문해야 하는 걸까요?

A. 부상을 제외한다면 통증이 일상생활에 지장을 줄 정도로 심해지거나 새로운 통증이 발생했을 때 방문하는 게 좋습니다.

Q. 그럼 저는 목이 아픈 지 오래됐는데, 이건 병원을 방문하지 않아도 되나요?

A. 통증이 오래된 경우에는 운동을 통해 해결하는 것이 바람직하지만, 운동을 시작하기 전 병원을 방문하여 해당 증상에 대한 전문가의 분석과 지도가 필요합니다.

Q. 담이 걸리거나 허리가 삐끗했을 때에도 운동을 통해 해결하나요?

A. 아닙니다. 급성통증의 경우 휴식이 최고의 해결 방법이며, 통증이 어느 정도 사라진 이후에 낮은 강도의 운동 또는 재활 운동부터 진행하는 것이 좋습니다.

Q. 그렇다면 저한테 필요한 운동은 뭘까요?

A. 통증이 없다면 어떠한 운동이든 좋습니다. 다만 운동의 목적, 본인의 취향에 맞춰서 진행을 해 주시는 것이 바람직합니다. 예를 들자면 근육의 발달을 위한 헬스, 유연성과 안정성을 위한 필라테스, 격렬한 움직임을 통한 민첩성과 지구력을 위한 크로스핏 등 많은 운동들이 있으며 테니스, 클라이밍 등의 스포츠도 권장하는 바입니다.

작업치료

일상생활 속 관절 보호 법칙

요통이 있는 환자가 "허리를 어떻게 얼마나 구부려서 어떻게 사용해야 하나요?" 묻는다. 작업치료사는 작업을 할 때 효율적인 관절 보호 법칙을 지도한다. 관절염 환자가 "오전엔 너무 아픈데 오후가 되면 괜찮아져요. 어떻게 일해야 할까요?" 묻는다. 작업치료사는 환자에게 일을 하기 좋은 시간과 에너지를 교육해 준다. 즉, 작업치료는 매일의 일상생활 속 '작업'을 잘 할 수 있도록 만들어 줄 수 있다. 그러한 치료법을 소개할 예정이다.

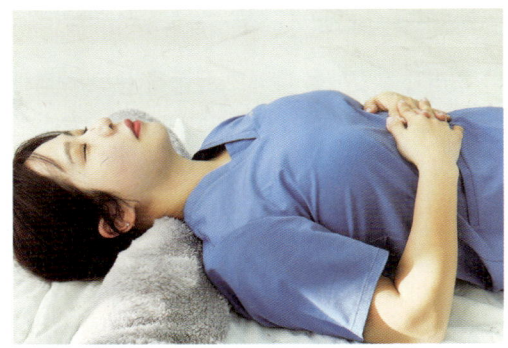

취침 시 기능성 베개 사용.

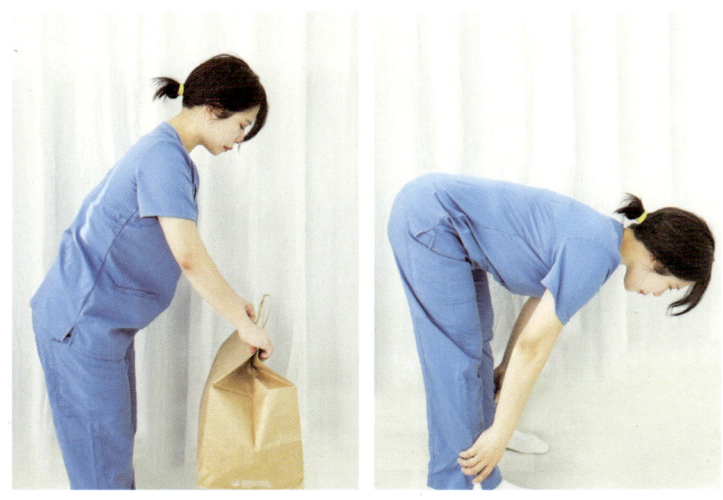

무거운 물건을 들 때 바른 자세.

필라테스

내 몸에 관한 사용 설명서

필라테스는 밴드, 토닝볼, 미니볼, 폼롤러, 서클링, 보수볼 등 다양한 운동 보조 도구(소도구, 대기구)를 활용하여 수행되는 운동이다. 이 운동은 남녀노소 누구나 쉽게 시행할 수 있으며, 특히 허리 통증 및 목 디스크 예방에 효과적이며 몸에 안정성을 기여하는 운동이다. 필라테스는 몸의 중립적인 자세를 중심으로 운동을 하기 때문에 모든 운동의 기초가 될 수 있으며, 이는 부상을 예방하고 재활을 위한 운동법으로 인정받고 있다.

일자허리를 위한 필라테스.

일자목, 거북목 개선을 위한 필라테스.

Q & A

Q. 주 2회 운동이 효과가 있을까요?

A. "한 달에 한 번 저축하는 적금이 효과가 있을까요?"
이는 동문서답이 아닌, 너무나 당연한 사실이다. 많은 분들에게 받았던 질문을 근거기반으로 가르쳤으며, 규칙적인 운동을 통해 몸의 변화를 체감할 수 있다. 내 몸에 관한 사용 설명서를 알고, 올바른 환경을 조성한다면 나에게 주는 이보다 좋은 선물이 있을까?

손끝에서 시작되는 재활: 마사지 방법 & 도구

마사지 효과에 대한 연구는 근육 이완, 혈액순환 개선, 통증 감소에 긍정적인 영향을 미친다. 손끝으로 하는 마사지는 특정 근육을 타기팅(targeting)하여 정밀한 근육 이완과 촉진에 유용할 수 있다.

이 책에서 사용하는 손 마사지 방법

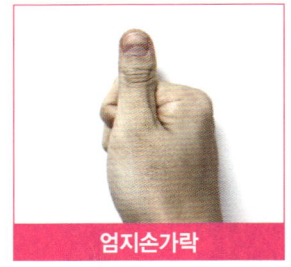
엄지손가락
좁은 부위에 강한 압력을 가하는 데 효과적이다.

갈고리 모양
넓은 부위의 근육을 끌어당기기에 적합하다.

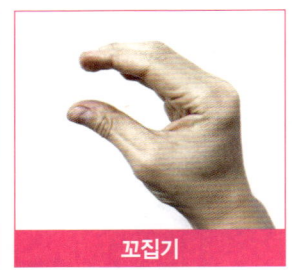
꼬집기
긴 근육 중 특정 부위를 들어 올리듯 잡아 압력을 제공한다.

이 책에서 사용하는 마사지 도구

마사지 볼(massage ball)
깊은 층에 있는 근육 또는 좁은 부위를 이완하는 데 효과적이다.

폼롤러(foam roller)
표면층의 근육과 넓은 부위의 근육을 이완하는 데 효과적이다.

서클링(circling)
서클링은 근육을 풀어 주는 원형 움직임을 통해 긴장된 부위를 이완시키는 기술로, 혈액순환을 촉진하고 근육의 피로를 덜어 주는 효과가 있다.

밴드(band)

밴드는 탄력 있는 고무 재질로 신체의 특정 부위를 스트레칭하거나 근육을 강화하는 데 사용된다. 이 도구는 다양한 강도로 운동을 할 수 있는 것이 특장점이며, 근육의 유연성을 증가시키고 운동 범위를 확장하는 데 효과적이다.

보수볼(bosu ball)

보수볼은 한쪽 면이 평평하고 다른 면이 반구 형태인 안정성 훈련 도구로 균형 감각을 향상시키고 근육의 활성화도를 높이는 데 사용된다. 보수볼을 활용한 운동은 몸의 중심을 잡고 다양한 근육을 동시에 자극하여 기능적인 운동 능력을 향상시키는 데 효과적이다.

토닝볼(tonning ball)

토닝볼은 작은 크기의 탄력 있는 공으로 근력 강화와 근육 이완을 위한 다양한 운동에 활용된다. 이 도구는 손이나 발에 적당히 압력을 가할 수 있어 근육을 집중적으로 자극하며, 부드럽게 마사지 효과를 주기도 한다. 특히 몸의 작은 근육(손목, 손, 발목 등)을 강화하는 데 유용하다.

고무줄(elastic band)

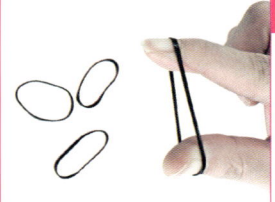

고무줄은 운동 중 저항을 제공하는 도구로 근육을 강화하거나 스트레칭을 할 때 활용된다. 일상생활에서 쉽게 구할 수 있으며, 초보자부터 전문가까지 모두 활용할 수 있는 도구이다.

마사지건(massage gun)

진동을 통해 근육을 이완하며, 누르는 정도에 따라 압력 조절이 가능해 편리하다.

꿀팁

스트레칭은 이렇게 해요!

- 짧아진 근육은 쉽게 원상태로 돌아오지 않는다! 꾸준한 스트레칭을 통해 근육을 늘려야 한다.
- 스트레칭은 적어도 1분 정도는 진행해야 한다. 1분 동안 계속하지 않고 20초씩 3번, 15초씩 4번 끊어서 진행해도 괜찮다.
- 근육이 늘어나는 느낌이 아닌 다른 불편함(통증, 저린 느낌)이 느껴진다면 스트레칭을 중단한다.
- 과도한 스트레칭은 오히려 근육을 긴장하게 만들 수 있다. 적당히 늘어나는 범위까지만 시행한다.

PART 1

목과 등

목에서 다루는 문제 근육들

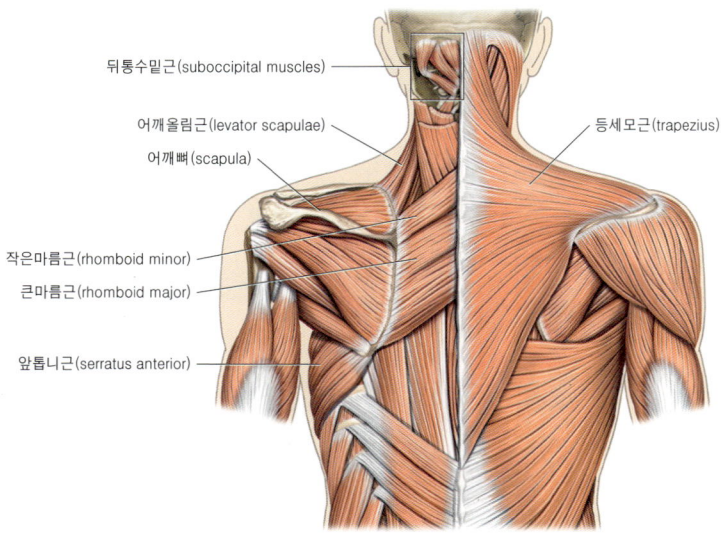

후면부 근육

- 뒤통수밑근: 목을 폄시키는 근육이며 특히 턱을 들어 올리는 역할을 함.
- 어깨올림근: 날개뼈를 위로 들어 올리며 동시에 아래쪽을 회전시키는 역할을 함.
- 등세모근: 가장 표면 근육이며 날개뼈를 모음, 상승, 위쪽 회전시킴.

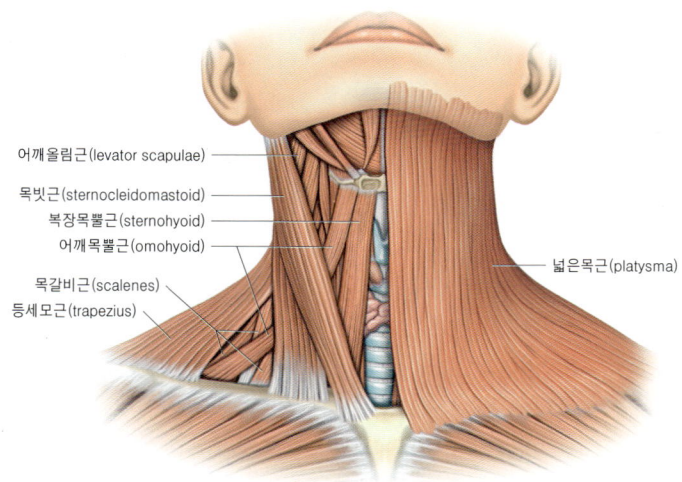

전면부 근육

- 목빗근: 양쪽이 수축하면 고개를 숙이게 하며, 한쪽 수축 시 목을 회전시키는 역할을 함.
- 목갈비근: 목 옆쪽에 부착되어 목을 지지하며 호흡을 보조하는 근육 중 하나.

꿀팁

목 통증에서 시작되는 두통과 눈의 피로감

목 통증은 머리와 얼굴의 신경을 자극하여 두통을 유발할 수 있다. 이로 인해 눈 주위의 근육도 긴장되어 피로감을 느끼게 된다. 목의 불편함이 두통과 눈의 피로감을 동반하는 경우가 많아서 서로 연관이 있다.

두통은 경증에서 중등도의 강도로 나타나며, 주로 박동성 또는 압박성 통증으로 묘사된다. 이와 함께 메스꺼움, 구토, 광선공포증(빛에 대한 민감도), 음성(소리)이 동반될 수 있다. 두통의 지속시간은 몇 시간에서 몇 주까지 다양하고 그 빈도는 예측하기 어렵다.

국제두통학회(International Headache Society; IHS)는 두통을 주로 머리, 특히 눈 주위와 목덜미 부위에서 발생하는 통증으로 정의하며, 국제통증연구학회(International Association for the Study of Pain)는 경추(목 부분) 통증을 상부 목뼈와 첫 번째 흉추 사이에서 발생하는 통증으로 정의한다.

경추에서 머리로 전달되는 통증의 메커니즘에는 삼차신경과 상위 3개 경추 척수신경이 관여한다. 이 신경들의 통각 신호는 상부 경추 척수의 삼차신경 경추 핵에 있는 2차 신경세포로 모여서, 결과적으로 목에서 발생한 통증을 머리쪽으로 전달하는 방식으로 진행되어 눈근육도 피로할 수 있다고 볼 수 있다.

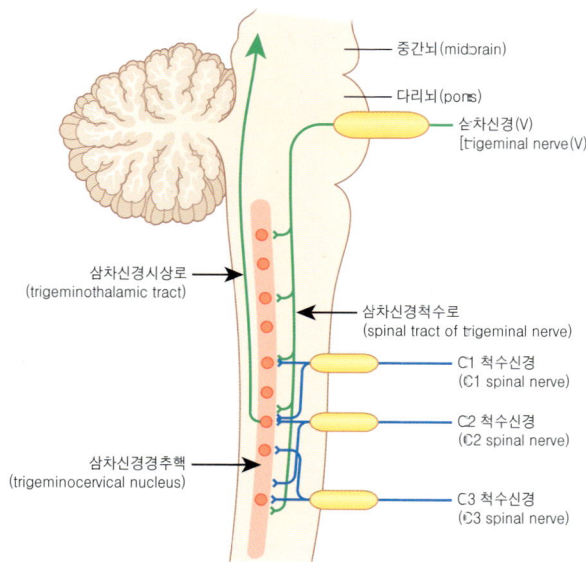

꿀팁

편두통 예방과 치료: 뒤통수 근육 이완법

만성 편두통은 전 세계적으로 약 2%의 유병률을 보이며 한 달에 15일 이상 두통이 있으면서 이 중 최소 8일이 편두통일 때 해당한다.

두통의 원인은 다양하다. 그중 편두통은 대부분 중추신경계 변화에 의해 나타나며 만성적으로 반복될 수 있는 질환임을 이해시키고, 두통의 빈도와 강도를 고려하여 급성기 치료만 할 것인지 등을 판단하고 두통에 대한 시간적 흐름을 파악해야 한다.

비약물치료로 이완(relaxation)기법을 사용하여 점진적으로 근육을 이완하고, 자율훈련법 등으로 교감신경의 활성도를 낮춰 두통 발생을 줄이는 것이 좋다.

두통의 평가: 국제두통질환분류-3판 베타판(The International Classification of Headache Disorders-the 3 edition beta)	
A	발작 빈도
B	두통 발작의 시간
C	두통의 특성
D	두통과 관련된 연관 증상

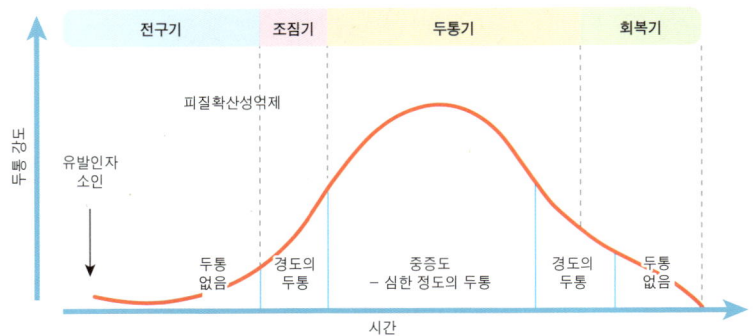

시간에 따른 편두통 양상의 변화.

후두신경통

막장드라마에서 뇌출혈로 쓰러지는 장면을 보면 보통 뒤통수를 잡는다. 뇌출혈에서 후두신경통으로 이어지는 이유는 뇌출혈이 후두신경이나 그 경로에 영향을 미칠 수 있기 때문이다. 후두신경은 목 뒤쪽과 두피의 일부 부위에 감각을 제공하여 이 부위의 염증, 압박, 손상, 과도한 자극을 받으면 통증이 발생한다. '후두신경통'은 누구에게나 올 수 있으며 관련된 근육이 경직되었거나, 경추에 위치해 있는 후두신경이 압박되거나 하는 등의 여러 가지 원인이 있다.

밝혀진 원인은 정확하게 없지만 후두부 압박으로 어지럽거나 메슥거리는 증상이 나타나면 최대한 근육 이완을 하여 갑자기 발병된 통증을 해소시켜 주는 것이 좋다. 치료가 늦어지면 만성통증으로 이어지기 때문이다.

목 통증

"제가 목이 아픈 이유가 거북목 때문인가요?"

　병원에서 도수치료를 하며 환자들에게 많이 들었던 질문이다. 일상 속에서 반복되는 목 통증에 의해 고통받는 환자가 증상의 원인을 추궁하며 나오게 되는 자연스러운 질문이다. 최근에 목을 다친 기억도 없고, 특별히 잘못한 것도 없는데 이놈의 목 통증은 시도 때도 없이 심해지며, 수면까지도 방해하는 경우가 많기 때문이다. 의심이 되는 거라고는 내가 남들보다 목이 좀 튀어나와 보이는 것이다. 보아하니 자연스럽게 내가 거북목 때문에 목이 이렇게 아픈가 하는 생각이 드는 것이다.

　위 질문을 들을 때마다 거북목 체형이 있다고 해서 꼭 목이 아픈 것은 아니지만 목이 아픈 이유 중 하나가 거북목이 될 수 있다고 답변한다. 거북목 체형은 만성적인 목 통증뿐만이 아니라 피로감, 안구 피로, 두통 등 여러 가지 증상의 원인으로 작용할 수 있다.

　거북목은 몸에 비해서 목이 앞으로 나가 있는 체형이며 손을 전방에 두고 일을 하는 사무직과 고개를 숙이고 핸드폰을 보는 자세에서 자연스럽게 나타난다. 컴퓨터 작업이나 스마트폰 사용 때문에 고개를 숙이고 장시간 앉아 있는 분들이 많은 현대 사회에서 흔히 관찰할 수 있는 체형이다. 목이 앞으로 나온 시간이 오래될수록 목의 전면 부위 근육들은 점점 짧아지고 결과적으로 거북목 자세가 편하게 느껴지게 된다.

　목의 디스크가 압박을 받아 생기는 디스크 탈출증(목 디스크)으로 고생한 사람, 외관상 나의 옆모습이 거북이처럼 보이고 어깨 근육에 통증과 경련이 발생하며, 목 근육긴장으로 인해 두통이 있는 사람은 이 책에 집중해 주길 바란다.

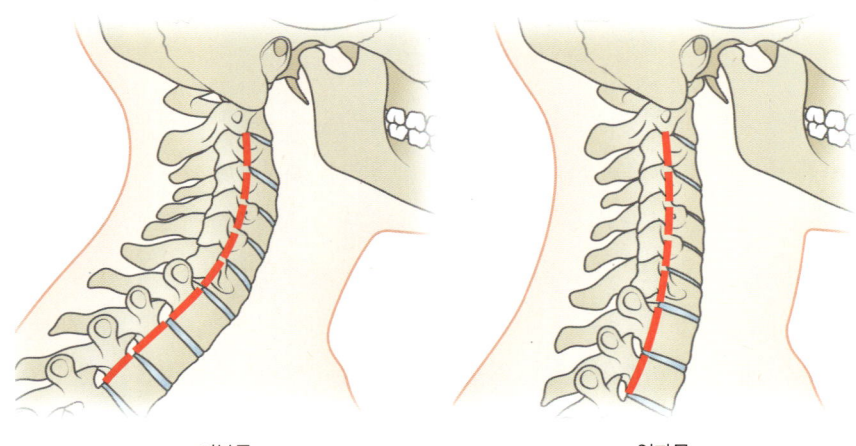

거북목.   일자목.

거북목 체형에서 가장 문제되는 증상 중 하나는 **목의 움직임이 제한된다는 점**이다. 우리의 목에서 가장 움직임이 많이 나타나는 부위인 목의 상부가 굳게 되며, 근처에 있는 근육과 조직들도 같이 굳어 가는데, 이는 **근처의 신경과 혈관을 압박하여 두통이나 안구의 피로를 유발할 수 있다.**

이러한 거북목으로 인한 불편감과 체형의 변화를 해결하기 위해서는 목을 앞으로 잡아당기며 짧아지는 목빗근과 머리의 움직임을 방해하는 뒤통수밑근의 이완을 통해 뻣뻣한 목을 유연하게 만들어 주어야 하며, 재활 운동을 통해 목 근육들을 단련하여 머리를 지탱할 수 있게끔 해야 한다.

혹시 나도 거북목일까? 체형평가 해 보기

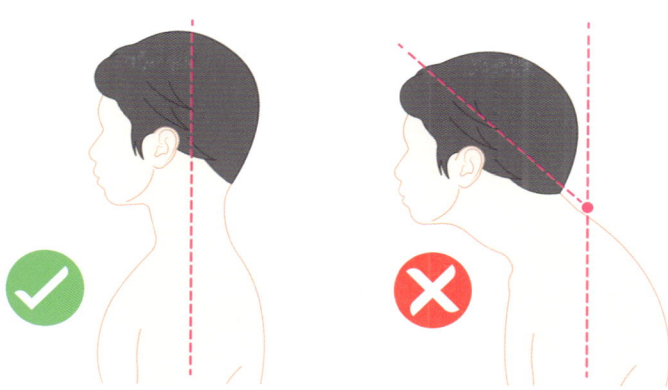

정상 정렬
- 허리를 펴고 똑바로 선 자세에서 어깨의 중앙선과 귀가 일직선상에 있음

비정상 정렬
- 어깨에 비해 귀가 전방으로 이동하고 턱이 들려 있음

이런 경험이 있으신가요?

- 목이 바로 펴지지 않고 머리가 앞쪽으로 형태가 나온 경우
- 얼굴이 앞으로 나가고 시선도 아래로 향하거나 앞으로 뻗은 경우
- 어깨가 앞쪽으로 구부러지고 상체가 전방으로 기울어진 경우
- 거북목 때문에 어깨가 자주 뭉치고, 두통이 있는 경우

꿀팁

거북목 증상은 없지만 고개가 돌아가 있다면?

머리가 앞으로 이동하지 않았지만 뒤에서 봤을 때 한쪽 귀가 보이지 않을 정도로 고개가 돌아가 있다면 귀가 보이지 않는 측이 전방으로 이동한 것이다. 실제로 거북목 체형을 가진 사람들도 한쪽이 더 앞으로 튀어 나가 있는 증상이 많이 발견된다. 이럴 때는 앞으로 이동한 측의 목 빗근 스트레칭과 마사지가 필요하다.

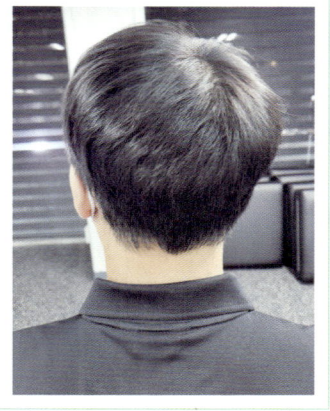

한눈에 보는 해부학

(1) 거북목 체형의 근본적인 근육 문제

뒤통수밑근육(후두하근, suboccipital muscles)

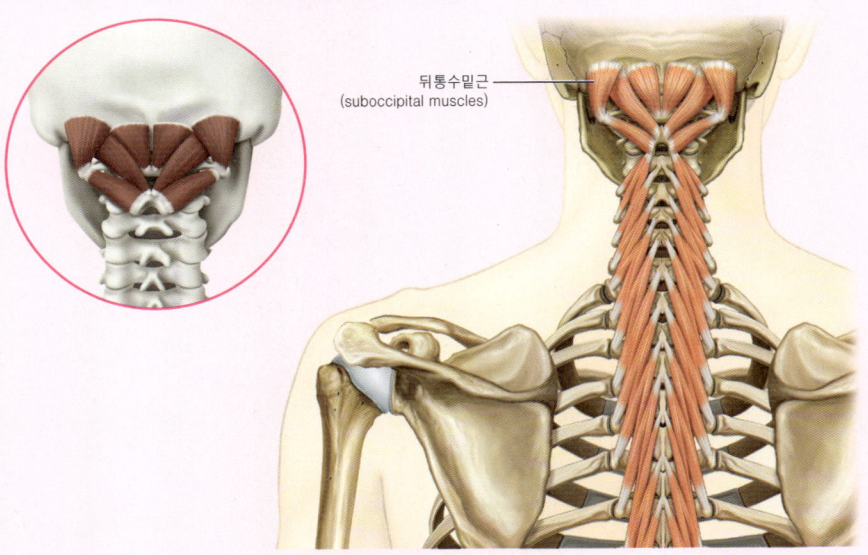

- 머리 뒤쪽에서도 윗부분에 있는 근육이며 작은 근육의 특성상 크고 강한 힘을 내기보다는 머리의 섬세한 움직임을 조절하는 근육이다.
- 시신경이 많이 분포하여, 굳어 버린다면 눈이 뻑뻑하게 불편하거나 일하는 중 시야가 쉽게 흐려지는 증상을 유발한다.

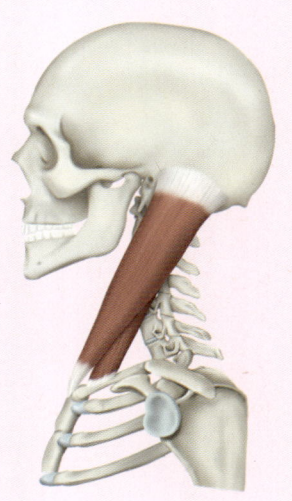

목빗근
(흉쇄유돌근, sternocleidomastoid)

- 목의 전방에서 머리를 받쳐 주는 지지대 역할을 한다.
- 목빗근의 근막은 머리 옆으로 이어지며, 측두근까지 연결되어 짧아지게 되면 만성 목 통증 또는 두통을 유발한다.
- 목빗근은 호흡을 보조하는 근육으로도 사용되며 흉식호흡 시 과하게 사용된다.

(2) 근육 만져 보기

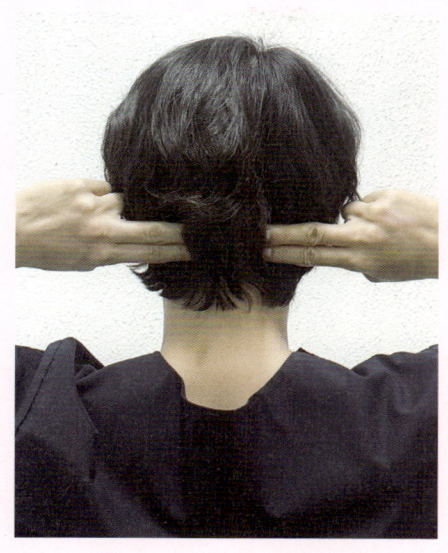

뒤통수밑근육 만지는 법

❶ 뒤통수 아래에 검지와 중지 손가락을 살포시 올린다(양손 사용).
❷ 눈을 감고 눈동자를 오른쪽과 왼쪽으로 움직이며 동시에 고개도 조금씩 움직인다.
❸ 고개가 돌아갈 때 손가락 아래에서 움찔한다면 후두하근의 수축을 느낀 것이다.

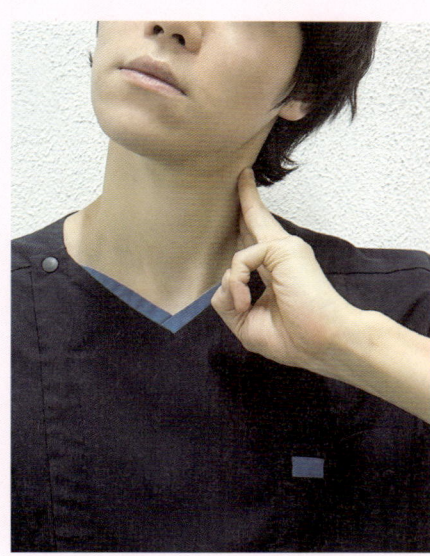

목빗근 만지는 법

목빗근은 고개가·회전할 때 쓰이는 근육이다. 보조호흡근으로서 숨을 최대한 들이마시면서 촉진할 수도 있다.

❶ 만지고자 하는 쪽의 목 전면부에 네 손가락을 올려 둔다.
❷ 손가락을 올려놓은 쪽의 반대로 고개를 갸우뚱한다(왼쪽에 손을 올려놓았다면 턱이 오른쪽으로 가게 갸우뚱한다).
❸ 손가락 아래에서 단단해지는 근육이 목빗근이며 집게손가락으로 잡을 수도 있다.

셀프 마사지 1

이 증상일 땐 이 근육을 마사지해 보세요

▶ 사무직, 운전 등 목이 앞으로 쏠리는 직업군
▶ 두통/목 통증이 오래되었을 때
▶ 운동하면서 무의식적으로 목에 힘이 많이 들어갈 때

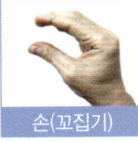
손(꼬집기)

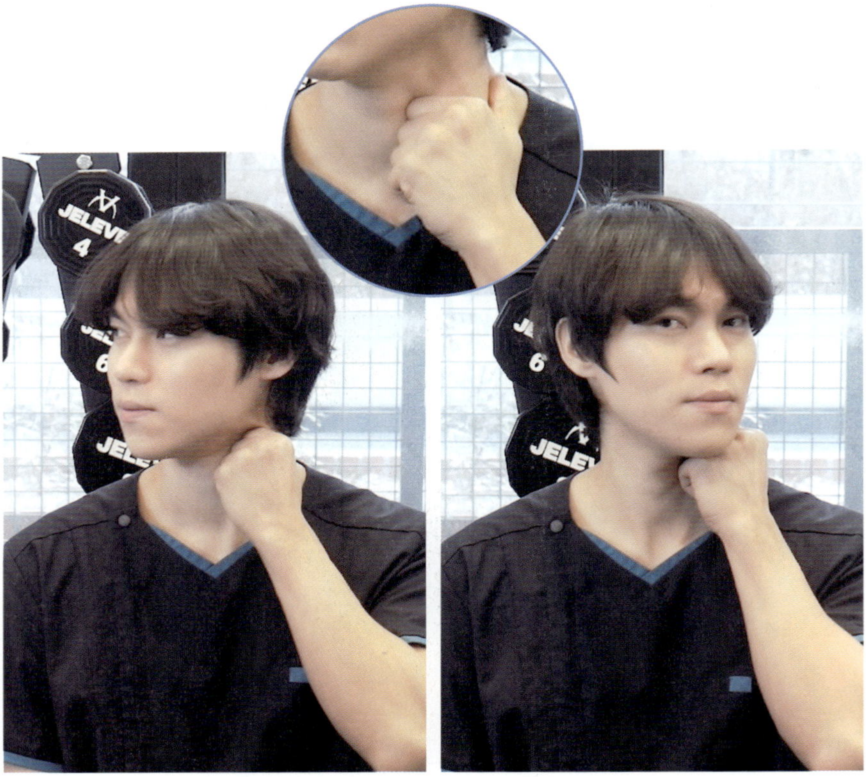

목빗근 셀프 마사지

① 목빗근을 들어 올리듯 잡고 좌·우로 흔들어 준다.
② 목빗근 아래부터 시작해서 위로 이동하며 마사지해 준다.
③ 목빗근을 잡은 상태에서 고개를 좌·우로 천천히 돌리며 마사지할 수도 있다.

주의사항
- 기도가 눌릴 수 있으니, 손가락에 힘은 너무 많이 주지 않게 조절한다.
- 셀프 마사지 중에 두통이 발생한다면 즉각 중단한다.
- 양쪽 목빗근 중 한쪽이 더 아프다면 해당 쪽을 더 많이 마사지해 주자.
- 우리의 목은 위쪽이 더 쉽게 굳는다. 근육의 위쪽을 집중 공략하자.

셀프 마사지 2

이 증상일 땐 이 근육을 마사지해 보세요
▶ 업무 중 눈의 피로가 쉽게 쌓일 때
▶ 뒤통수에서 얼얼하거나 뻐근하게 불편한 느낌이 있을 때

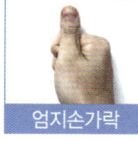
엄지손가락

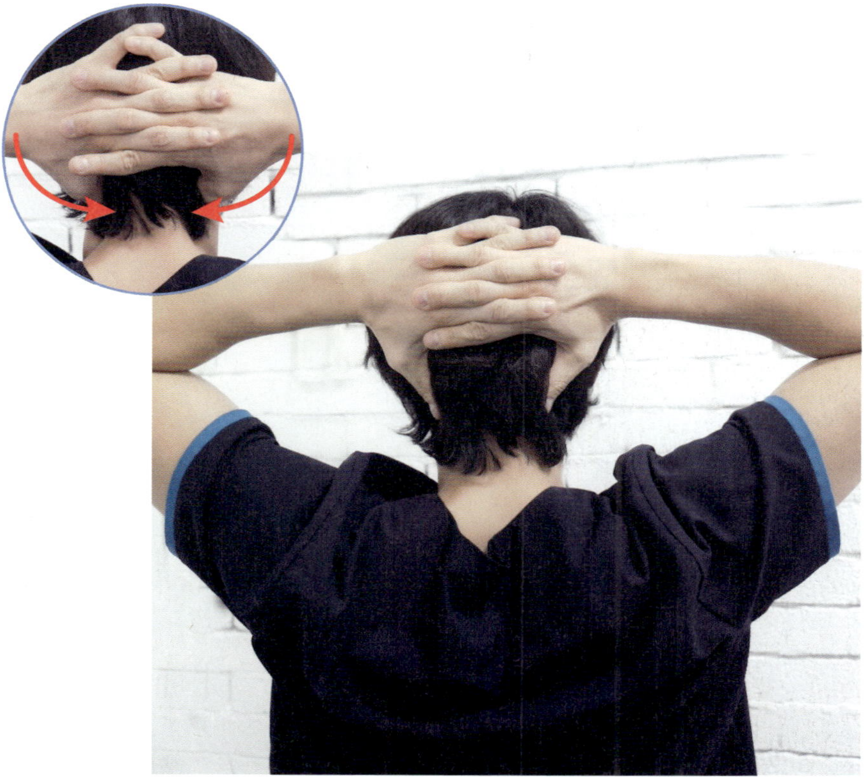

뒤통수밑근 셀프 마사지 1
① 양손 깍지를 낀 상태로 뒤통수 쪽에 올려 둔다.
② 엄지손가락끼리 서로 만나는 압력을 제공하며 뒤통수밑 부위를 마사지해 준다.

● 엄지손톱을 세우면 날카롭게 아프기만 할 수 있다. 엄지손가락의 패드 부위로 부드럽게 마사지하자.
● 엄지손가락이 뒤통수가 아닌 목뒤를 세게 압박하지 않도록 주의한다.
● 셀프 마사지 중에 두통이 발생한다면 즉각 중단한다.

셀프 마사지 3

이 증상일 땐 이 근육을 마사지해 보세요

▶ 업무 중 눈의 피로가 쉽게 쌓일 때
▶ 뒤통수에서 얼얼하거나 뻐근하게 불편한 느낌이 있을 때

폼롤러

뒤통수밑근 셀프 마사지 2

❶ 베개를 베듯 폼롤러를 뒤통수 아래에 위치시킨다.
❷ 고개를 좌·우로 돌리며 뒤통수 아래 부위를 폼롤링해 준다.
❸ 오른쪽과 왼쪽 중 한쪽이 더 아프게 느껴진다면 해당 부위를 집중해서 폼롤링해 준다.

주의사항 ● 너무 센 압력은 피하고 머리의 무게만으로 폼롤링한다.

셀프 스트레칭 1

스트레칭 효과
- 거북목 체형 교정
- 뒤통수, 머리 옆 두통 완화

목빗근 셀프 스트레칭

① 책상에 앉아 허리를 펴고 턱을 살짝 당겨 준다.
② 주먹을 쥐어 한쪽 턱에 대고 고개를 기울여 준다.
③ 끝 범위에서 주먹을 이용해 턱을 반대쪽으로 살짝 밀어 준다.
- 주먹으로 턱을 밀 때 반대쪽 목 옆면이 전체적으로 늘어나는 느낌

- 몸을 바로세우고 턱을 살짝 당긴 상태에서 진행해야 제대로 된 스트레칭이 가능하다.
- 스트레칭 되는 느낌이 아닌 다른 통증이 나타난다면 중단한다.

셀프 스트레칭 2

스트레칭 효과
- 거북목 체형 교정
- 뒤통수, 머리 옆 두통 완화

 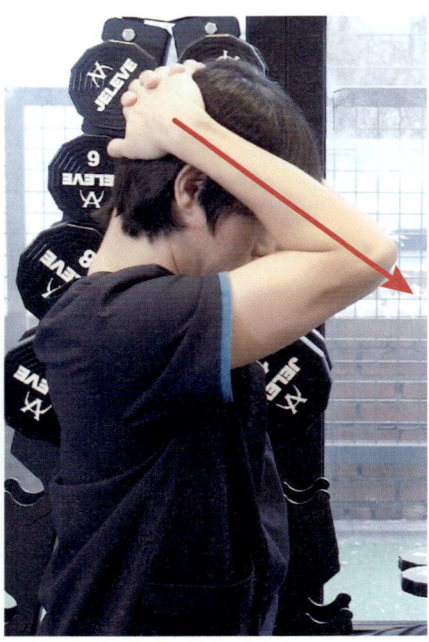

후두하근 셀프 스트레칭

❶ 턱을 안쪽으로 당긴 상태에서 양손을 머리 뒤에 올려 둔다.
❷ 고개가 앞으로 나가지 않게 그대로 고개를 숙인다.
❸ 끝 범위에서 팔꿈치를 살짝 아래로 내리는 힘을 준다.
　● 스트레칭이 제대로 되었다면 뒤통수에서 늘어나는 느낌이 난다.

 ● 근육이 늘어나는 느낌이 아닌 뻐근한 통증 또는 두통 발현 시에는 중단한다.

"제가 일자목이 있어서 목이 아파요" – 정말일까요?

일자목은 거북목이랑 다른 것일까?

그렇다. 일자목과 거북목은 다른 체형이다. 거북목은 목이 점점 앞으로 이동하며 커브가 심해지는 경우이며, 일자목은 목의 위치와 상관없이 목의 커브가 사라지며 1 자 형태로 보이는 체형이다. 목 척추가 1 자 모양이라면 일자목증후군이다.

일자목이 나타나는 원인에 대해서는 다양한 요인들이 있지만 앞으로 이동하는 목의 무게를 지탱하기 위해 목 뒤쪽 근육들이 과하게 긴장하며 짧아지는 것이 가장 큰 요인으로 꼽힌다.

정상적인 목의 정렬에서는 목 앞·뒤 근육들의 균형 덕분에 힘들지 않게 머리를 받쳐 주는 역할을 하지만, 대부분의 경우 목이 앞으로 이동하며 균형이 무너지고 목 뒷근육들의 부담이 증가하게 된다.

일자목에서 목을 뒤로 강하게 잡아당기며 원래 하던 일보다 배의 일을 하게 되며 짧아지고 **굳어 가는 근육이 바로 어깨올림근(levator scapulae)이다.** 현대인들이 통증을 가장 많이 느끼는 근육이기 때문에 꼭 풀어 줘야 하는 근육이다.

일자목 체형이 되면 변화된 체형에 따라 근육들이 적응하게 되는데 이 중 **목갈비근(scalene)이라는 근육 또한 딱딱하게 굳을 수 있다.** 목갈비근 사이에는 신경과 혈관이 지나다니기 때문에 근육 사이 공간이 좁아지게 되면 팔에 피가 안 통하거나 찌릿찌릿 저린 듯한 불편감이 생길 수 있다.

목갈비근으로 인한 저린감과 어깨올림근으로 인한 만성적인 목 통증은 일자목 체형에서 쉽게 찾아볼 수 있는 증상이지만 일자목 체형이 있다고 해서 꼭 목 통증으로 이어지는 것은 아니다. 목과 날개뼈 주위 근육들이 정상적으로 작동하고 있다면 체형과 관련된 통증은 나타나지 않으니 목 근육들의 피로는 주기적으로 풀어 주는 것이 좋다.

목갈비근 사이로 지나가는 신경

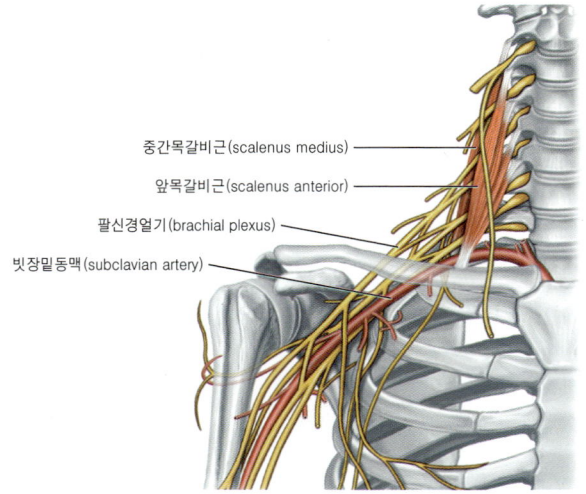

중간목갈비근(scalenus medius)
앞목갈비근(scalenus anterior)
팔신경얼기(brachial plexus)
빗장밑동맥(subclavian artery)

신경이 눌렸을 때 나타날 수 있는 불편감

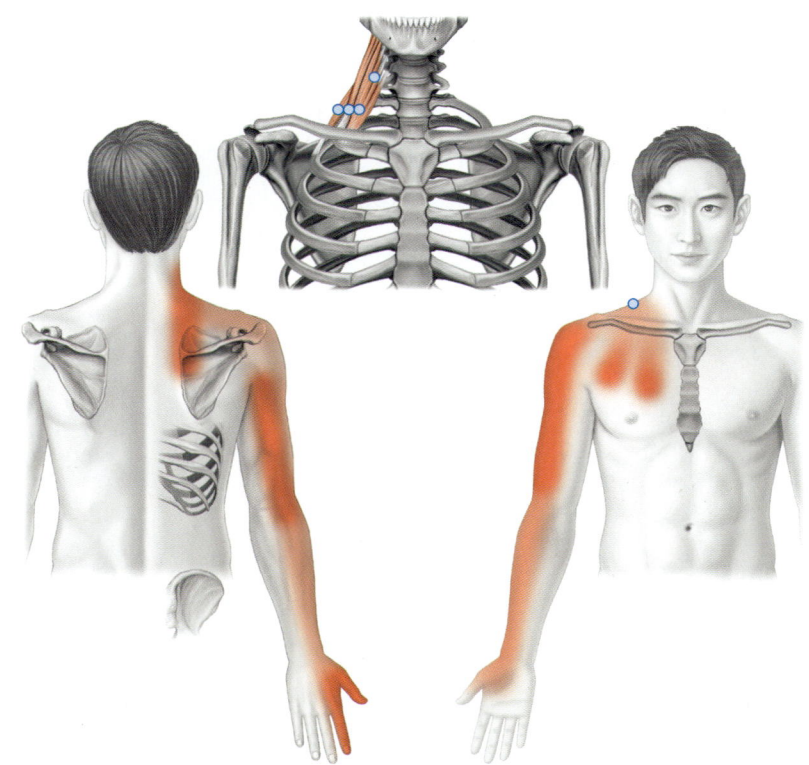

Q & A

Q. 거북목과 일자목이 동시에 나타날 수도 있나요?

A 거북목과 일자목이 같이 있는 경우는 목이 앞으로 이동한 상태에서 앞쪽 근육들은 뻣뻣해지고 뒤쪽 근육들은 목이 더 이상 앞으로 가지 않기 위해 목을 더 큰 힘으로 잡아당기다 보니 점점 목의 커브가 사라지게 된다. 이런 식으로 앞으로 빠진 목과 머리에서 목만을 뒤로 잡아당기다 보니 거북목 체형에서 커브가 사라지는 일자목 형태까지 동시에 나타날 수 있다.

Q. 팔이 찌릿찌릿 저리다면 디스크 때문일까요?

A 일에 집중하거나 특정 자세에서 팔이 찌릿찌릿 저리는 느낌을 받아 본 적이 있는가? 또한 과거나 최근에 목 통증을 느낀 적이 있다면 자연스레 나의 목 디스크에 문제가 생긴 것인가 하는 걱정이 들 수 있다. 간헐적으로 팔이 저린 느낌은 디스크에 의해 신경이 눌리는 것보다는 근육에 의해 나타나는 경우가 많다. 정말로 심각한 디스크 증상이 있다면 팔과 어깨 부위에 작렬하고 타는 듯한 느낌을 받으며 이러한 증상은 자세를 달리 바꾸든, 마사지를 하든 완화되지 않는 특징이 있다.

일자목과 거북목 등의 목 정렬 변화에 따라 긴장하게 되며 신경을 압박할 수 있는 근육은 바로 목갈비근(사각근, scalene)이며, 근육 사이로 신경다발이 지나다니기 때문에 어깨와 팔에 저린감이 있다면 꼭 풀어야 하는 근육이다.

이런 경험이 있으신가요?

- 어깨에 과도한 부담으로 지속적인 통증이 발생하는 경우
- 손가락이 자주 붓거나 저린감이 심한 경우
- 목 자체에 피로감이 지속적이고 많은 경우
- 거북목 증상은 없지만 만성적인 목 통증에 시달리는 경우

꿀팁

역C 자 목

역C 자 목은 목을 뒤로 잡아당기는 근육들이 만성적으로 짧아졌을 경우 생기는 체형으로 머리는 앞에 나가 있지만 목뼈만 뒤로 계속 잡아당겨 균형을 맞추려는 증상의 결과로 만들어지는 체형이다.

이 경우 목 뒤쪽에 있는 인대와 기타 조직들이 늘어나게 되어 디스크 탈출증에 취약해지며, 만성적으로 목 통증을 느낄 수 있다.

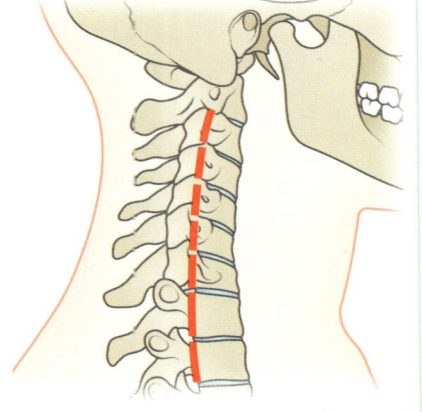

한눈에 보는 해부학

(1) 일자목 체형에서 문제되는 근육들

어깨올림근(견갑거근, levator scapulae)

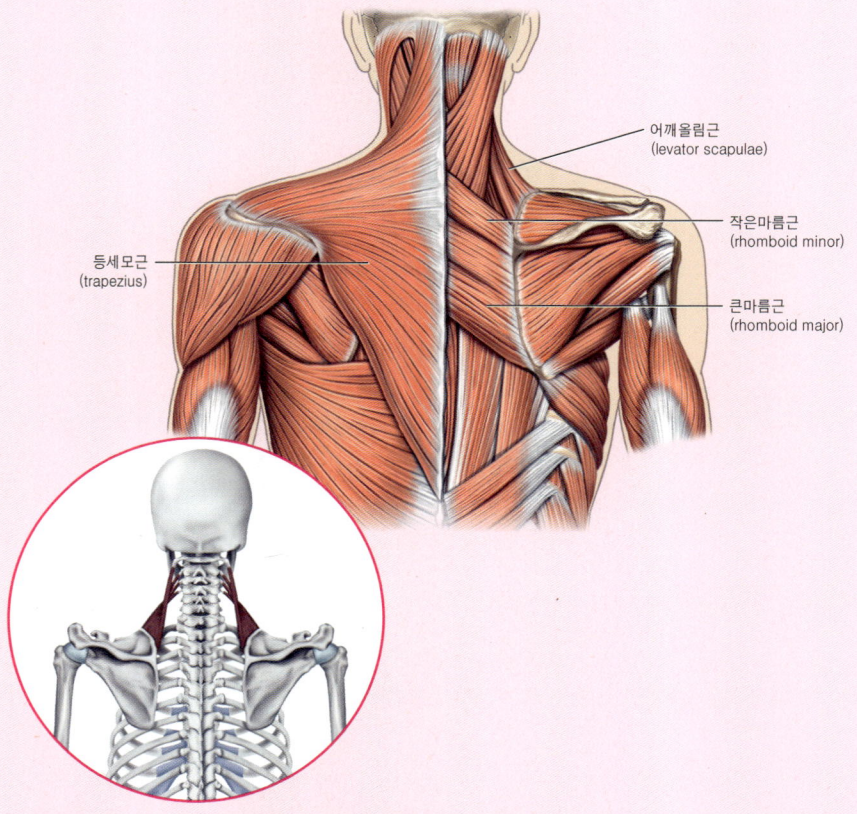

- 현대 사회인들이 가장 불편해하는 근육으로, 단축되고 과하게 사용되며 만성 목 통증을 유발한다.
- 승모근이 약해지면서 어깨가 처질 수 있는데 이때 단축되며 과하게 사용될 수 있다.
- 목이 전방으로 이동(거북목)하게 되면 머리가 숙여지지 않기 위해 과하게 사용되며 피로를 빨리 느낄 수 있다.

목갈비근(사각근, scalene)

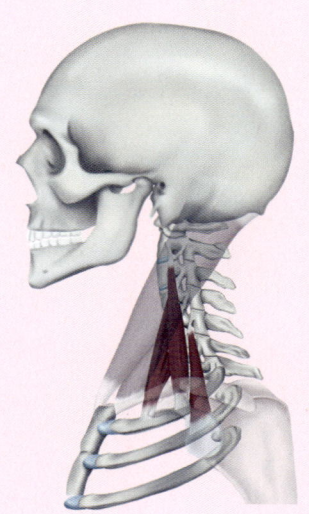

- 해당 근육 사이로 신경과 혈관이 지나가는 길목이 있다.
- 근육이 딱딱해지면 신경과 혈관이 집히게 되어 저린 느낌, 피가 안 통하는 느낌이 날 수 있다.

(2) 근육 만져 보기

어깨올림근 만지는 법

① 한 손으로 반대쪽 목과 어깨 사이에 손을 올려 둔다.
② 날개뼈 상각 근처에서 앞·뒤로 문지르며 튕기는 구조물을 찾는다.
③ 튕기는 구조물을 찾았다면 뒷짐을 진 상태로 어깨를 살짝 으쓱해 본다.
④ 움찔하는 느낌이 있다면 어깨올림근을 제대로 찾은 것이다.

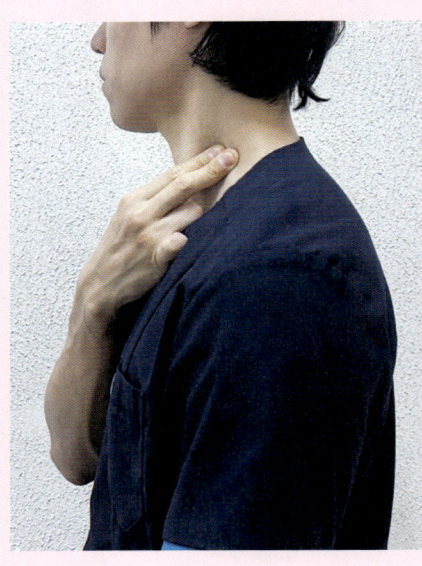

목갈비근 만지는 법

목빗근이라 불리는 근육의 바로 뒤에 있으며 고무줄처럼 단단한 구조물로 느껴지기도 한다.

① 쇄골과 가까운 목의 옆면에 손가락을 올려 둔다.
② 이때 손가락은 목의 옆면에서 시작해 앞쪽으로 이동하며 좌·우로 움직인다.
③ 고무줄처럼 튕기는 구조물을 찾았다면 손을 살짝 올려 두고 숨을 크게 들이마신다.
④ 손가락 아래가 단단하게 굳는 게 느껴진다면 제대로 찾은 것이다.

셀프 마사지 1

이 증상일 땐 이 근육을 마사지해 보세요

▶ 담에 걸려 목을 움직이기 어려울 때
▶ 목 어깨 쪽의 뻐근함이 자주 느껴질 때

손(갈고리 모양)

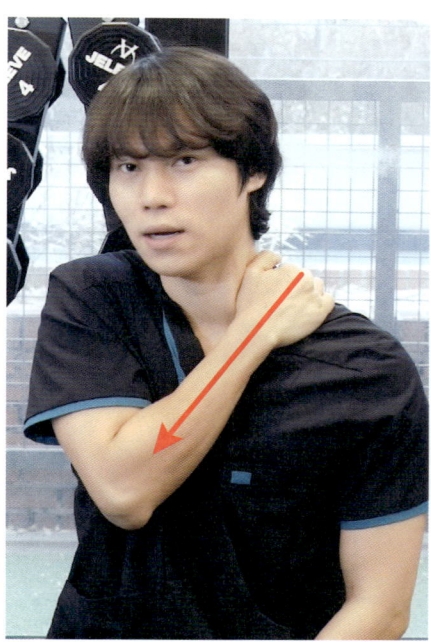

어깨올림근 셀프 마사지 1

❶ 손가락을 갈고리 모양으로 만들어 통증 부위에 올려 둔다.
❷ 팔을 앞쪽으로 잡아당기며 손가락이 닿은 부위를 압박한다.
❸ 압박을 유지한 채 천천히 앞으로 끌어당기며 마사지해 준다

주의사항
- 손가락에 힘을 많이 주지 않고 팔을 앞으로 당기며 마사지한다.
- 잡아당기는 중 근육이 튕기는 느낌이 나지 않도록 주의한다.

셀프 마사지 2

이 증상일 땐 이 근육을 마사지해 보세요

▶ 담에 걸려 목을 움직이기 어려울 때
▶ 목 어깨 쪽의 뻐근함이 자주 느껴질 때

어깨올림근 셀프 마사지 2

❶ 벽에 공을 올려 둔 상태에서 등으로 고정시킨다.
❷ 통증 부위에 공이 위치하도록 하고 체중을 사용해 압력을 제공한다.
❸ 위·아래 또는 좌·우로 움직이며 마사지해 준다.

주의사항
● 통증이 심하면 움직이지 않은 상태에서 압력만 제공한다.
● 너무 과한 압력을 가하지 않도록 주의한다.

셀프 마사지 3

이 증상일 땐 이 근육을 마사지해 보세요

▶ 팔에 혈액순환이 안 될 때
▶ 주로 차다고 느낄 때
▶ 팔의 저린감이 자주 나타날 때

두 손가락

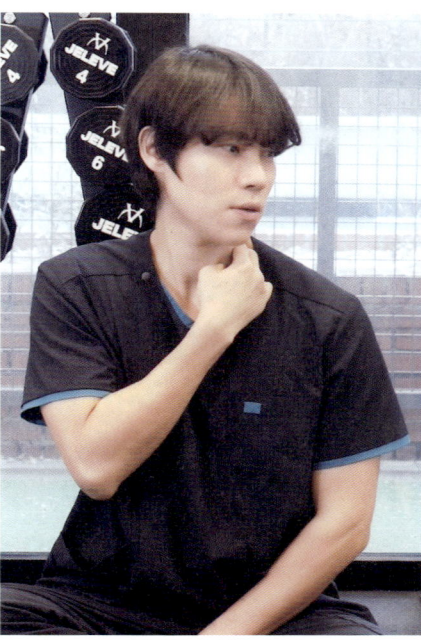
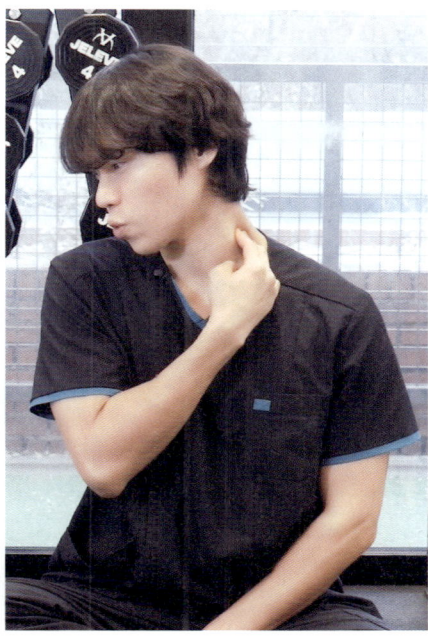

목갈비근 셀프 마사지

❶ 두 손가락을 목갈비근 아래 부위(쇄골 근처)에 위치시킨다.
❷ 손가락으로 압력을 제공하여 고정시킨다.
❸ 목을 좌·우로 움직이며 마사지해 준다.

주의사항
- 마사지 중 두통, 팔의 저린감이 느껴진다면 중단한다.
- 너무 세게, 오래 마사지하면 오히려 통증이 더 증가할 수 있으니 주의한다.

셀프 스트레칭 1

스트레칭 효과

- 날개뼈~목 만성통증 완화
- 솟아오른 날개뼈 위치를 수정하는 데 도움

어깨올림근 셀프 스트레칭

① 한 손으로 반대쪽 머리를 잡아 준다.
② 천천히 머리를 사선 바닥 쪽으로 숙여 준다.
③ 위 상태를 유지하며 반대쪽 팔을 90° 이상으로 올린다.
- 스트레칭이 제대로 되었다면 목과 날개뼈 사이가 늘어나는 느낌이 난다.
- 필라테스 적용 시 반대쪽 팔을 목 뒤에 올려 두는 것이 좋다.

주의사항
- 팔의 저림 증상이 나타나면 중단한다.
- 스트레칭 되는 느낌 이외의 통증이 나타나면 중단한다.

셀프 스트레칭 2

스트레칭 효과

- 날개뼈~목 만성통증 완화
- 손저림 증상 완화

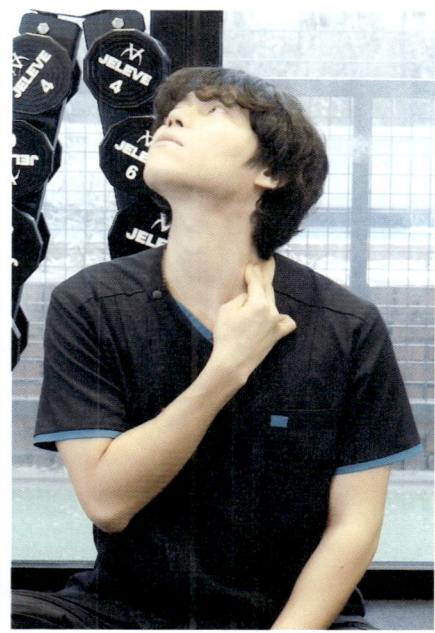

목갈비근 셀프 스트레칭

1. 목갈비근(사각근)을 찾아 아래쪽 부위(쇄골쪽)를 지긋이 눌러 준다.
2. 누른 손가락을 고정한 뒤 고개를 옆으로 기울이며 동시에 하늘을 살짝 쳐다본다.
   - 스트레칭이 제대로 되었다면 목 옆에서 쭉 늘어나는 느낌이 난다.

주의사항 ● 팔의 저림 증상이 나타나면 중단한다.

지금 당장 재활

목 재활 운동 준비물

매트 서클링 밴드

(1) 지금 당장 거북목/일자목 해결하기(앉은 자세)

◀ 앉은 자세에서 시작한다. 머리 뒤에 서클링을 대고 목에 힘이 들어갈 수 있도록 양손을 앞쪽 방향으로 힘을 준다.

▲ 귀 위쪽에 서클링을 대고 목에 힘이 들어갈 수 있도록 머리 쪽 방향으로 힘을 준다.

(2) 지금 당장 기립근 강화하기(누운 자세)

◀ 엎드려 누운 자세에서 시작한다. 서클링을 잡은 다음, 상체를 들어 올려 머리에 서클링을 대고 뒤통수 쪽 방향으로 힘을 준다.

(3) 지금 당장 목 움직임 해결하기(밴드 활용)

▲ 앉은 자세에서 시작한다. 밴드로 머리 아래를 지지하고 머리를 뒷덜미 쪽 방향으로 신전시켜 준다.

▲ 밴드로 머리 뒤를 지지하고 머리를 바닥 쪽 방향으로 굴곡시켜 준다.

▲밴드로 머리 뒤를 지지하고 머리를 좌·우 방향으로 회전시켜 준다. ▲밴드로 머리 아래를 지지하고 머리를 좌·우, 상·하 방향으로 돌리며 신전시켜 준다.

(4) 환경 수정

구부정한 자세는 수정해 주는 것이 좋다. 수면 자세를 아래와 같이 만들어 보자.

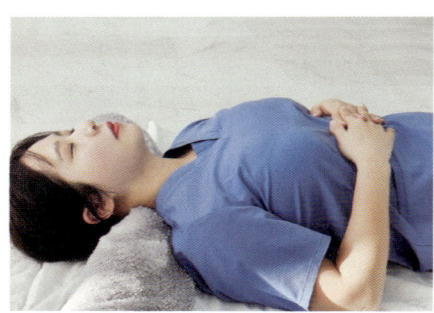 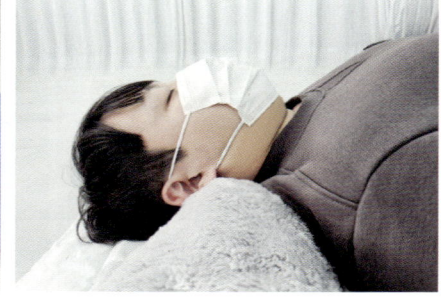

목 밑에 수건을 말아서 넣어 보자. 호흡을 들이마시고 내쉬면서 뒤통수로 수건을 밀어낸다는 느낌으로 자기 전에 간단히 운동해 보자.

주의사항 ●어깨가 올라가거나 턱이 아래로 떨어지지 않게 주의해야 한다.

뿐만 아니라 앉은 자세로 있는 시간을 줄이는 것이 좋으며, 자세를 30분에 한 번씩 바꿔 주는 것이 좋다. 허리를 꼿꼿하게 하여 앉는 자세는 허리 근육의 과도하고 무리한 긴장을 유발할 수 있다.

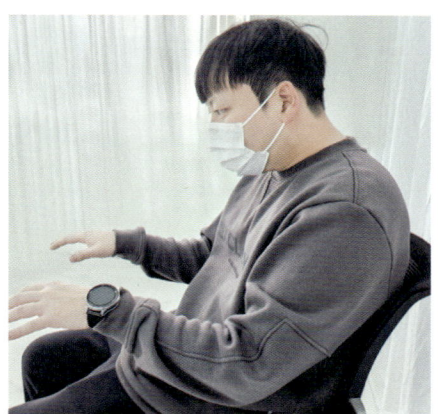

작업대의 위치가 낮아 고개가 숙여지거나 턱이 앞으로 나오기 시작하면 거북목은 물론이고 척추 전체가 무너지게 된다.

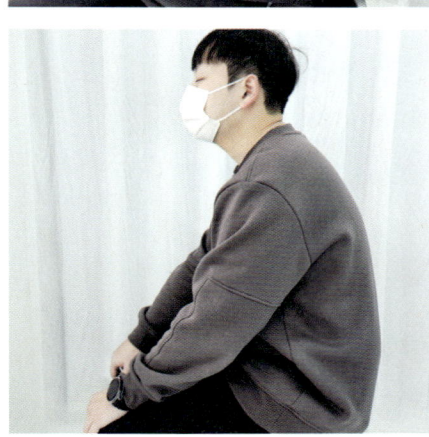

등받이가 없는 의자는 가벼운 정도로 10~20분 정도 앉아야 한다. 장시간 앉을 때는 허리 근육, 목 근육에 무리가 가지 않게 등받이가 있는 것이 좋다.

바닥이 딱딱하면 허리 근육이 쉽게 긴장하므로 오래 앉아 있어야 할 때는 체중이 지지, 분산되는 적절한 쿠션감이 있는 의자나 방석 등을 활용해야 한다.

꿀팁

체형교정 미관 1

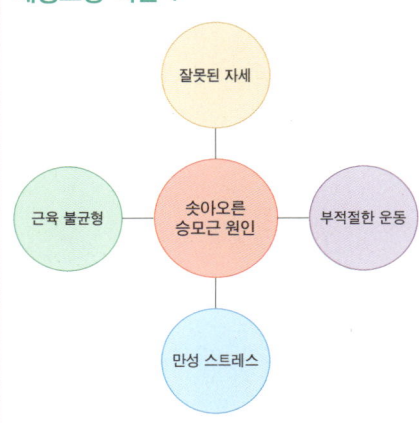

솟아오른 승모근
1. 잘못된 자세: 거북목, 책상 작업 자세를 통해 목이 앞으로 나오고 어깨가 말린 자세는 승모근의 과도한 긴장을 유발한다.
2. 어깨에 부적절한 운동으로 승모근을 과도하게 사용하는 경우 상부 승모근이 비대하게 커질 가능성이 있다.
3. 만성 스트레스는 상체 근육, 특히 승모근의 긴장을 유발하여 지속적인 수축 상태를 만들게 된다.
4. 하부/중부 승모근이 약하거나 주변 근육인 어깨올림근, 어깨세모근 등이 약하면 상부 승모근이 과보상하여 발달한다.

솟아오른 승모근을 개선하기 위한 스트레칭 및 환경 수정

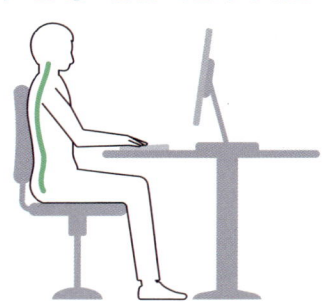

작업환경 변경
- 컴퓨터 화면 높이 변경
- 의자 높이 조정

승모근 스트레칭
- 머리를 옆으로 기울여서 반대쪽 승모근을 눌러 주는 동작이 필요함.
- 목과 어깨를 부드럽게 돌리는 동작이 필요함.

폼롤러 마사지
- 어깨와 상부 승모근을 폼롤러로 풀어 주는 자가 마사지.

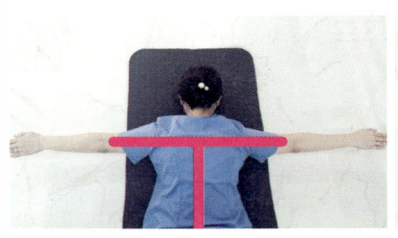

하부 승모근 강화 운동(T Y I 운동)
- T-Y-I 자세 운동(엎드린 상태에서 팔을 T, Y, I 모양으로 들어 올리는 동작)을 진행함.

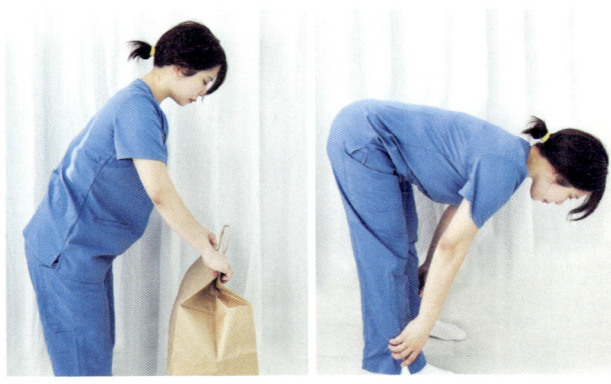

코어 운동
- 무거운 물건을 들 때는 승모근 대신 팔, 코어 근육을 사용하여 물건을 들어올림.

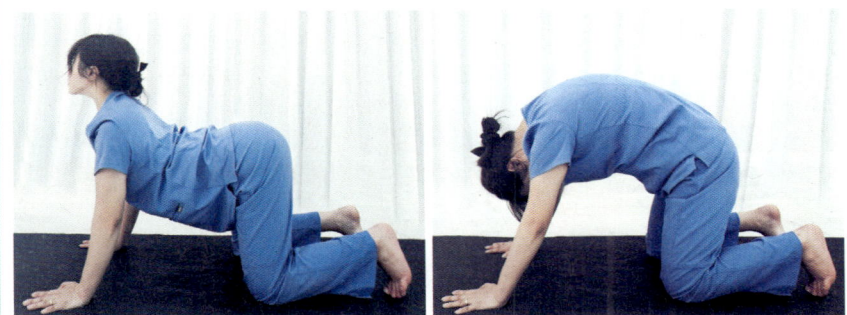

요가 동작
- 캣 카우(cat-cow)를 통해 어깨와 상체 긴장을 풀어 줌.

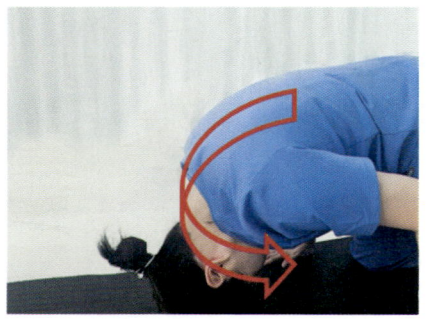

● 목 반대 C 커브

네발기기 자세에서 목 반대 C 커브 만드는 자세는 척추와 목의 유연성을 만들어 주어, 목 근육 이완과 함께 승모근과 목 뒤 근육의 긴장을 완화하는 데 효과적이다. 특히, 어깨의 긴장을 풀어 주어 솟아오르는 승모근 현상 완화에 도움이 된다.

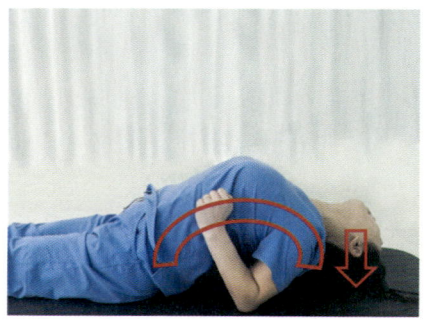

● 척추 반대 C 커브

정수리를 바닥에 붙이면서 척추를 반대로 C 커브 만드는 동작은 다리나 엉덩이를 바닥에 고정한 채 상체를 뒤로 기울이며 척추의 반대 방향으로 C 커브를 만든다. 척추를 늘려 주고 목을 부드럽게 함으로써 승모근의 긴장이 완화될 수 있다. 승모근은 목과 어깨를 연결하는 주요 근육으로 바로 앉아 있는 자세가 장시간 이어질 경우 솟아오른 승모근을 척추 반대 방향으로 늘려 줌으로써 긴장을 완화해 줄 수 있다.

솟아오른 승모근은 미관적으로 둔탁하고 긴장된 인상을 줄 수 있기 때문에 올바른 자세를 만들고 스트레칭과 이완동작을 통해 목과 어깨의 매끄럽고 균형 잡힌 라인을 되찾아 주도록 한다.

등 통증

등은 무조건 펴는 게 좋은 거 아니었어요?

우리 몸을 잡아 주는 큰 근육이 위치하고 있는 등근육이 약하거나 체형 교정이 되지 않으면 몸이 앞으로 굽거나 문제가 발생한다. 그렇지만 등의 근력을 강화하여 바른 체형을 가진다면 몸의 균형을 잡아 주고 어깨와 목의 라인을 자연스럽게 유지시켜 외형에 긍정적인 변화를 가져온다.

평소 생활에 별 불편함을 느끼지 않기 때문에 등 운동을 어떻게 해야 할지 모르는 경우가 많다.

근골격계 질환은 장시간 한 자세를 유지하거나 움직임이 제한된 상태에서 발생할 수 있다. 고정된 자세에서 체중의 대부분이 특정 부위에 집중되면 국소적인 체압이 증가하고, 이로 인해 근육에 과도한 부담이 발생한다. 특히, 자세가 고정된 상태에서 필요한 근육만 사용하게 되면 그 근육이 지속적으로 수축하는 등척성 운동이 이루어진다. 이 경우, 근육은 움직임 없이 계속 수축하게 되어 수축력이 감소하고 결국 근피로를 유발할 수 있다.

상대적으로 유연한 근육을 가진 여성분들이 이러한 편평등 체형으로 인해 불편감을 표현하는 경우가 많다. 앉은 자세에서 몸을 꼿꼿이 세워 업무에 집중하다 보니 자신도 모르게 스스로의 등 커브를 없애고 있는 상황에 놓이게 되는 것이다.

"사람들이 저보고 등이 너무 굽었다고 해서 억지로 펴고 다니다 보니 등이랑 목이 오히려 아파졌어요. 그 전까진 적어도 아프지 않았는데…."

위의 예시처럼 등이 너무 굽어도 문제, 너무 펴져도 문제가 발생할 수 있다. 거북목과 둥근 어깨(round shoulder)처럼 앞쪽으로 치우친 체형으로 인해 등이 굽는 경우가 굉장히 많지만, 반대로 '등이 굽었으니 무조건 펴야 해'라는 잘못된 지식으로 인해 등 커브가 사라지며 편평등이 되는 경우도 무척 많다. 바른 자세를 해 보라고 하면 일단 등을 펴고 보는 경우가 많은데, 그 경직된 자세가 몸의 자연스런 곡선을 없애 버릴 수도 있다.

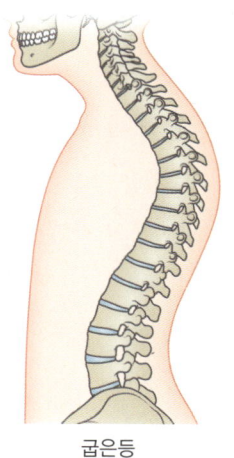
굽은등

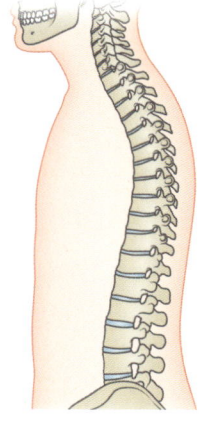
편평등

등 파트에서는 굽은등과 편평등을 해결할 수 있는 올바른 방법들과 앉아 있을 때 어떤 자세가 올바른 자세인지 알아보도록 하겠다.

이런 경험이 있으신가요?

- 등이 자주 뻐근한 느낌을 받는 경우
- 한 자세로 오래 앉아 있는 일이 많은 경우
- 주변에서 등이 굽었다는 이야기를 들은 적이 있는 경우
- 허리가 일자인 것 같다고 들은 적이 있는 경우
- 바로누운자세에서 두 어깨가 바닥에 닿지 않는 경우

꿀팁

말린 어깨와 굽은등은 바로누운자세에서 어깨가 들리는 현상을 초래할 수 있다.

화살표 방향으로 어깨를 바닥에 붙이게 되면 척추가 자연스럽게 중립 상태가 되므로 자세 개선에 도움을 줄 수 있다.

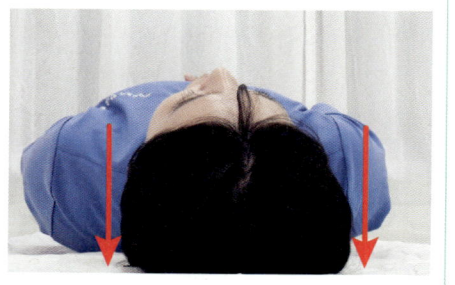

한눈에 보는 해부학

(1) 굽은등과 편편등 체형의 근본적인 근육 문제

후면부

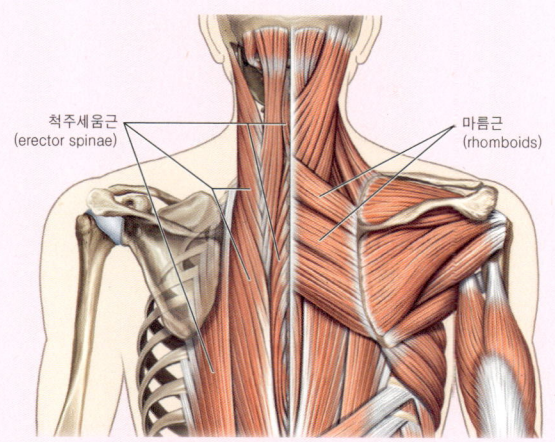

- 능형근: 날개뼈를 모음시키며 동시에 아래쪽을 만들어 낸다.
- 척주세움근(등): 척추를 보호하는 역할과 동시에 등을 펴고 몸통을 회전시킨다.

전면부

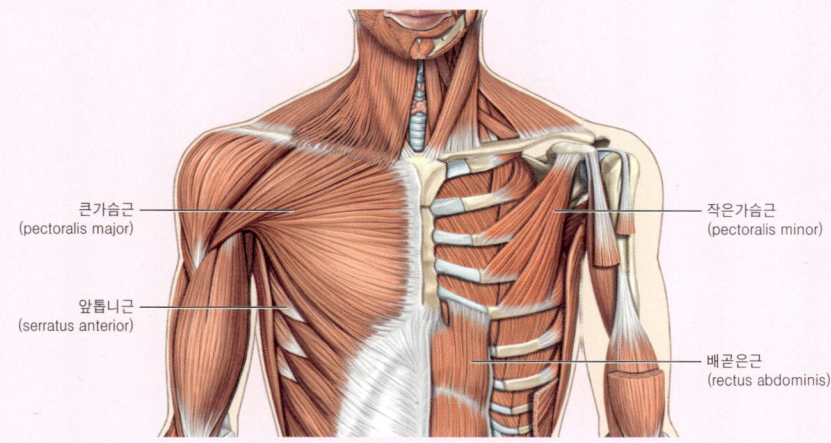

- 큰가슴근: 가장 표면 근육이며 팔을 들어 올리거나 모음, 안쪽으로 돌리는 역할을 한다.
- 작은가슴근: 큰가슴근 아래에 존재하며 날개뼈를 앞쪽으로 경사지게 만들고 아래쪽 회전 시킨다.
- 배곧은근: 식스팩을 만들어 내는 근육이며 몸통을 굽힐 때 가장 큰 힘을 낸다.
- 앞톱니근: 날개뼈를 앞으로 내미는 근육으로 날개뼈를 몸통에 고정시키는 안정자의 역할을 한다.

거북목과 함께 나타나는 굽은등

목의 커브가 앞쪽으로 형성된 것과 다르게 등은 뒤쪽으로 자연스러운 커브를 가지고 있다. 등을 굽히고 목을 앞으로 빼고 있는 자세가 오래되면 등 앞쪽에 있는 근육들이 짧아지며 등 커브가 조금씩 증가할 수 있는데 보통 등 커브만 증가하는 것이 아니라 날개뼈도 앞으로 이동하며 둥근 어깨(round shoulder) 증상도 동반하여 나타나게 된다. 이때 가장 짧아지는 근육으로는 가슴근육이 있다. 가슴근육은 가장 겉에 있는 큰가슴근과 안쪽에 있는 작은가슴근으로 나뉜다.

굽은등 체형이 오래된 경우 가슴근육뿐만 아니라 복근에서도 단축이 일어날 수 있다. 복근은 윗몸 일으키기 때처럼 우리의 몸을 구부리는 역할을 하는데 지속적으로 등과 허리를 구부리고 있는 자세가 유지될 시에 해당 자세에 적응하며 같이 단축될 수 있으며, 이는 등의 커브를 정상범위로 회복하는 데 방해되는 요소 중 하나로 작용한다.

굽은등은 거북목 체형과 같이 나타나는 경우가 많다. 장시간 앉아 있다 보면 몸을 바르게 세워 주는 근육들의 피로가 쌓여 뻐근한 느낌이 나는 경우가 많기 때문에 서서히 등과 허리가 뒤로 이동하며 편한 자세를 찾게 된다. 하지만 등과 허리가 뒤로 이동한 반면 목은 상대적으로 원래 위치에 있기 때문에 거북목 체형과 굽은등 체형이 동시에 나타나게 된다.

굽은등 체형을 해결하기 위해서는 신체의 앞쪽에 있는 근육들을 전반적으로 늘려 주어야 하며 반대로 뒤쪽에 있는 등, 허리 근육은 재활 운동을 통해 근력과 지구력을 향상시켜야 앉은 자세에서 자세가 쉽게 무너지는 것을 예방할 수 있다.

이런 경험이 있으신가요?

- 옆에서 봤을 때 등이 과하게 굽어 있는 경우
- 거북목 체형과 굽은등 체형이 같이 생긴 경우
- 앉은 자세가 쉽게 무너지며 등 & 목 통증이 있는 경우

한눈에 보는 해부학

(1) 굽은등에서 다루는 문제 근육들

큰가슴근(대흉근, pectoralis major)

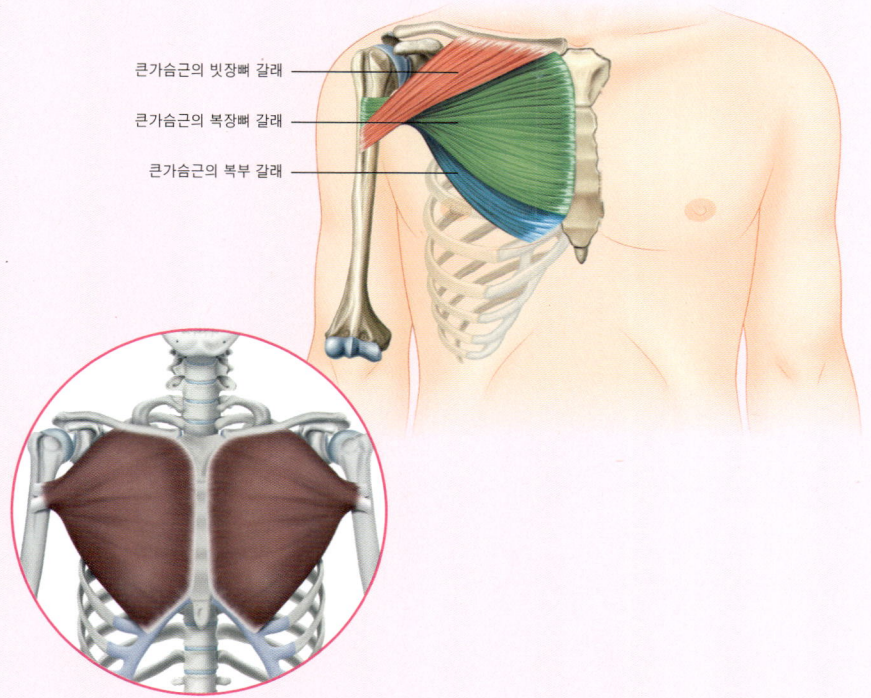

- 표면에서 갈비뼈를 덮고 있는 근육이며 크게 세 갈래로 구분 지을 수 있다.
- 현대 사회에서 쉽게 단축되며 단축될 시 날개뼈 사이가 멀어지고, 동시에 등이 굽을 수 있으며, 팔도 안쪽으로 회전된다.
- 운전, 컴퓨터 작업 등의 일상생활이 주로 전방에서 행해지기 때문에 쉽게 굳을 수 있으며 등근육들을 약하게 만들 수 있다. 따라서 주기적인 스트레칭이 필수적인 근육이다.
- 만약 큰가슴근이 단축되어 있다면 팔을 끝까지 들어 올리기 어려울 수 있다.

작은가슴근(소흉근, pectoralis minor)

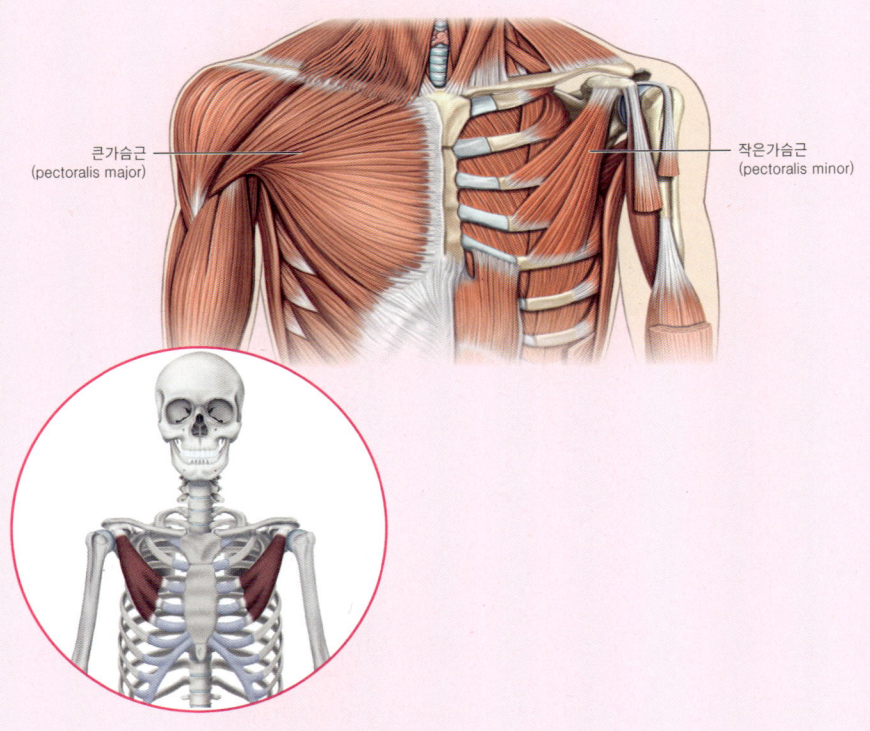

- 큰가슴근보다 안쪽에 있으며 어깨에 붙는 큰가슴근과 달리 날개뼈에 부착되어 있다.
- 흉식호흡을 하는 사람들이 자주 사용하게 되며 둥근 어깨(round shoulder) 체형 시 날개뼈를 잡아당겨 같이 짧아지는 근육이다.

배곧은근(복직근, rectus abdominis)

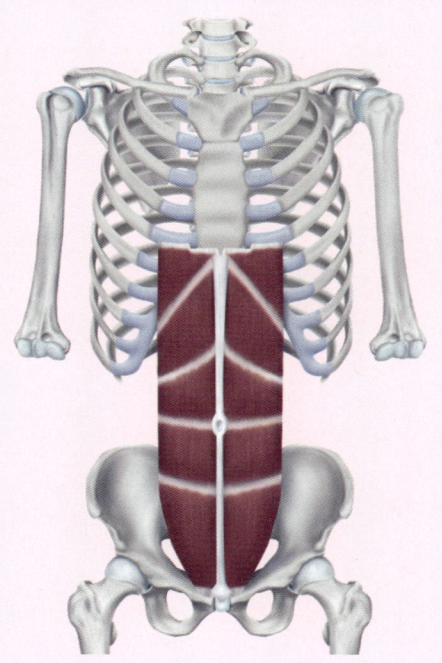

- 가장 표면에 있고 외부 충격으로부터 장기를 보호하는 역할을 하지만 복부 비만, 체형 변화 등의 이유로 쉽게 약해질 수 있다.
- 윗몸 일으키기 등 복근 운동에서 가장 강력한 힘을 내며 굽은등이 오래된 경우에는 짧아지며 등을 펴는 것을 방해할 수 있다.

(2) 근육 만져 보기

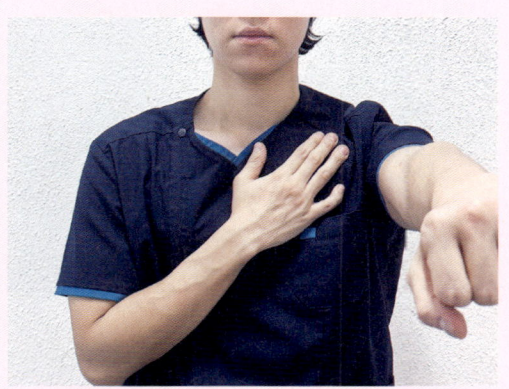

큰가슴근(대흉근, pectoralis major)

근육 만지는 법
큰가슴근은 표면 근육으로 쇄골 바로 아래에서 만져지는 근육이다.
❶ 쇄골 아래쪽에 손을 살포시 올려 둔다.
❷ 팔을 앞으로 90° 들어 올리고 안쪽으로 돌려 준다.
❸ 그 상태에서 안쪽으로 모으게 되면 가슴근육의 수축을 느낄 수 있다.

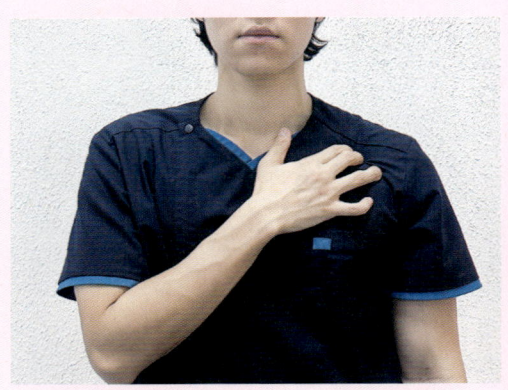

작은가슴근(소흉근, pectoralis minor)
근육 만지는 법
작은가슴은은 큰가슴근 아래에 있기 때문에 잘 만져지지 않을 수 있다. 직접 만지는 방법보다는 간접적인 수축을 느껴 보자.
❶ 팔 전면부에서 바로 옆에 있는 툭 튀어나온 부리돌기(coracoid process) 지점을 찾는다.
❷ 해당 지점에서 여성은 아래 안쪽으로 2cm씩, 남성은 3cm씩 이동하여 살짝 압박한다.
❸ 압박한 상태에서 좌·우로 움직이며 걸리는 구조물을 찾는다.
❹ 숨을 크게 들이마시며 구조물이 단단해지는지 느껴 본다.

배곧은근(복직근, rectus abdominis)
근육 만지는 법
배곧은근은 누운 상태에서 몸을 일으킬 때 가장 쉽게 만질 수 있다.
❶ 다리를 구부린 상태에서 편히 누워 준다.
❷ 한 손을 배꼽 기준 위 또는 아래에 위치시킨 후 몸을 살짝 일으켜 세운다.
❸ 손가락에서 근육의 수축을 느낄 수 있으며 위로는 갈비뼈, 아래로는 치골 부위까지 수축을 느낄 수 있다.

셀프 마사지 1

이 증상일 땐 이 근육을 마사지해 보세요

▶ 팔이 안쪽으로 돌아간 체형을 가지고 있을 때
▶ 편하게 누워도 어깨가 자꾸 떠 있다는 느낌이 들 때

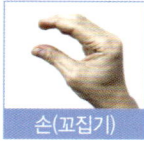
손(꼬집기)

큰가슴근 셀프 마사지 1

① 겨드랑이 옆쪽에서 가슴근육을 꼬집듯 잡아 준다.
② 해당 부위가 고정된 상태에서 팔을 벌림과 동시에 바깥쪽으로 돌려 준다.
③ 잡아 주는 위치를 조금씩 이동시키며 마사지해 준다.

주의사항
- 피부만 잡는 게 아닌 근육 전체를 잡을 수 있도록 한다.
- 팔을 움직이는 동안 어깨에 통증이 있다면 마사지 볼을 사용한다.

셀프 마사지 2

이 증상일 땐 이 근육을 마사지해 보세요

▶ 팔이 안쪽으로 돌아간 체형을 가지고 있을 때
▶ 편하게 누워도 어깨가 자꾸 떠 있다는 느낌이 들 때

마사지 볼

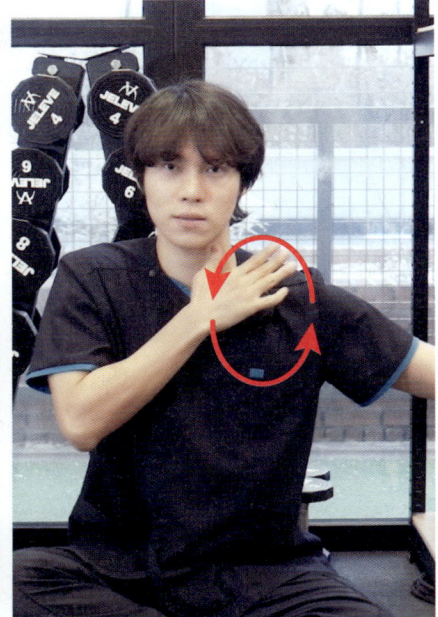

큰가슴근 셀프 마사지 2

❶ 마사지 볼을 팔과 가슴 사이에 위치시킨다.
❷ 반대 손으로 마사지 볼을 압박한 뒤 둥그렇게 돌리며 마사지해 준다.

주의사항
- 너무 센 압력을 제공하지 않도록 주의한다.
- 팔뼈나 쇄골을 마사지 볼로 직접 누르지 않도록 한다.

셀프 마사지 3

이 증상일 땐 이 근육을 마사지해 보세요

▶ 등을 펼 때 배와 갈비뼈 부근에서 당기는 느낌을 느낄 때
▶ 복부가 단단하게 굳고 배가 찬 느낌이 있을 때

손바닥

배곧은근 셀프 마사지

1. 편하게 누운 자세에서 손바닥 깍지를 낀 뒤 배 위에 올려 둔다.
2. 손바닥을 모으면서 복부 근육을 잡아 들어 준다.
3. 위에서 시작해 아래로 이동하며 복부 근육을 마사지해 준다.

주의사항 ● 배가 아프거나 속이 메슥거리는 등의 근육과 상관없는 통증이 느껴지면 즉각 중단한다.

셀프 스트레칭 1

스트레칭 효과

- 앞으로 말린 팔과 어깨를 펼쳐 줌
- 굽은등 체형 완화 & 등근육 피로 해결

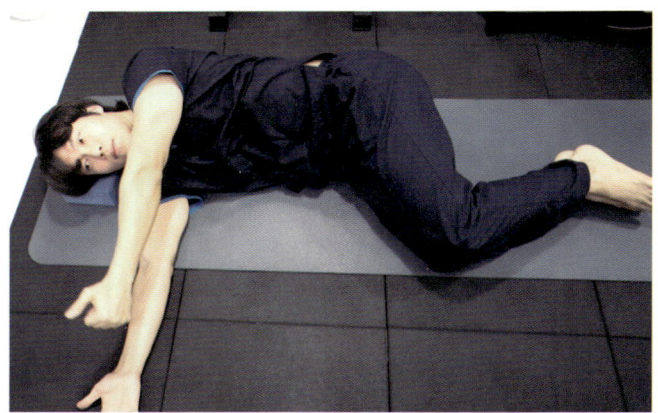

옆으로 누운 스트레칭

가슴 근육은 여러 갈래로 이루어져 있어 스트레칭도 다양한 각도로 진행한다.
① 스트레칭하고자 하는 팔이 위로 오게 옆으로 눕는다.
② 팔을 앞으로 뻗고 엄지가 머리쪽을 향하게 한 다음 몸통을 회전시키며 팔을 뒤로 보내 준다.
③ 힘을 뺀 뒤 팔의 무게를 이용해 가슴 근육을 늘릴 수 있으며 90°부터 시작해 팔의 각도를 높여 가며 스트레칭한다.
- 스트레칭이 잘 되었다면 팔이 아닌 가슴 쪽에서 늘어나는 느낌이 난다.

주의사항 ● 골반은 돌아가지 않게 고정해야 하며 허리가 과하게 꺾이지 않게 주의한다.
● 팔이 꺾이는 느낌이 나면 어깨관절에 스트레스가 과하게 가해질 수 있으니 자세를 수정한다.

셀프 스트레칭 2

스트레칭 효과
- 앞으로 말린 팔과 어깨를 펼쳐 줌
- 굽은등 체형 완화

엎드린 자세 스트레칭
1. 엎드린 상태에서 팔로 몸을 일으키며 천천히 하늘을 쳐다본다.
2. 골반은 바닥에 고정시키며 가슴을 앞으로 내미는 느낌을 낸다.
   - 스트레칭이 잘 되었다면 갈비뼈 상부, 복부에서 늘어나는 느낌이 난다.

주의사항 ● 해당 스트레칭은 허리의 과한 압박을 만들어 낼 수도 있으니 허리 통증에 주의하며 진행한다.

척추는 커브가 있어야 한다

정상적으로 뒤로 굽은 체형에서 굽은등과 다르게 커브가 소실되며 뼈들이 일자로 보이는 체형이다. 목과 등 뒤쪽 근육들이 부분적으로 짧아지며 일자목과 함께 나타나는 경우가 많다. 이때 날개뼈는 상대적으로 제 위치에 있기 때문에 날개뼈가 떠 있는 것처럼 보인다. 어깨뼈가 날개 같고, **척추는 굳어 있다면 편평등**이다. 자연적인 곡선이 부족하지는 않은지 자신의 등을 확인해 보자.

편평등이 되는 경우는 잘못된 운동 습관, 목과 허리의 체형 변화에 따른 영향 등으로 나타날 수 있지만, 오랜 시간 앉아 있는 현대 사회에서의 잘못된 지식으로 가슴을 너무 내밀고 있는 자세로 인해 나타날 수도 있다.

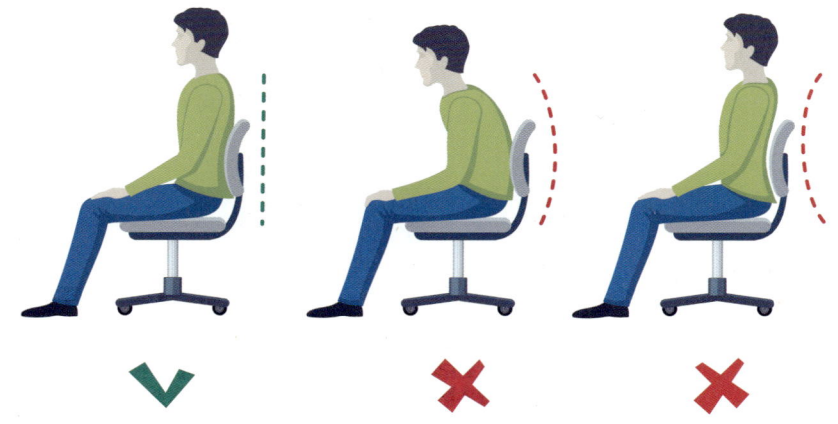

"구부리는 게 아니라 완전히 펴면 되겠지??"라는 잘못된 지식으로 편평등이 될 수 있다.

앉은 자세에서 어깨나 허리가 구부정하면 안 된다는 생각에 억지로 가슴을 내밀며 바른 자세를 유지하려고 하는데, 오히려 등 쪽에 있는 근육이 과하게 긴장하며 짧아지게 된다. 이때 척추뼈 중 등뼈(흉추) 주위의 근육들은 짧아지는 데 비하여 등~날개뼈 주위의 근육들은 상대적으로 활성도가 떨어지게 된다. 대표적으로 **날개뼈의 안정성을 담당하는 승모근의 역할이 떨어지며 날개뼈의 안쪽 면이 유독 튀어나오게 된다.**

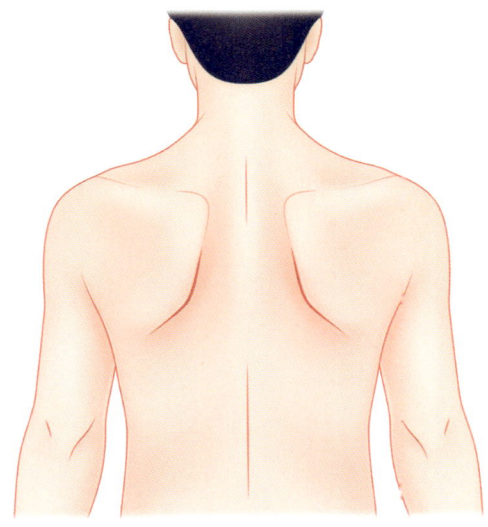

편평등은 날개뼈의 안쪽 면은 들려 있지만 척추 주위 등근육은 단축되고 굳어 있다.

편평등 체형의 경우 굽은등 체형과 다르게 이완이 필요한 근육과 운동이 필요한 근육이 명확하게 구분된다. <u>등의 커브가 사라지는 동시에 같이 짧아지며 등을 뻣뻣하게 만드는 척추 주위 세움근과 능형근을 이완해야 목과 등에서 느껴지는 불편감이 조금이라도 덜할 것이며, 날개뼈를 안정적으로 고정시킬 수 있는 앞톱니근, 등세모근을 강화해야 한다.</u>

이런 경험이 있으신가요?

- 잠에서 깨어날 때 등과 허리에 통증이 있는 경우
- 날개뼈와 척추 사이의 불편감이 지속적으로 이어지는 경우
- 앉아 있을 때 등을 과하게 편 자세를 오래 유지하는 경우
- 척추의 커브가 소실된 것이 육안으로 확인 가능하며 날개뼈가 과하게 떠 있는 경우

한눈에 보는 해부학

(1) 편평등에서 다루는 문제 근육들

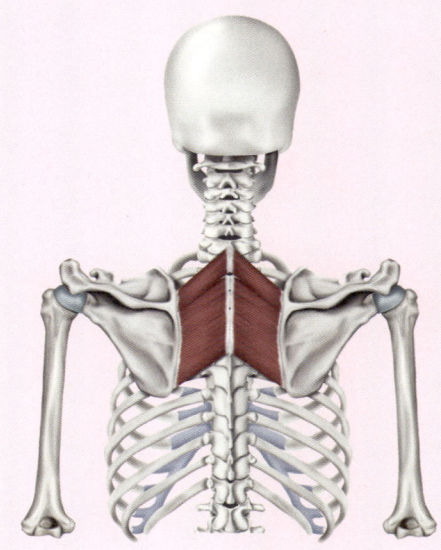

풀어야 하는 근육

척추와 날개뼈 사이에 존재하는 근육으로는 등 주위의 척주세움근과 능형근이 있다. 등을 너무 펴고 다니면 이 두 근육이 과하게 활성화될 수 있다.

- 척주세움근: 등을 폄시킴과 동시에 척추 주위를 보호하는 역할을 한다.
- 능형근: 날개뼈를 척추로 끌어당기고, 날개뼈를 아래쪽 회전시키는 역할을 한다.

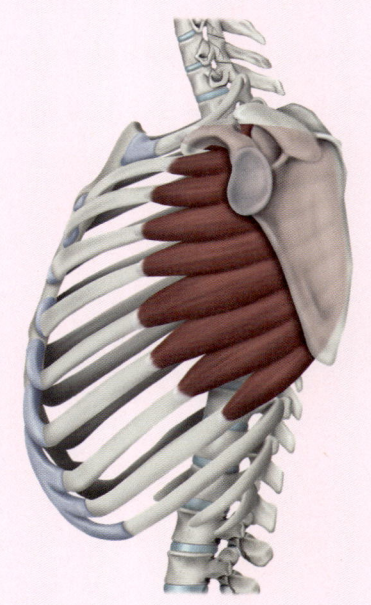

운동해야 하는 근육

- 앞톱니근: 능형근과 완전히 반대의 역할을 한다. 앞톱니근은 날개뼈를 앞으로 내밀며 동시에 위쪽 회전시킨다. 편평등의 경우 과한 능형근으로 인해 앞톱니근이 상대적으로 약해진다.

날개뼈 안정화를 위해 앞톱니근을 강화시켜 주는 것이 좋다. 벽 푸시업, 플랭크 플러스 운동을 통해 몸통과 날개뼈를 서로 붙어 있게 만들어 준다.

- 등세모근: 능형근과 같이 날개뼈를 가운데로 모으지만 날개뼈를 위쪽 회전시킨다는 점에서 다르다. 승모근은 날개뼈의 안정화를 담당하고 능형근 위에 존재하는데 과하게 활성화된 능형근으로 인해 상대적으로 덜 쓰이게 된다(비슷한 역할을 하는 근육끼리의 불균형).

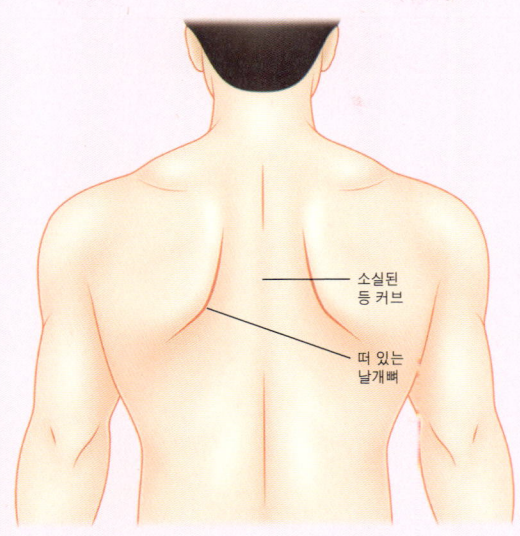

편평등의 모습
- 잘못된 운동으로 인해 등의 커브가 소실되고 날개뼈의 안쪽 면이 부각되어 있다.

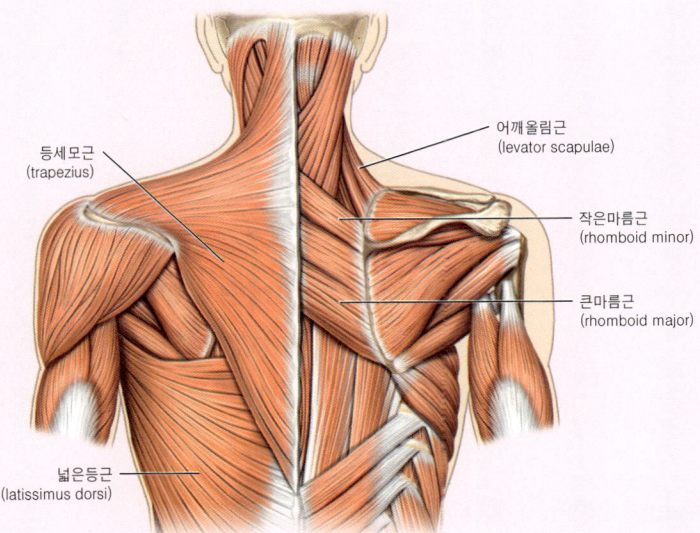

능형근 위에 존재하는 등세모근
- 능형근은 등근육 중에서도 날개뼈 안쪽 면에 부착해 있다. 그에 반해 등세모근은 날개뼈 전반적으로 부착되어 안정성을 제공한다.

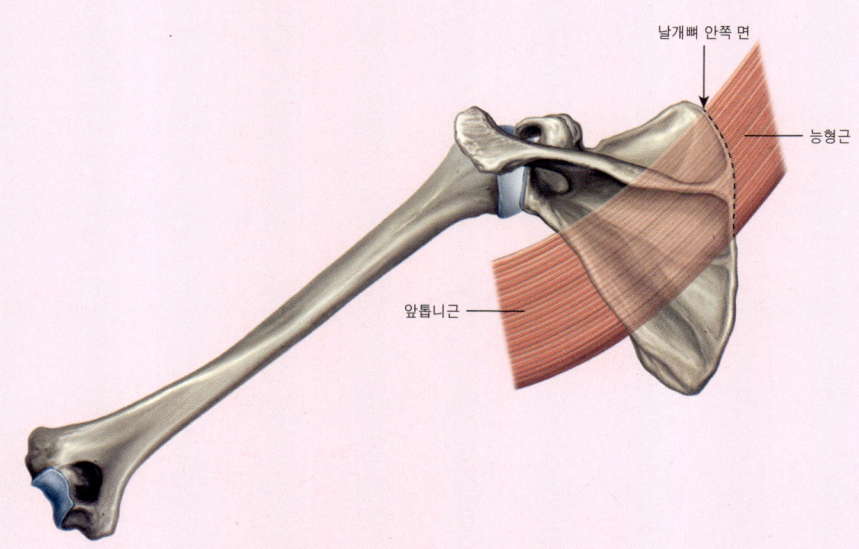

앞톱니근과 능형근의 줄다리기

- 앞톱니근과 능형근은 둘 다 날개뼈 안쪽 면에 부착해 있다. 두 근육의 균형이 무너지면 한쪽으로 치우칠 수 있다.

(2) 근육 만져 보기

능형근 만지는 법

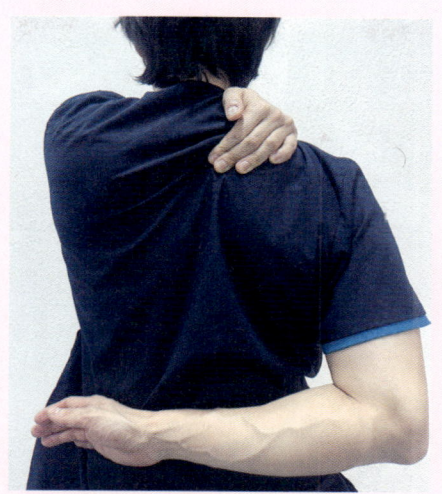

능형근은 혼자서 만지기 어려운 경우가 많다.
❶ 뒷짐을 지면 날개뼈가 자연스럽게 아래쪽 회전하게 된다.
❷ 날개뼈를 척추 쪽으로 모으면 척추와 날개뼈 사이에서 움찍거리는 수축을 느낄 수 있다.

앞톱니근 만지는 법

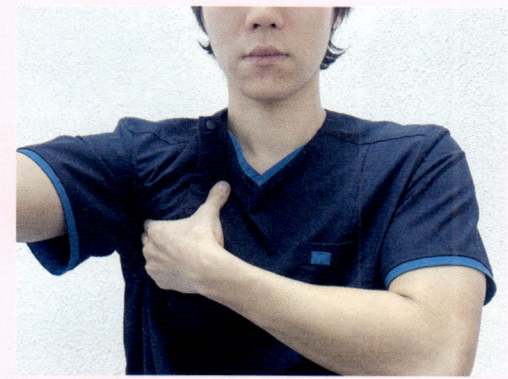

앞톱니근은 갈비뼈에 붙어 있는 부위를 만질 수 있다.
❶ 겨드랑이 약간 아래의 갈비뼈 위에 손가락을 올려 둔다.
❷ 날개뼈를 내밀며 끌어안듯 팔을 앞으로 뻗는다.
  : 갈비뼈에서 단단해지는 근육이 만져진다면 스트레칭이 제대로 된 것이다.

셀프 마사지 1

이 증상일 땐 이 근육을 마사지해 보세요

▶ 날개뼈와 척추 사이의 통증이 지속될 때
▶ 편평등 체형으로 인한 불편감이 느껴질 때
▶ 날개뼈 안정화 운동을 하기 전 준비가 필요할 때

마사지 볼

능형근 셀프 마사지

① 마사지 볼을 날개뼈와 척추 사이에 올려 둔 상태로 편하게 누워 준다.
② 체중을 사용해 천천히 압력을 제공해 준다.
③ 압력이 적용된 상태에서 위·아래로 움직이며 마사지해 준다.

주의사항 ● 마사지 볼이 날개뼈나 척추뼈를 직접적으로 누르면 불쾌한 느낌이 나니 주의한다.

셀프 스트레칭 1

스트레칭 효과
- 날개뼈와 척추뼈 사이 통증 완화
- 뻣뻣한 등근육 이완

간단 스트레칭
스트레칭을 할 환경이 좋지 않은 경우(사무실, 버스 등) 시행하기 좋은 스트레칭이다.
1. 팔을 깍지 낀 상태로 앞으로 쭉 밀어 낸다.
2. 동시에 날개뼈를 최대한 멀어지게 만든다.
3. 위 상태로 목과 등을 숙여 준다.
    - 스트레칭이 제대로 되었다면 날개뼈와 등 사이에 당기는 느낌이 난다.

셀프 스트레칭 2

스트레칭 효과
- 날개뼈와 척추뼈 사이 통증 완화
- 뻣뻣한 등근육 이완

본격적인 최대 스트레칭
운동 전 최대 스트레칭을 통한 가동범위를 확보해야 되는 경우 시행한다.
1. 앉은 상태에서 스트레칭하고자 하는 팔을 반대쪽 다리 위에 올려 둔다.
2. 그대로 몸을 숙이며 팔은 다리를 따라 이동한다.
3. 스트레칭하는 쪽으로 고개를 돌려 준다.
   - 스트레칭이 제대로 되었다면 날개뼈와 등 사이에 당기는 느낌이 난다.

지금 당장 재활

굽은등 펴 주는 재활 운동 준비물

매트

토닝볼

(1) 굽은등 펴 주는 운동

◀ 힙힌지(hip hinge) 자세에서 양손에 토닝볼을 잡고 양손을 몸통 뒤로 밀어 준다.

▲ 힙힌지 자세에서 양손에 토닝볼을 잡고 양 팔꿈치를 몸통 뒤로 당겨 준다.

▲ 한 다리를 런지 자세로 90°를 만든 후 양손에 토닝볼을 잡고 한 손을 몸통 뒤로 당겨 준다.

지금 당장 재활

편평등 잡아 주는 재활 운동 준비물

(2) 편평등 잡아 주는 운동

◀ 네발기기 자세에서 밴드를 날개뼈에 감싸고 등을 뒤로 밀어낸다.

▲ 앉은 자세에서 등에 밴드를 감싸고 양손을 밀어내며 등을 뒤로 밀어 준다.

▲ 등을 둥글게 늘린다는 느낌으로 양 발바닥을 감싼 밴드를 잡고 내려간다.

(3) 환경 수정

목의 회전 및 허리의 굽힘과 폄을 모두 돕는 등뼈(흉추) 동작에 대해서 배워 보고자 한다. 설거지를 마친 후 적용할 수 있는 일상 동작이다.

그릇을 놓는 곳은 보통 위쪽에 있는데, 등을 돌려 그릇을 놓는 위치를 바꾸면 척추와 등, 허리의 회전이 이루어져 통증을 줄이고 결림을 예방하는 데 도움이 된다. 뿐만 아니라 설거지를 할 때 오랜 시간 서 있는 경우, 발밑에 수건 등을 두어 높이를 조절하면 척추를 뒤로 밀어 자연스러운 허리 곡선을 만들 수 있다. 이렇게 하면 편평한 등에도 도움이 되어 보다 올바른 자세를 유지할 수 있다.

굽은등

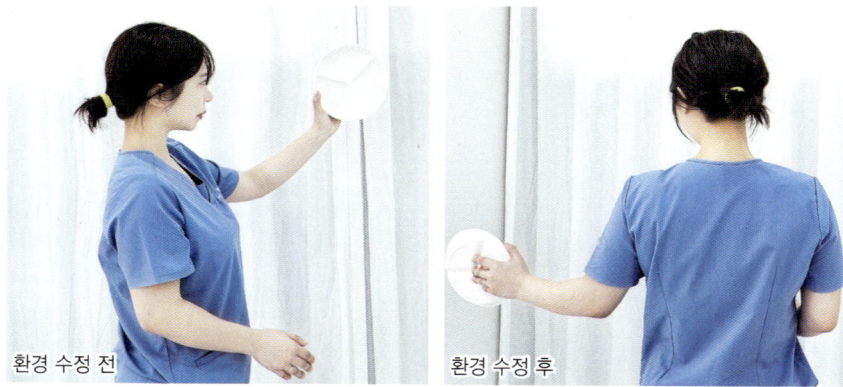

환경 수정 전 / 환경 수정 후

등 자체의 문제는 없으나 목과 허리가 앞으로 나와 있는 경우에 환경 수정을 진행한다.

편평등

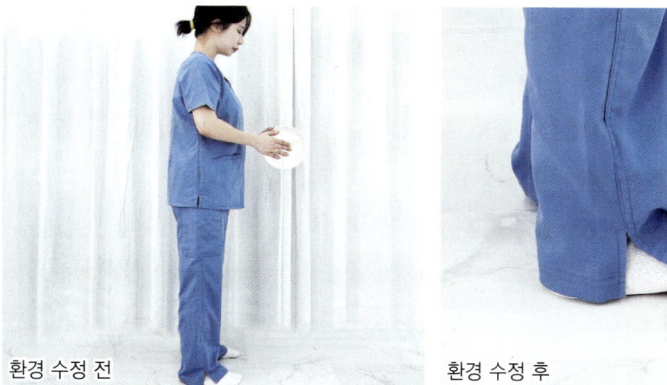

환경 수정 전 / 환경 수정 후

척추를 뒤쪽으로 가져올 수 있게 되면서 허리 커브를 발생시키고, 뒤꿈치가 발에 잘 닿게 된다. 코어에도 힘을 주면서 하면 좋다.

PART 2

허리 골반 고관절

허리 & 골반 관련 근본적인 근육 문제

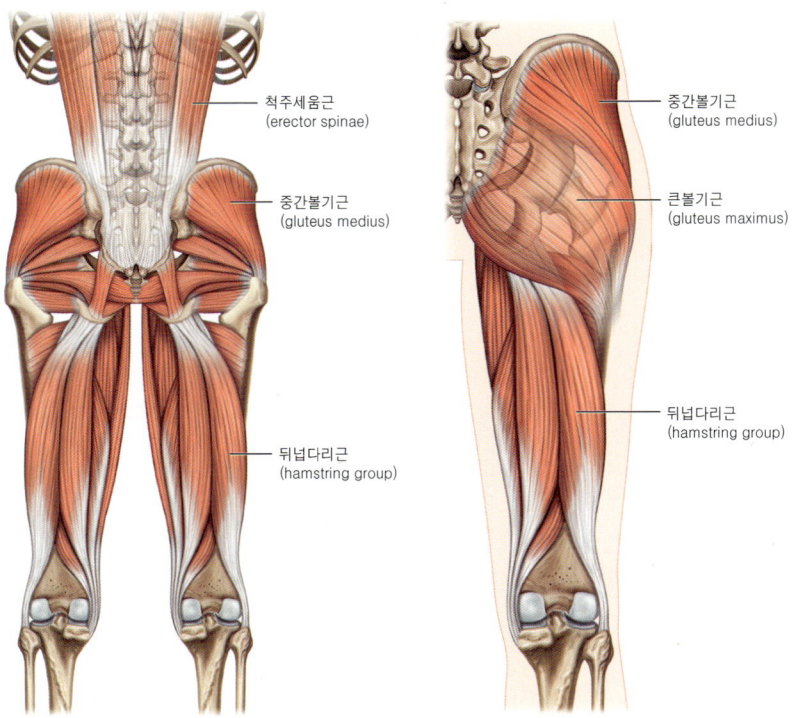

쉽게 약해지는 근육

후면부 근육
- 척주세움근(허리): 척추를 보호하는 기본적인 역할 외에 등을 펴고 몸통을 회전시킨다.
- 큰볼기근: 다리를 폄, 바깥 회전시키고 골반의 안정성을 담당한다.
- 중간볼기근: 다리를 벌리는 근육이며 보행 시 균형을 잡아 준다.

전면부 근육
- 복부 근육: 복부 근육은 외부 충격으로부터 장기를 보호하고 몸통의 회전과 굽힘, 골반의 후방경사를 만들어 낸다.

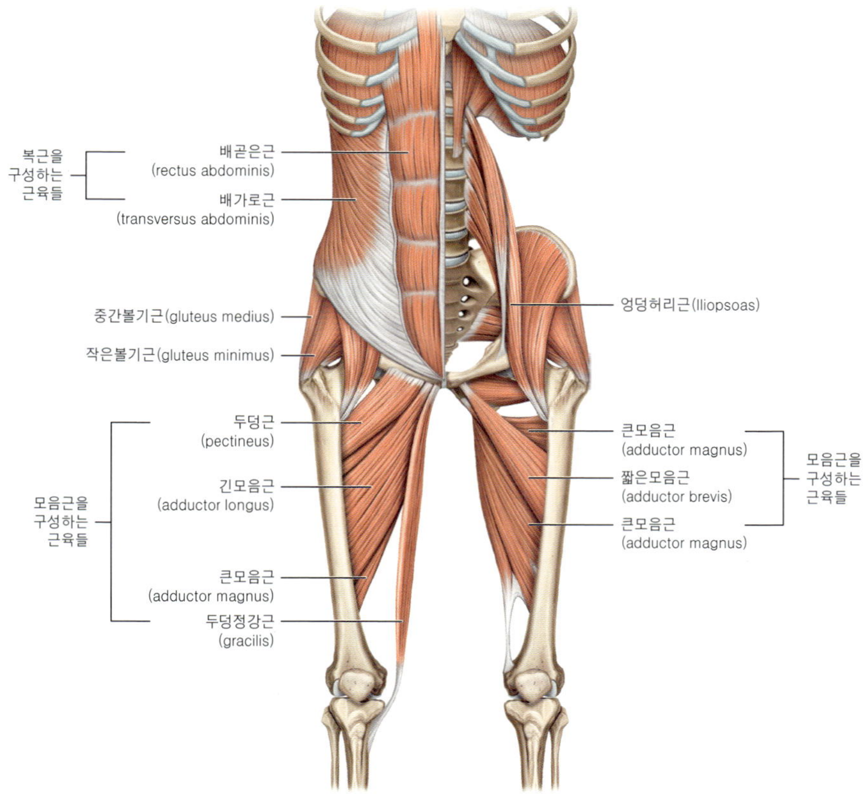

쉽게 굳고 짧아지는 근육

후면부 근육
- 궁둥구멍근: 엉덩관절 속 근육이며 다리를 바깥 회전시킨다.
- 뒤넙다리근: 골반부터 무릎까지 이어져 있는 근육으로 다리를 펴시킴과 동시에 무릎을 굽히는 역할을 한다.

전면부 근육
- 엉덩허리근: 허리 앞쪽에 붙는 심부근육으로 허리의 전방을 지지하고 다리를 들어 올리는 역할을 한다.
- 모음근: 다리를 모으며 안쪽 회전시키고 중간볼기근과 함께 균형을 잡아준다.

허리 통증

디스크가 있다고 허리가 아플까요?

허리 통증 대부분의 경우가 체간의 안정성이 무너지면서 생긴다. 우리의 몸은 팔·다리가 자유롭게 움직이는 대신 몸통(척추~골반)은 흔들리지 않게 안정성을 담당하고 있다. 이렇게 우리 몸통의 안정성을 담당하는 근육들을 코어 근육이라고 말한다. 코어 근육들은 몸통을 둥그렇게 감싸 내부 장기를 보호하고 '복압(abdominal pressure)'을 만들어 내 안정시킨다.

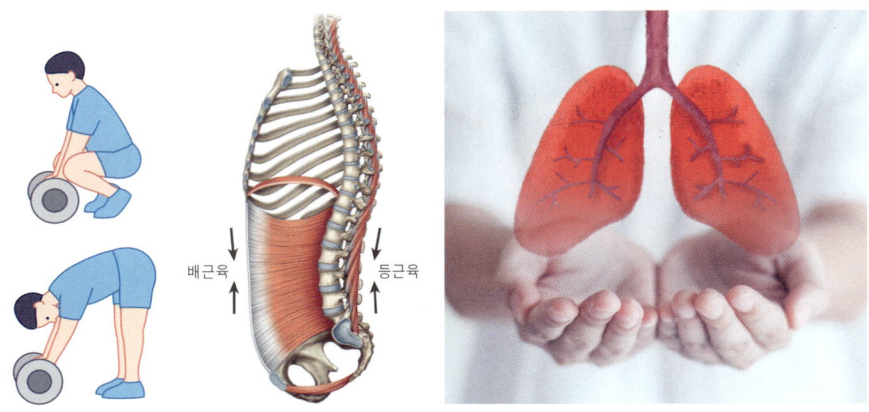

코어 근육의 역할: 복압 형성과 장기 보호.

복압을 형성하여 몸통이 흔들리지 않게끔 하는 기전은 우리의 일상생활에 녹아 있다. 우리가 선반 위의 물건을 꺼낼 때 또는 무거운 물건을 들어 올릴 때 순간적으로 숨을 흡 참게 되는데 이러한 행위가 **몸통의 안정성을 최대화시키려는 무의식적인 메커니즘이다.**

일상생활 속 코어 역할.

그러나 부족한 코어 근육들로 인해 척추와 인대에 무리가 오고 척추 사이 디스크에 압박을 만들어 낼 수 있으며 일상생활 중 예상치 못하게 안정성이 순간적으로 무너지게 되면 우리가 흔히 아는 '삐끗했다'로 이어지게 된다.

또는 **안정성을 만들어 내는 코어 근육들의 불균형이 생기는 경우**도 있다. 예를 들어 복부 근육이 약해지면 허리의 힘을 더 쓰려는 것처럼, 일하는 근육과 일하지 않는 근육으로 나뉘게 되며 이는 **허리 근육의 피로도가 증가하는 결과를 초래해 만성 허리 통증으로 이어질 수도 있다.** 만성 허리 통증은 끊임없이 반복되며 지속적인 고통을 줘 하루도 편할 날이 없게 만든다.

이런 경험이 있으신가요?

- 가끔씩 전기가 튀는 고통이 있는 경우
- 찌릿한 통증이 허리에서부터 다리로 내려가는 경우
- 순간적으로 강하게 통증이 허리에 오는 경우
- 특히, 종종 한자리에 오래 앉거나 일어설 때 또는 무리하게 몸을 움직일 때 더욱 심해지는 경우
- 통증이 일시적으로 가라앉더라도 다시 돌아오거나 통증의 강도가 변하면서 예측하기가 어려운 경우

코어 근육과 복근은 같은 뜻이 아니다

몸 안쪽에서 몸통을 감싸는 내부 코어 근육과 바깥쪽에서 감싸는 외부 코어 근육으로 나눌 수 있다.

내부 코어 근육은 일상생활 속 걷기, 앉았다 일어나기, 기지개 펴기 등 자연스러운 움직임에서 미세한 조절을 통해 안정성을 형성한다면, 외부 코어 근육은 좀 더 큰 힘을 내야 하는 웨이트트레이닝, 다이내믹한 움직임을 하는 스포츠활동 등에서 동원되어 최대의 안정성을 만들어 낸다.

내부 코어 근육은 우리 몸 제일 깊숙이 있는 근육들로 구성되어 있으며 호흡을 하는 가로막(횡격막), 척추의 미세한 조절을 하는 뭇갈래근(다열근), 바닥에서 장기를 받치고 있는 골반바닥근육과 장기를 보호하고 감싸는 역할을 하는 배가로근으로 이루어져 있다. 내부 코어 근육들은 큰 힘을 내지 못하지만 섬세한 조절을 통해 우리 몸의 안정성을 만들어 낸다.

내부 코어 근육

다열근 (multifidus)
가로막 (diaphragm)
배가로근 (transversus abdominis)
골반바닥근육 (pelvic floor)

외부 코어 근육

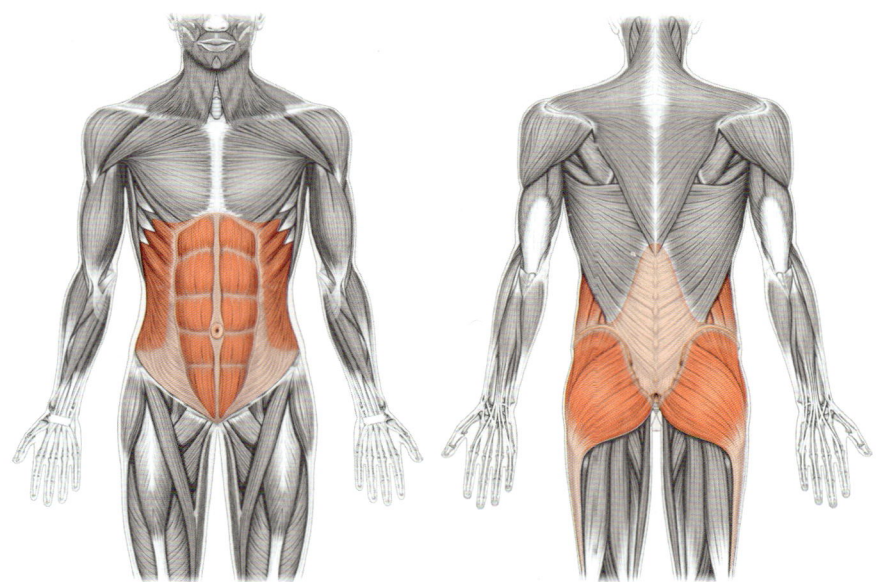

　외부 코어 근육은 몸을 둘러싸는 근육 중 가장 크고 표면에 있는 근육들로 이루어져 있다. 근육의 크기가 큰 만큼 큰 힘을 낼 수 있으며 구성으로는 식스팩을 만들 수 있는 배곧은근(복직근)과 복부 옆쪽을 담당하는 배빗근(복사근), 골반 쪽의 안정성을 담당하는 엉덩이 근육(둔근)과 허리 뒤쪽에서 기립근을 포함한 여러 근육들의 근막이 겹쳐 만들어진 흉요근막이 있다.

척추 정렬 문제로 코어가 제대로 된 기능을 못하는 경우
- 일자허리 = 척추의 자연적인 만곡이 부족한 경우
- 과전만 허리 = 척추가 과도하게 앞쪽으로 휘어진 상태
- 모두, 코어 근육들과 연관 있다.

부족한 코어로 인해 우리 몸이 안정성을 충분히 확보하지 못한다면 우리 몸은 자세를 변형시키거나 특정 근육들을 과하게 활성화시키며 안정성을 유지하려 할 것이다. 그중 흔하게 관찰되는 체형 변형으로 골반을 앞으로 빼고 있는 척추앞굽음(swayback)과 배를 앞으로 내미는 듯 허리를 과하게 펴고 있는 과전만 허리가 있다.

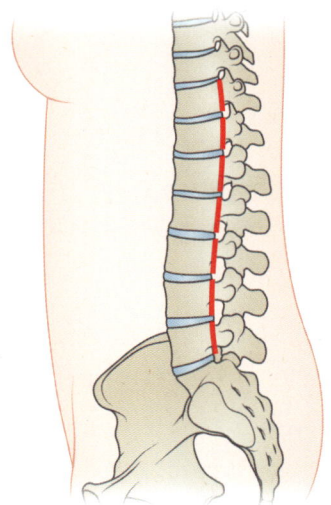
척추앞굽음

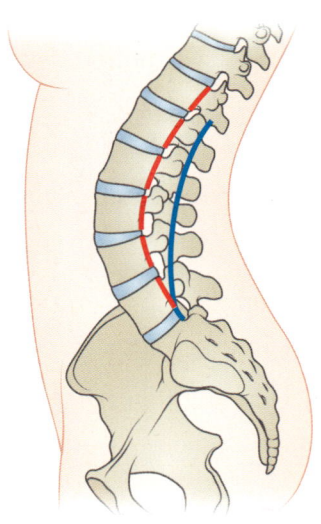
과전만 허리

이런 경험이 있으신가요?

- 허리가 강하게 눌리는 듯한 압박감이 느껴지는 경우
- 둔한 통증이 허리 전반에 걸쳐 지속적으로 나타나는 경우
- 허리가 굳어 가는 것 같은 느낌을 받는 경우
- 오래 앉아 있거나, 서 있을 때 허리에서 쑤시는 듯한 아픔이 찾아오는 경우
- 때때로 통증이 갑작스러워서 일상적인 활동이나 수면이 방해받는 경우

대나무처럼 곧은 일자허리:
현대 사회에서 가장 많은 체형 변화

우리의 등이 뒤로 살짝 굽어 있는 것처럼 허리에도 앞쪽으로 휘어진 커브가 있다. 이러한 커브가 감소하며 척추가 대나무처럼 1 자 형태로 보이는 것을 일자허리라고 부르며, 척추앞굽음(swayback) 체형에서 자주 발견되는 관절 변형이다.

척추앞굽음은 골반이 우리 몸의 중심에서 벗어나 앞으로 점점 밀려나게 되며 앞으로 이동한 골반의 무게로 인해 등을 뒤쪽으로 보내면서(등이 구부러짐) 균형을 맞추게 된다. 결과적으로 허리의 커브는 감소하며 일자허리 체형이 되고 등은 과하게 굽은등 형태가 되며, 골반 앞쪽에 있는 근육들이 전부 약해지게 된다.

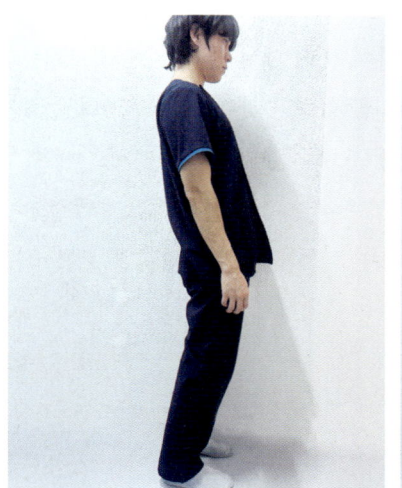 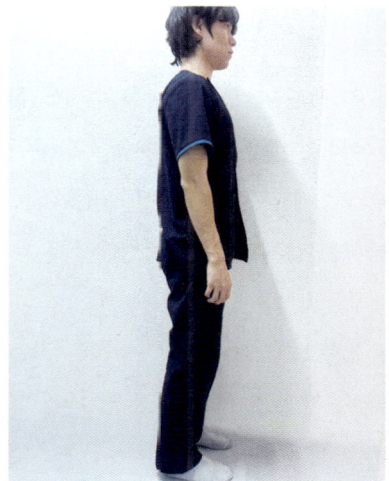

척추앞굽음(좌)과 정상 체형(우).

지하철만 타도 허리가 아픈 이유, 생각해 본 적이 있는가? 이것은 근육이 약해서, 특히 코어근육이 약해서 근육이 아닌 관절로 버텨 나타나는 척추앞굽음(swayback) 증상이다. 척추앞굽음(swayback)은 장시간 복부와 엉덩이 근육, 척주세움근이 약해진 상태에서 오랜 시간 서 있거나 움직일 때 나타날 수 있다. 탄탄한 코어 근육이 척추를 잡아 줘야 하는데 약해진 근육들이 지치면서 편한 자세를 찾게 되고, 이때 골반이 앞으로 나가며 허리는 꺾인 채로 딱딱하게 고정이 되어 허리에 부담을 주는 것이다. 잠겨 있는 허리 관절로 체중을 지지하면 근육들이 쉬면서 조금 편하게 느껴질 수 있지만 이는 근육을 사용해 서 있는 것이 아닌 관절로만 버티는 꼴이 되기 때문에 허리에 과한 압박을 줄 수 있다.

척추앞굽음(swayback) 체형에서 정상 체형으로 돌아가기 위해서는 골반이 뒤로 이동하며 엉덩이 근육과 복부 근육을 제대로 사용해야 한다. 오랜 시간 척추앞굽음 체형으로 지냈다면 골반 뒤쪽 근육들이 굳어 있기 때문에 꼭 스트레칭과 셀프 마사지를 통해 해결해야 되며 뒤넙다리근(슬괵근)과 궁둥구멍근(이상근)이 주로 풀어 줘야 하는 근육이다.

이런 경험이 있으신가요?

- 상체가 과도하게 앞으로 가서 배가 튀어나오는 듯한 느낌이 있는 경우
- 어깨 결림이 동반되는 경우
- 골반이 뒤로 밀려서 몸의 균형이 무너진 경우

한눈에 보는 해부학

(1) 일자허리를 유발하는 근육들

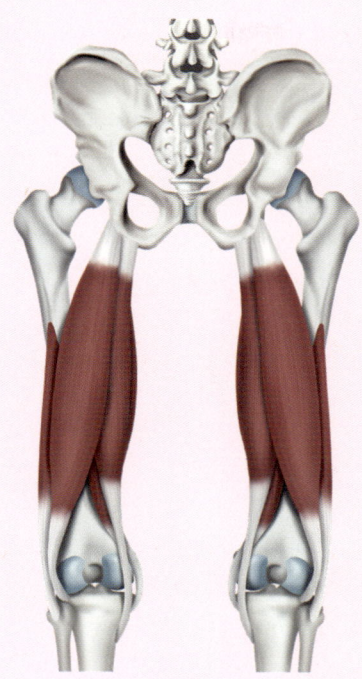

뒤넙다리근(슬괵근, hamstring)
- 엉덩이 근육이 약해지면 대신해서 과하게 쓰이는 근육 중 하나이다.
- 근피로가 반복될 시 딱딱하게 굳을 수 있으며 경련을 일으키거나 흔하게 파열되는 근육이다.

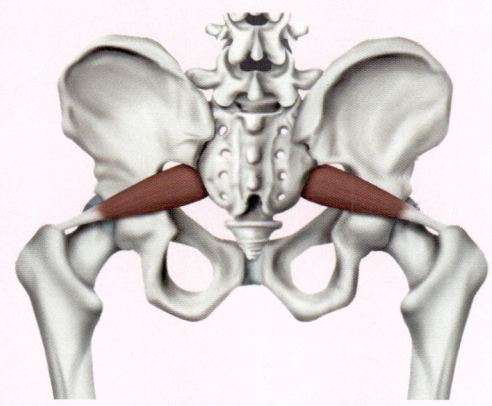

궁둥구멍근(이상근, piriformis)
- 엉덩이 근육 안쪽에 있는 근육으로 겉에 있는 큰볼기근(대둔근)이 약해질 시 타이트해지며 굳을 수 있다
- 이 근육 아래로 다리를 지배하는 신경이 지나가기 때문에 근육이 단단해지면 신경을 누르며 저림 증상이 나타날 수 있다.

(2) 근육 만져 보기

궁둥구멍근 만지는 법

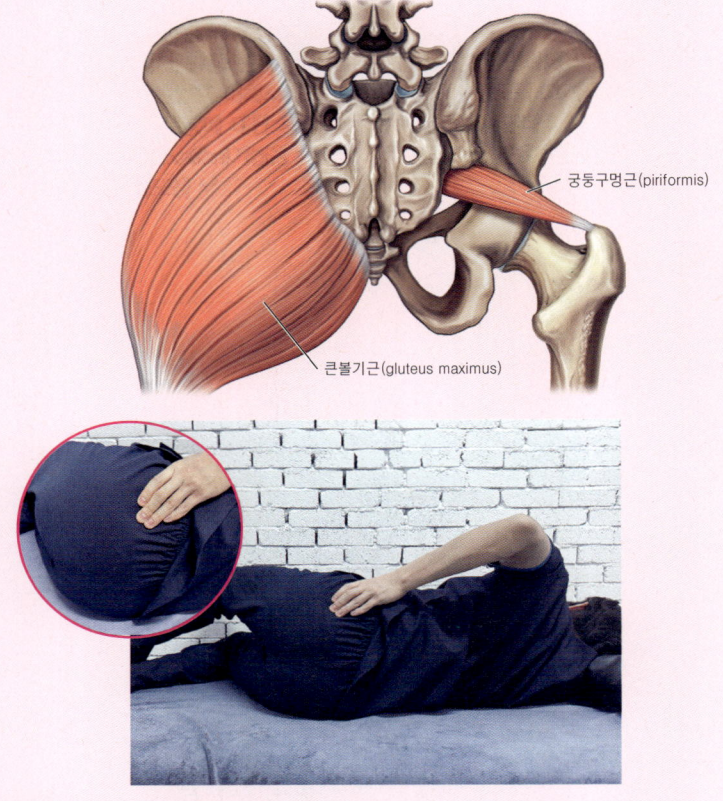

궁둥구멍근은 큰볼기근(엉덩이 근육)에 가려져 있어 쉽게 만져지지 않을 수 있다.
❶ 옆으로 누운 뒤 다리를 구부린다.
❷ 엉치뼈와 엉덩관절 사이를 위·아래로 문지른다.
❸ 중간에 기타줄처럼 튕기거나 유난히 아픈 부위가 있다면 궁둥구멍근일 가능성이 높다.
❹ 해당 부위에 손가락을 올려놓고 다리를 살짝 벌리면 근육의 수축을 느낄 수 있다.

뒤넙다리근 만지는 법

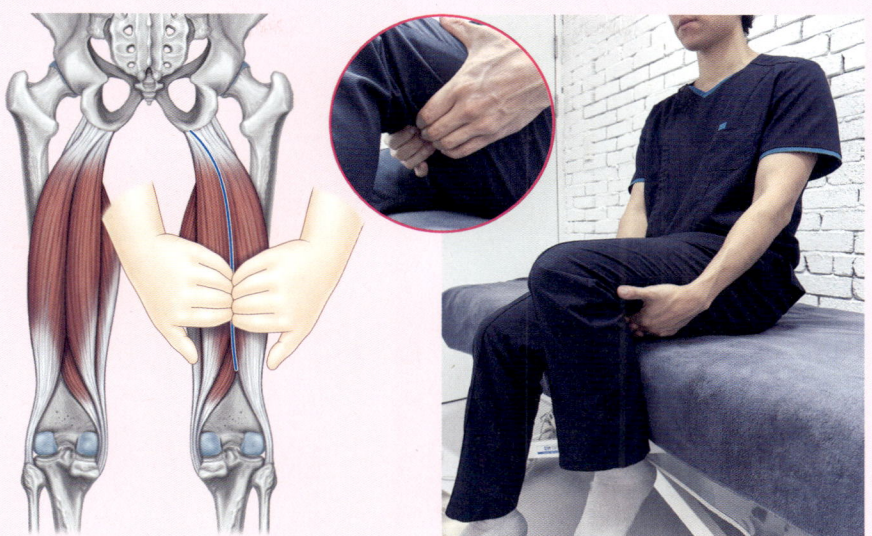

뒤넙다리근은 허벅지 뒤에서 쉽게 만질 수 있는 근육이다.
❶ 앉은 상태에서 양 손가락을 무릎 뒤에 둔다.
❷ 무릎 뒤에서 허벅지로 이어지는 구간에 안쪽과 바깥쪽 햄스트링 힘줄을 만질 수 있다.
❸ 손을 살짝 위로 들어 올리며 힘줄을 따라 올라가면 근육을 쉽게 만질 수 있다.
❹ 무릎을 구부리는 힘을 내면 햄스트링의 수축을 느낄 수 있다.

셀프 마사지 1

이 증상일 땐 이 근육을 마사지해 보세요

▶ 다리 쪽으로 저린 느낌이 자주 느껴질 때
▶ 골반 부위에 뻐근한 통증이 느껴질 때
▶ 엉덩이 속 깊은 곳에서 뻐근한 느낌이 날 때

폼롤러

궁둥구멍근 셀프 마사지 1

❶ 폼롤러 위에 엉덩관절 쪽이 위치하도록 올라탄다.
❷ 뻐근하게 느껴지는 쪽의 다리를 반대쪽 다리 위에 올린다.
❸ 폼롤러에 닿는 부위가 통증 부위가 되도록 위치시킨 다음 좌·우로 몸을 틀며 마사지한다.

주의사항
● 마사지 중 폼롤러가 뼈를 직접적으로 누르지 않게 주의한다.
● 폼롤러 위에서 팔로 몸을 지탱하기 어렵다면 벽에 등을 기댄 상태에서 진행한다.
● 다리의 저린감이 나타나면 잠시 쉬었다가 진행한다.

셀프 마사지 2

이 증상일 땐 이 근육을 마사지해 보세요

▶ 다리 쪽으로 저린 느낌이 자주 느껴질 때
▶ 골반 부위에 뻐근한 통증이 느껴질 때
▶ 엉덩이 속 깊은 곳에서 뻐근한 느낌이 날 때

마사지 볼

궁둥구멍근 셀프 마사지 2

❶ 다리를 구부린 상태로 편하게 눕는다.
❷ 마사지 볼이 엉덩관절 뒤쪽의 통증 부위에 위치하도록 둔다.
❸ 천천히 체중을 실어 주며 압박을 제공한 다음 좌·우로 몸을 틀며 마사지한다.

주의사항
● 마사지 중 마사지 볼이 뼈를 직접적으로 누르지 않게 주의한다.
● 다리의 저린감이 나타나면 잠시 쉬었다가 진행한다.

PART 2 허리·골반·고관절

셀프 마사지 3

이 증상일 땐 이 근육을 마사지해 보세요

▶ 허벅지 뒤가 땅기고 자주 쥐가 날 때
▶ 하체가 뻣뻣하다는 느낌이 들 때
▶ 과거에 뒤넙다리근(햄스트링) 부상 이력이 있을 때

 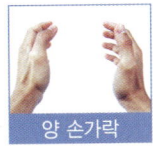
양 손가락

뒤넙다리근 셀프 마사지 1

❶ 바닥에 편히 누운 뒤 다리를 들어 양손을 허벅지 뒤에 위치시킨다.
❷ 손가락을 고정시킨 뒤 팔을 몸쪽으로 당겨 준다.
❸ 위 상태를 유지하고 천천히 다리를 펼치며 마사지해 준다.

- 손가락에 힘을 주기보다는 팔을 몸쪽으로 당겨 주며 마사지한다.
- 가장 불편한 부위를 마사지하되 통증이 너무 심하지 않게 주의한다.

셀프 마사지 4

이 증상일 땐 이 근육을 마사지해 보세요

▶ 허벅지 뒤가 땅기고 자주 쥐가 날 때
▶ 하체가 뻣뻣하다는 느낌이 들 때
▶ 과거에 뒤넙다리근(햄스트링) 부상 이력이 있을 때

폼롤러

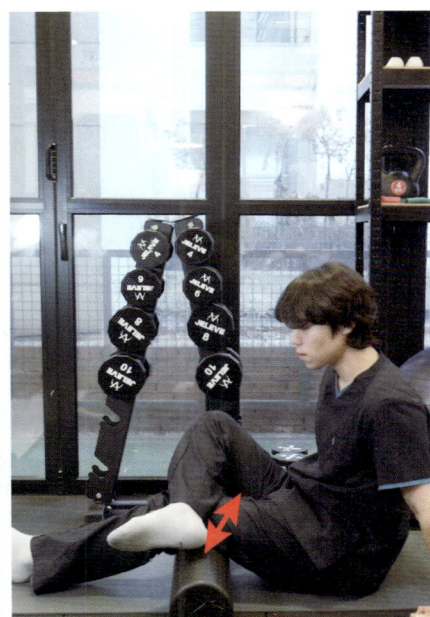

뒤넙다리근 셀프 마사지 2

❶ 앉은 상태에서 폼롤러에 허벅지 뒤가 닿도록 위치시킨다.
❷ 반대쪽 다리를 들어 다리 위에 올려 압박을 제공해 준다.
❸ 다리에 힘을 뺀 뒤 좌·우로 비틀어 마사지해 준다.

주의사항
● 폼롤러 사용 시 체중으로 아래쪽 다리를 누르기 때문에 통증이 심할 수 있다.
● 팔을 사용해 체중 분산 후 처음에는 움직임 없이 정적인 자세로 근육을 이완한다.

셀프 스트레칭 1

스트레칭 효과

- 엉덩관절 유연성 증가
- 다리 저림 증상 완화

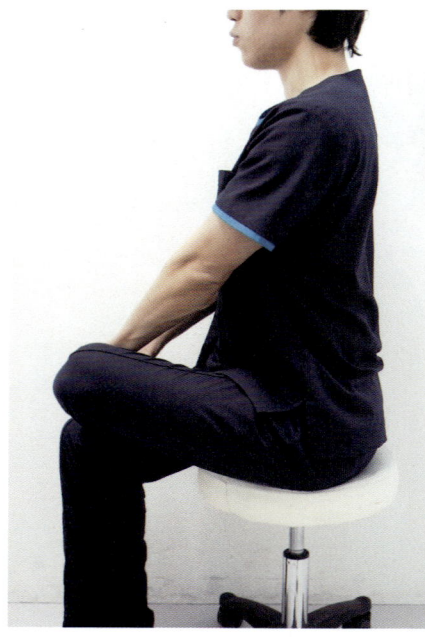
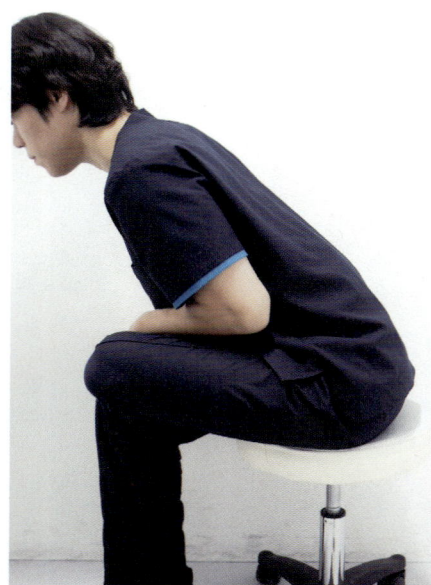

궁둥구멍근 셀프 스트레칭: 앉은 자세

1. 다리를 꼬고 허리를 편 상태에서 시작한다.
2. 배꼽인사처럼 허리가 아닌 골반을 숙여 준다.
   - 스트레칭이 제대로 되었다면 엉덩이 뒤에서 당기는 느낌이 난다.

주 의 사 항
- 다리의 저린감이 나타나면 잠시 쉬었다가 진행한다.
- 엉덩관절에서 집히는 듯한 느낌이 나면 자세를 수정하고 다시 진행한다.

셀프 스트레칭 2

스트레칭 효과

- 엉덩관절 유연성 증가
- 다리 저림 증상 완화

궁둥구멍근 셀프 스트레칭: 누운 자세

❶ 누운 상태에서 스트레칭하고자 하는 다리를 반대로 넘겨 준다.
❷ 한 손으로 무릎을 잡고 가슴 쪽으로 당겨 준다
  - 스트레칭이 제대로 되었다면 엉덩이 뒤에서 당기는 느낌이 난다.

주의사항
- 다리의 저린감이 나타나면 잠시 쉬었다가 진행한다.
- 엉덩관절에서 집히는 듯한 느낌이 나면 자세를 수정하고 다시 진행한다.

셀프 스트레칭 3

스트레칭 효과
- 엉덩관절 유연성 증가
- 다리 저림 증상 완화

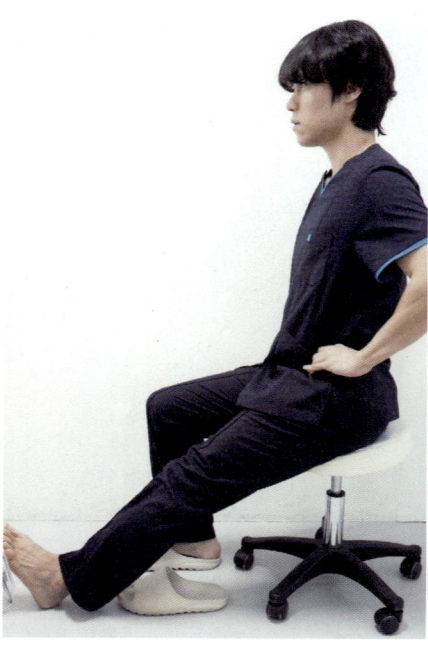

뒤넙다리근 셀프 스트레칭: 앉은 자세

❶ 스트레칭하고자 하는 다리를 펴고 발목을 위로 올려 준다.
❷ 마찬가지로 허리가 아닌 골반을 숙이도록 한다.
  - 스트레칭이 제대로 되었다면 허벅지 뒤쪽에서 당기는 느낌이 난다.

주의사항
- 스트레칭할 때 무릎이 너무 많이 펴지지 않게 주의한다.
- 골반과 허리를 중립 상태로 유지하며 진행한다.

셀프 스트레칭 4

스트레칭 효과
- 엉덩관절 유연성 증가
- 다리 저림 증상 완화

뒤넙다리근 셀프 스트레칭: 누운 자세

① 누운 상태에서 발끝에 수건을 걸어 준다.
② 반대편 다리는 편하게 구부린다.
③ 무릎을 가슴 쪽으로 구부리고 천천히 다리를 편다.
- 스트레칭이 제대로 되었다면 허벅지 뒤쪽에서 당기는 느낌이 난다.

- 스트레칭할 때 무릎이 너무 많이 펴지지 않게 주의한다.
- 골반과 허리를 중립 상태로 유지하며 진행한다.

지금 당장 재활

변형된 허리 교정 운동 준비물

 매트  서클링  보수볼

(1) 허리 안정화를 잡아 주는 코어 운동

◀ 바로누운자세에서 허리를 바닥에 누른 상태를 유지하며 한 무릎으로 서클링을 무릎 방향으로 밀어낸다.

◀ 바로누운자세에서 허리를 바닥에 누른 상태를 유지하며 양 무릎으로 서클링을 무릎 방향으로 밀어낸다.

◀ 바로누운자세에서 서클링은 머리 뒤에 걸고 날개뼈 하각까지 들어 올리며 다리는 45° 각도로 들어 올린다.

(2) 허리 안정화를 잡아 주는 골반 안정화 운동

◀ 한 손으로 폼롤러를 잡고 동일한 발 무릎을 구부린 상태에서 반대 발을 뒤로 천천히 밀어 준다.

◀ 한 다리는 무릎을 구부린 상태로, 반대 발은 측면으로 무릎을 접어 고관절을 가동범위만큼 열어 준다.

◀ 한 다리는 무릎을 구부린 상태로, 반대 발은 측면으로 무릎을 접어 뒤쪽 사선으로 보내 준다.

골반/고관절 통증

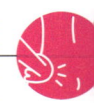

골반이 앞으로 쏟아지는 듯한 과전만 허리

앞서 알려드린 척추앞굽음(swayback)이 골반을 앞으로 내밀며 안정성을 만들어 낸 자세라면, 과전만 허리 체형은 골반이 앞으로 회전하며 허리의 커브가 심해지는 체형 변화이다. 앞으로 회전된 골반으로 인해 엉덩이는 뒤로 튀어나오고 배를 앞으로 내밀고 있는 모습을 띠게 된다.

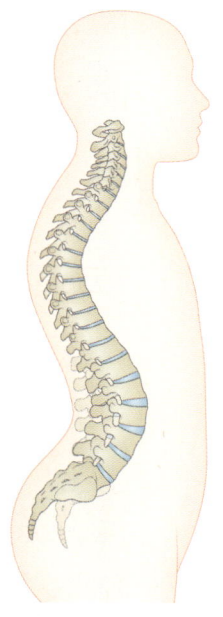

골반 전방경사라는 체형 변화는 골반이 앞으로 쏟아지듯 경사를 가지게 되는 체형이며 과전만 체형과 연관이 깊다. 과전만 허리와 골반의 전방경사는 대부분 동시에 나타나며 골반을 후방경사시키는 근육인 복부와 엉덩이가 오랜 시간 늘어나며 약해졌을 시에 더 쉽게 체형 변화가 나타날 수 있다.

과전만 허리 체형을 해결하기 위해서는 허리를 과하게 앞으로 잡아당기며 짧아지는 엉덩허리근과 약해진 엉덩이 근육 대신 많이 사용되는 다리 모음근의 이완과 스트레칭이 필수적이며, 복부와 엉덩이 근육을 운동하여 균형을 맞춰야 한다.

정상 정렬에서
과전만 체형으로의 변화.

이런 경험이 있으신가요?

- 옆에서 봤을 때 엉덩이는 뒤로, 배는 앞으로 과하게 이동한 체형이 심한 경우
- 엉덩이 근육과 복근에 힘을 주기 어렵거나 운동 시 자극이 안 되는 경우
- 허리가 뻣뻣하게 느껴지거나 허리를 구부리기 어려울 경우

한눈에 보는 해부학

(1) 과전만 허리를 유발하는 근육들

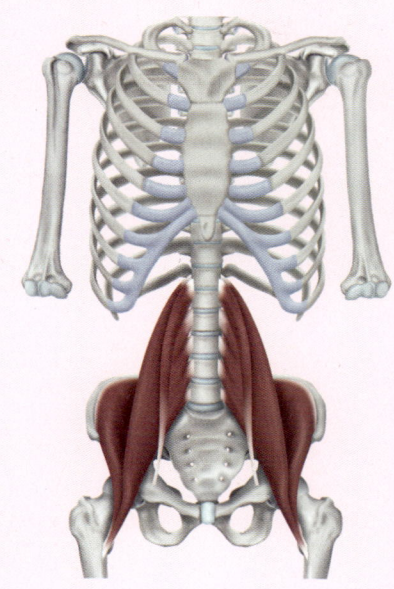

엉덩허리근(장요근, iliopsoas)

- 짧아지고 굳으면 허리를 과하게 앞으로 잡아당겨 누워 있을 때도 허리가 바닥에서 떠 있게 되어 불편함을 느낄 수 있다.
- 짧아진 쪽의 골반이 상승할 수 있으며 골반 비대칭의 원인이 되는 근육이다.
- 장시간 앉아 있을 때 쉽게 굳을 수 있어서 일어설 때 허리 통증을 야기할 수 있다.

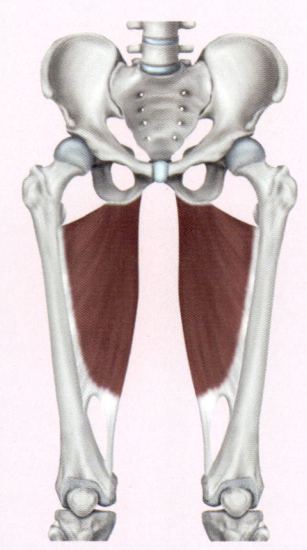

엉덩관절 모음근(내전근, hip adductors)

- 엉덩관절의 균형을 담당하기도 하며, 엉덩이 근육이 약해졌을 때 과하게 활성화된다.
- 모음근이 과하게 활성화되어 있는 경우 보행 시 골반이 좌·우로 크게 흔들릴 수 있다.
- 다리를 뻣뻣하게 만드는 근육 중 하나이며 스트레칭이 중요한 근육이다.

(2) 근육 만져 보기

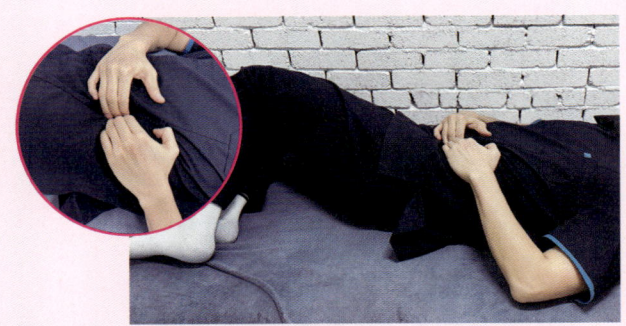

엉덩허리근 만지는 법

엉덩허리근은 복부 깊숙한 곳에 있기 때문에 몸을 이완시키며 깊게 만져야 한다.
① 머리는 정면을 본 채 무릎을 구부린다.
② 왼쪽 엉덩허리근을 만지려면 다리를 오른쪽으로 돌려 왼쪽 다리를 위로 위치시킨다.
③ 배꼽과 골반의 가장 툭 튀어나온 부위 중간에 양손을 위치시킨다.
④ 천천히 호흡을 내쉬며 동시에 몸의 긴장을 풀면서 손가락을 안쪽으로 깊게 누른다.
⑤ 몸을 숙였을 때 수축하면 복근을 누른 것이고, 다리를 무릎으로 당겼을 때 손끝에서 단단해지는 것이 엉덩허리근이다.

주의사항
- 근육이 굳어 있다면 살짝만 눌러도 통증이 나타날 수 있다.
- 눌러서 아픈 것이 아니라 배가 전체적으로 아파진다면 복부 장기를 눌렀을 가능성이 높으니 주의한다.

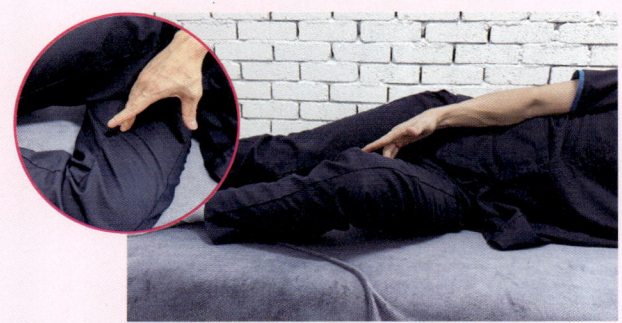

엉덩관절 모음근 만지는 법

모음근은 허벅지 안쪽에서 비교적 쉽게 만질 수 있는 근육이며 허벅지 안쪽 정중앙에서 살짝 뒤에 위치한다.
① 만지고자 하는 근육 측이 아래로 오게 옆으로 눕는다.
② 아래쪽 다리를 구부리고 손가락은 허벅지 내측에 올려 둔다.
③ 아래쪽 다리의 무릎을 위쪽으로 들어 올리면 모음근의 수축을 느낄 수 있다.

주의사항
- 허벅지 내측을 날카롭게 누르지 않도록 주의한다.
- 중앙 기준 앞쪽에 위치하는 근육과 헷갈릴 수 있으니 주의한다.

셀프 마사지 1

이 증상일 땐 이 근육을 마사지해 보세요

▶ 앉아 있다가 일어나는데 허리 통증이 있을 때
▶ 누워 있을 때도 허리가 바닥에서 떨어져 있는 경우

마사지 볼, 폼롤러

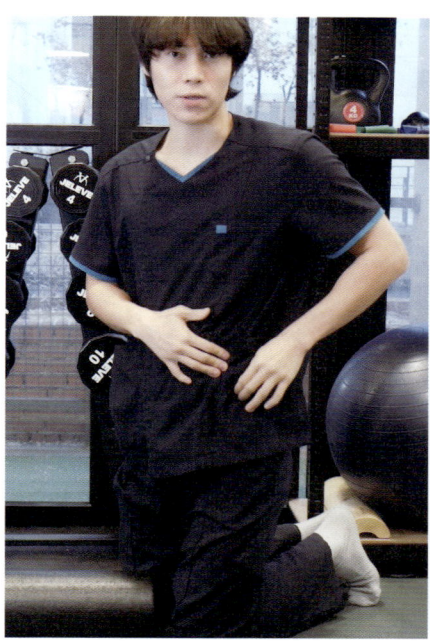
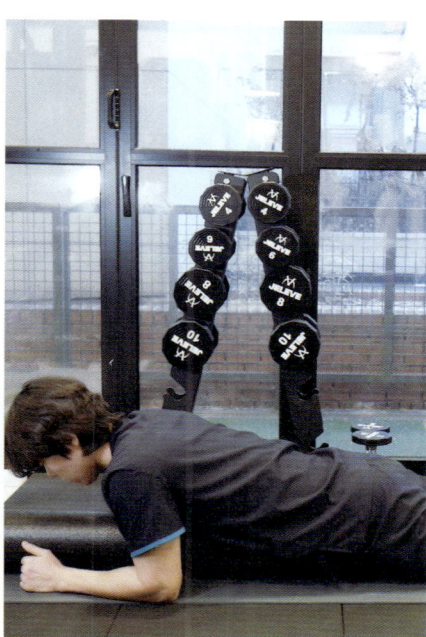

엉덩허리근 셀프 마사지 1

❶ 엎드린 상태에서 엉덩허리근 위치(골반의 제일 툭 튀어나온 부위와 배꼽 사이)에 폼롤러(마사지 볼)를 올려 둔다.
❷ 천천히 체중을 실어 주며 압박을 제공한다.
❸ 움직임 없이 압박만을 이용해 마사지해 준다.

 ● 천천히 폼롤러(마사지 볼)에 체중을 실어 주며 지나친 압박으로 인한 통증을 예방한다.
● 복부 장기가 심하게 눌리면 배가 찌릿찌릿하게 아플 수 있으니 주의한다.

셀프 마사지 2

이 증상일 땐 이 근육을 마사지해 보세요
▶ 앉아 있다가 일어나는데 허리 통증이 있을 때
▶ 누워 있을 때도 허리가 바닥에서 떨어져 있는 경우

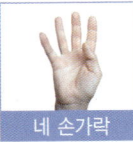
네 손가락

엉덩허리근 셀프 마사지 2
① 엉덩허리근을 만지는 자세에서 마사지를 진행할 수 있다.
② 배꼽과 골반 사이에서 엉덩허리근을 누른 뒤 손가락을 사용해 압박을 제공한다.
③ 배꼽 옆 부위부터 시작해 엉덩관절 쪽으로 이동하며 마사지해 준다.

주의사항
- 엉덩허리근은 깊게 위치한 근육으로 호흡을 내쉬며 압박하면 더 쉽게 만질 수 있다.
- 복부 장기가 심하게 눌리면 배가 찌릿찌릿하게 아플 수 있으니 주의한다.

셀프 마사지 3

이 증상일 땐 이 근육을 마사지해 보세요

▶ 무릎이 안쪽으로 돌아가고 다리가 모아져 있을 때(X 자 다리)
▶ 무릎 안쪽이나 허벅지 안쪽에서 통증을 느낀 적이 있을 때
▶ 하체가 뻣뻣하게 느껴질 때

폼롤러

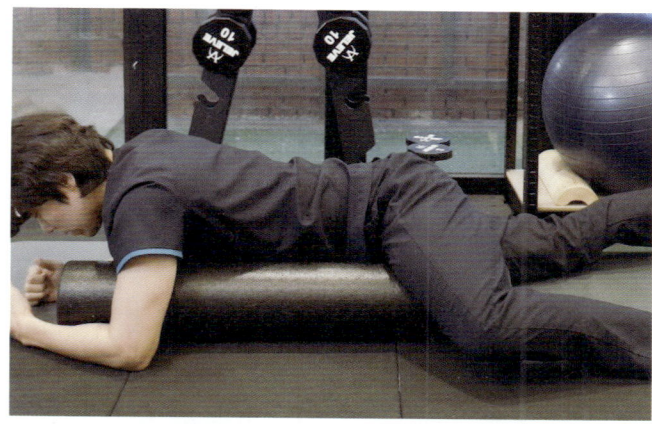

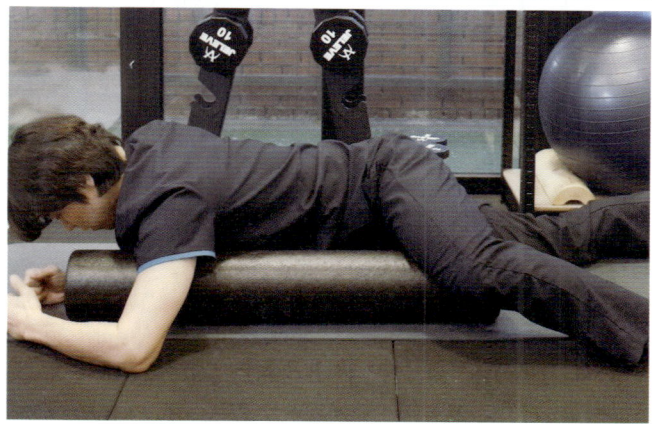

엉덩관절 모음근 셀프 마사지 1

❶ 엎드린 상태에서 다리를 벌려 폼롤러 위에 올려 둔다.
❷ 올려 둔 다리에 체중을 실어 압박을 제공한다.
❸ 몸을 좌·우로 움직이고 위치를 조금씩 바꾸며 마사지한다.

주의사항
- 모음근도 쉽게 굳을 수 있는 근육이기 때문에 마사지 시 통증이 심할 수 있다.
- 처음에는 다리를 폼롤러 위에 올려 두기만 하고 통증이 점점 떨어지면 그때 좌·우로 움직인다.
- 통증이 너무 심하면 마사지건을 사용할 수 있다.

셀프 마사지 4

이 증상일 땐 이 근육을 마사지해 보세요

▶ 무릎이 안쪽으로 돌아가고 다리가 모아져 있을 때(X 자 다리)
▶ 무릎 안쪽이나 허벅지 안쪽에서 통증을 느낀 적이 있을 때
▶ 하체가 뻣뻣하게 느껴질 때

마사지건

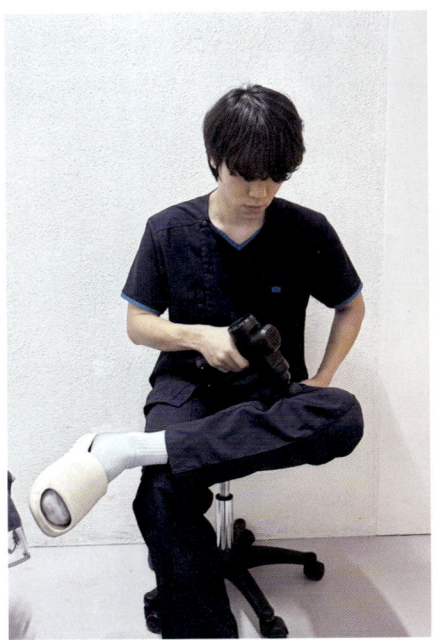
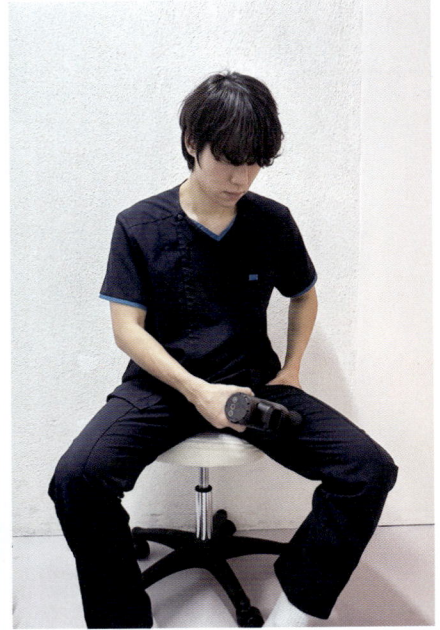

엉덩관절 모음근 셀프 마사지 2

❶ 폼롤러에 닿는 압박이 너무 심하다면 마사지건을 사용한다.
❷ 왼쪽 사진과 같이 다리를 꼰 자세에서는 마사지건을 위에서 아래로 누르며 이완한다.
❸ 오른쪽 사진과 같이 다리를 내린 상태에서는 마사지건을 안에서 밖으로 누르며 이완한다.

주의사항
- 모음근도 쉽게 굳을 수 있는 근육이기 때문에 마사지 시 통증이 심할 수 있다.
- 처음에는 다리를 폼롤러 위에 올려 두기만 하고 통증이 점점 떨어지면 그때 좌·우로 움직인다.

셀프 스트레칭 1

스트레칭 효과
- 엉덩관절 유연성 증가
- 허리 통증 예방

엉덩허리근 셀프 스트레칭: 선 자세

① 스트레칭하고자 하는 측의 다리를 뒤로 뺀다.
② 같은 쪽의 팔을 위로 뻗고 동시에 옆구리를 늘리듯 반대 방향으로 스트레칭한다.
   - 스트레칭이 제대로 되었다면 서혜부와 배 깊숙한 곳에서 늘어나는 느낌이 난다.

주의사항
- 엉덩허리근은 골반을 전방경사 만드는 근육이기 때문에 정확한 스트레칭을 위해서는 골반 후방경사가 풀리지 않게 유지한다.
- 골반 후방경사는 엉덩이를 쥐어짜고 동시에 배꼽을 안쪽으로 홀쭉하게 당겨 주면서 유지할 수 있다.

셀프 스트레칭 2

스트레칭 효과

- 엉덩관절 유연성 증가
- 허리 통증 예방

엉덩허리근 셀프 스트레칭: 런지 자세

① 스트레칭하고자 하는 다리를 뒤로 뺀 상태에서 시작한다.
② 폼롤러 위에 손을 올려놓고 골반 후방경사를 유지하며 몸을 앞으로 이동시킨다.
③ 폼롤러를 이용해 균형을 잡고 배꼽과 골반 사이에서 늘어나는 느낌이 나게끔 한다.

 ● 해당 스트레칭은 엉덩허리근 스트레칭으로 자주 사용되지만 몸을 앞으로 이동시키는 동작에서 골반이 이동하는 게 아닌 허리만 과도하게 꺾는 경우가 많다. 이렇게 되면 제대로 된 스트레칭이 안 될 뿐만 아니라 허리에 과도한 압박이 만들어질 수 있으니 주의한다.

셀프 스트레칭 3

스트레칭 효과
- 엉덩관절 유연성 증가
- 허리 통증 예방

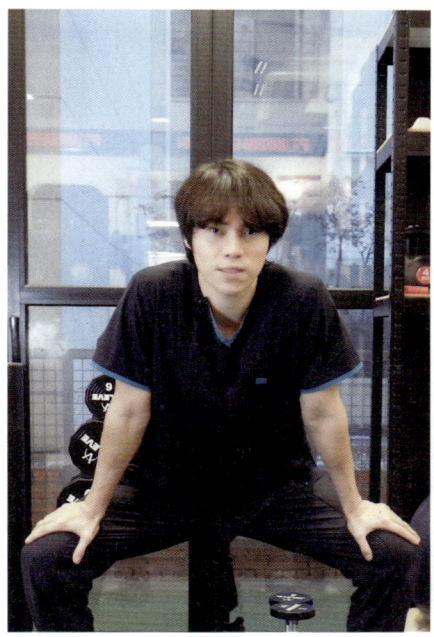 

엉덩관절 모음근 셀프 스트레칭: 간편 스트레칭

① 다리를 최대한 벌리고 발가락은 바깥쪽을 향해 돌린다.
② 각 무릎 안쪽에 손바닥을 위치시킨다.
③ 허리를 구부리지 않고 한쪽씩 다리를 바깥으로 밀며 몸통을 회전시킨다.
- 스트레칭이 제대로 되었다면 다리 안쪽에서 늘어나는 느낌이 난다.

주의사항
- 허리를 구부리지 않고 중립 상태를 유지하는 것이 중요하다.
- 반동을 사용하지 않고 지긋이 다리를 벌리는 힘을 유지한다.

지금 당장 재활

복부 근육 강화 운동 준비물

매트

서클링

보수볼

(1) 늘어난 복부 근육을 잡아 주는 운동

◀ 보수에 등을 대고 누워서 배꼽을 바라보며 상체를 올려 준다.

▲ 보수에 등을 대고 상체와 하체를 크로스로 팔꿈치와 무릎을 터치한다.

▲ 보수에 양다리를 올려놓고 플랭크 자세에서 한 발씩 위로 올려 준다.

Q & A

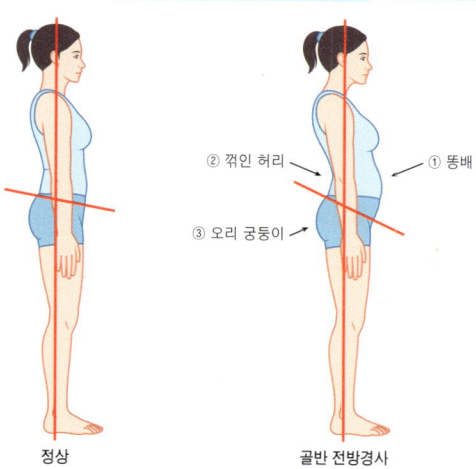

정상   골반 전방경사

① 똥배
② 꺾인 허리
③ 오리 궁둥이

Q. 골반 전방경사는 어떤 자세인가요?

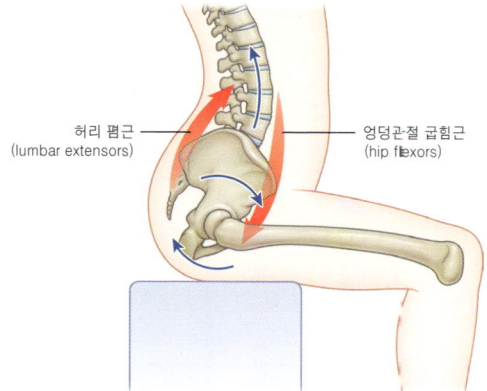

허리 폄근 (lumbar extensors)
엉덩관절 굽힘근 (hip flexors)

A. 골반 전방경사(anterior pelvic tilt)는 골반이 앞으로 회전했다는 뜻을 가지며, 골반이 앞으로 회전되면 엉덩이가 튀어나오고 허리가 꺾이며, 배가 볼록하게 나오게 된다.

복부가 튀어나오면 몸의 중심부가 강조되어 상체와 하체의 비율이 불균형해 보일 수 있고 상체가 짧아 보이거나, 허리선이 모호해 보일 수 있다. 여성의 경우 S라인을 강조하기 어렵고 남성의 경우 역삼각형 체형이 덜 도드라져 보일 수 있다. 복부 비만의 경우 심혈관 질환, 당뇨 등과 관련이 있어 건강에 대한 부정적인 인상을 줄 수 있다.
잘못된 자세로 인한 '골반 전방경사'인 경우에 골반이 앞쪽으로 기울어지면서 복부가 더 튀어나와 보이는 현상이 나타난다.

PART 2 허리·골반·고관절

(2) 복부 근육 강화 운동

플랭크: 팔꿈치 플랭크, 사이드 플랭크 등으로 코어 근육을 강화해 준다.

러시안 트위스트: 앉은 자세에서 상체를 좌·우로 비틀어 복부 옆 근육(복사근)을 강화해 준다.

버드독(bird dog): 네발기기 자세에서 반대편 팔과 다리를 들어 올려 균형감과 코어 안정성을 강화해 준다.

마운틴 클라이머: 복부와 심혈관 운동을 동시에 수행해 준다.

꿀팁

체형교정 미관 2

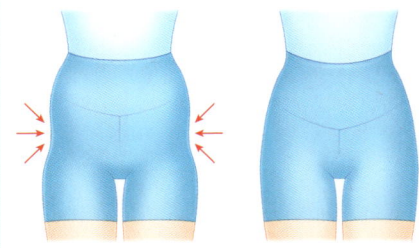

힙딥(hip dip)

힙딥(hip dip)과 평평한 엉덩이(flat glutes)

힙딥(hip dip)은 엉덩관절과 대퇴골의 연결 부위가 움푹 들어가 보이는 자연스러운 구조적 특징으로 중둔근과 소둔근이 약하거나 덜 발달한 경우 엉덩이 옆 라인이 꺼져 보이는 상태를 뜻한다.

평평한 엉덩이(flat glutes)는 대둔근, 중둔근, 소둔근의 활동이 부족하여 보통 장시간 좌식 생활이 많은 경우에 엉덩이 근육이 비활성화되어서 근육위축으로 발생한다.

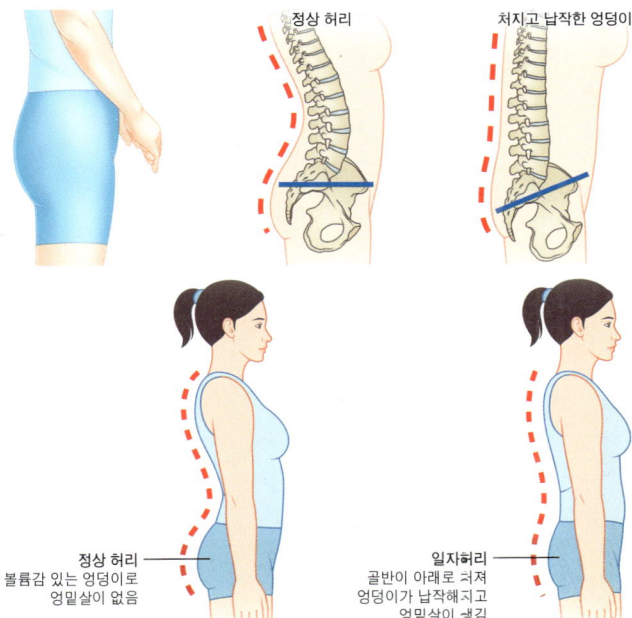

정상 허리 / 처지고 납작한 엉덩이

정상 허리
볼륨감 있는 엉덩이로
엉밑살이 없음

일자허리
골반이 아래로 처져
엉덩이가 납작해지고
엉밑살이 생김

골반 후방경사로 인한 일자허리 그리고 평평한 엉덩이(flat glutes)

엉덩이 근육이 약하면 골반이 뒤로 기울고, 허리 곡선도 같이 펴지면서 일자가 되고, 허리가 뻣뻣해지며 충격을 제대로 흡수하지 못해 엉덩이 근육도 쓰지 않게 되어 납작해지는 평평한 엉덩이가 된다. 보통은 엉덩관절과 골반 주위 근육(고관절 굴극근, 햄스트링, 대퇴사두근 등)의 유연성이 부족하면 엉덩이 근육 강화 운동 효과가 떨어질 수 있는데, 힙브릿지, 스쿼트, 글루트 킥백, 힙 쓰러스트(hip thrust) 등을 하면 도움이 된다. 유연한 엉덩관절은 엉덩이 근육 운동의 범위를 넓혀 주기 때문에 운동 효율을 극대화할 수 있고 부상 위험을 감소할 수 있다. 엉덩이의 대칭적 근육 발달과 엉덩관절 유연성을 높이는 데 집중하면 매끄럽고 볼륨감 있는 엉덩이 라인을 만들 수 있다.

PART 3

어깨
팔꿈치
손목

상지 파트에서 다루는 통증

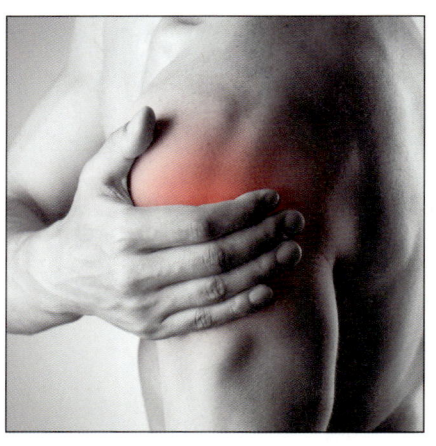

어깨 통증

팔을 머리 위로 들어 올리기 어렵거나 움직일 때 갑자기 나타나는 통증인 어깨 충돌증후군과 어깨가 굳어 가는 오십견에 대해 다룬다.

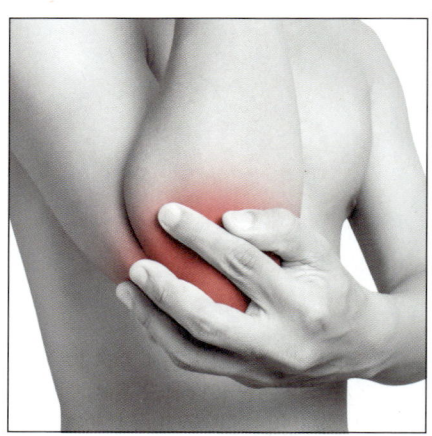

팔꿈치 통증

팔꿈치에서 나타나는 가장 대표적인 통증인 골퍼스 엘보(안쪽 팔꿈치), 테니스 엘보(바깥쪽 팔꿈치)에 대해 다룬다.

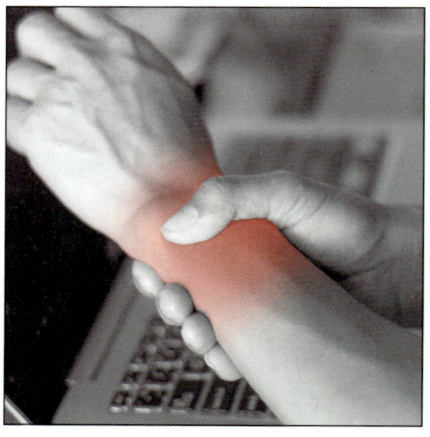

손목 통증

손을 많이 사용하거나 사무직에 종사하는 사람들이 쉽게 겪을 수 있는 손목 통증(드퀘르뱅 힘줄염)에 대해 다룬다.

어깨 & 팔 근육 해부학

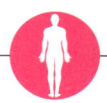

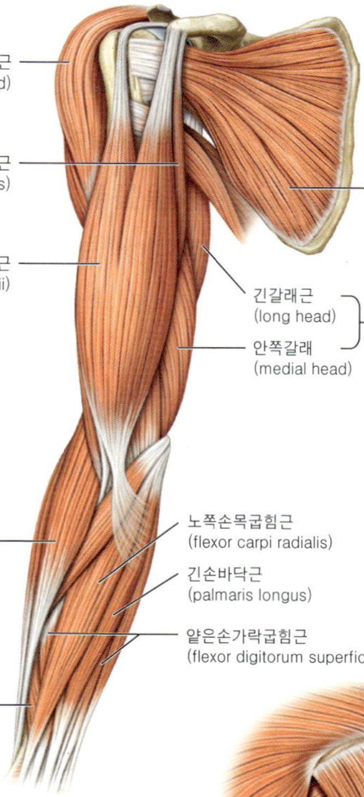

어깨세모근
(deltoid)
부리위팔근
(coracobrachialis)
어깨밑근
(subscapularis)
위팔두갈래근
(biceps brachii)
긴갈래근
(long head)
안쪽갈래
(medial head)
위팔세갈래근
(triceps brachii)
노쪽손목굽힘근
(flexor carpi radialis)
위팔노근
(brachioradialis)
긴손바닥근
(palmaris longus)
얕은손가락굽힘근
(flexor digitorum superficialis)
긴엄지굽힘근
(flexor pollicis longus)

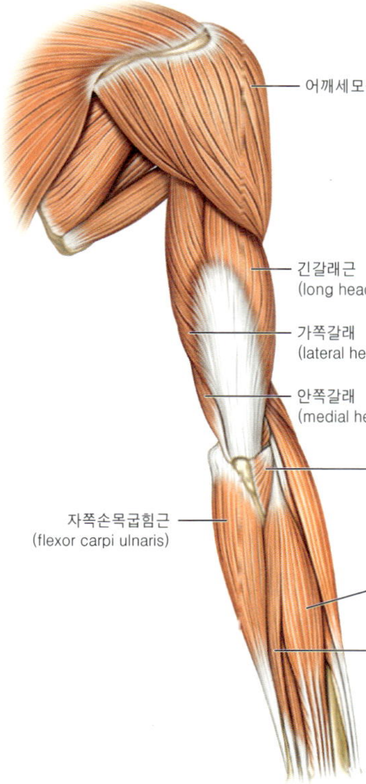

어깨세모근(deltoid)
긴갈래근
(long head)
가쪽갈래
(lateral head)
안쪽갈래
(medial head)
위팔세갈래근
(triceps brachii)
팔꿈치근(anconeus)
자쪽손목굽힘근
(flexor carpi ulnaris)
손가락폄근
(extensor digitorum)
자쪽손목폄근
(extensor carpi ulnaris)

어깨 통증

팔을 들어 올릴 때 하여튼 어깨가 아파요

어깨보다 위에 있는 선반의 물건을 잡기 위해 팔을 올리다가 어깨에서 따끔하고 불편한 통증을 느낀 적이 있었는가? 또는 언제부터인가 팔을 머리 위로 들어 올릴 때나 뒷짐을 질 때마다 어깨가 뻐근해지는 느낌을 받은 적이 있다면 어깨충돌증후군을 의심해 볼 수 있다.

어깨 충돌은 날개뼈와 위팔뼈 사이의 공간이 좁아지며 뼈와 뼈 사이에 있는 구조물들이 압박을 받아 나타나는 증상이다. 증상 초기에는 팔을 머리 위로 들어 올릴 때 뻐근한 느낌으로 저항감 정도만 느껴지지만, 구조물들이 손상되어 염증이 심해지면 따끔하는 날카로운 통증으로 나타날 수 있다.

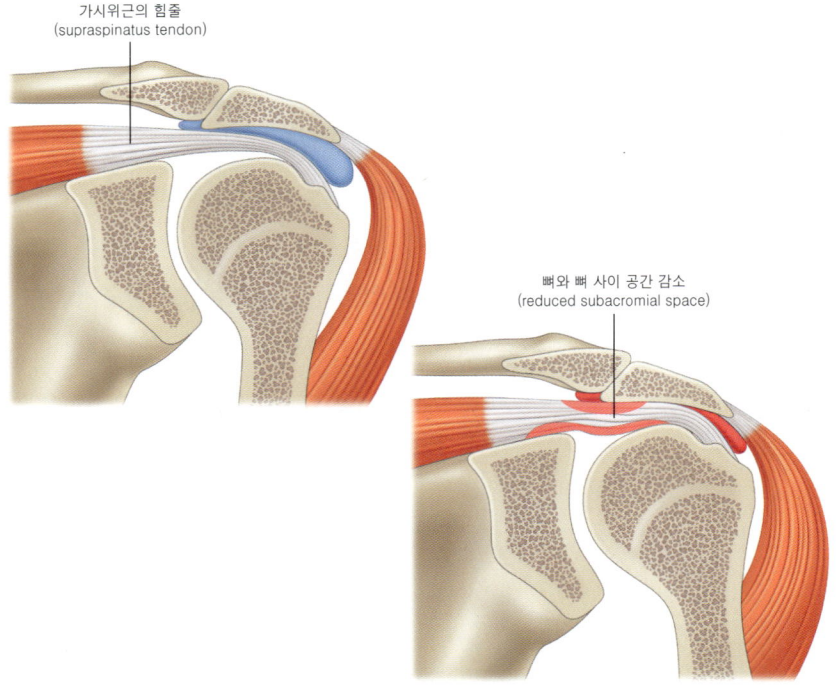

좁아진 공간으로 인해 집히는 회전근개 힘줄.

어깨의 부상이나 체형 변화 등의 이유로 회전근개 근육들이 약해지면서 어깨가 불안정해지면 바로 위에서 **어깨를 덮고 있는 어깨세모근이 회전근개 역할을 대신하게 되는데, 이러한 보상작용은 어깨를 더 뻣뻣하게 만들 뿐만 아니라 어깨 충돌 증상을 더 악화시킬 수 있다.**

어깨충돌증후군의 예방과 재활을 위해서는 어깨의 안정성을 담당하는 회전근개 근육들이 충분히 활성화되어야 하며, 보상작용을 하는 어깨세모근의 이완을 통해 어깨관절의 중립을 유지하며 자연스러운 움직임을 만들어야 한다.

이런 경험이 있으신가요?

- 뒷짐질 때 어깨에서 불편한 느낌이 나는 경우
- 팔을 머리 위로 들어 올리기가 어려운 경우
- 가끔씩 어깨에서 깜짝 놀랄 만한 통증이 있는 경우
- 밤에 어깨 통증으로 인해 제대로 자기 어려운 경우

꿀팁

회전근개 파열이란?

날개뼈와 위팔뼈의 반복되는 충돌로 인해 손상된 회전근개의 힘줄이 찢어지는 증상으로 손상 정도에 따라 부분손상 또는 완전손상으로 나뉜다. 보통 부분적으로 파열되는 경우가 많으며 초음파를 통해 손상 여부를 확인할 수 있다.

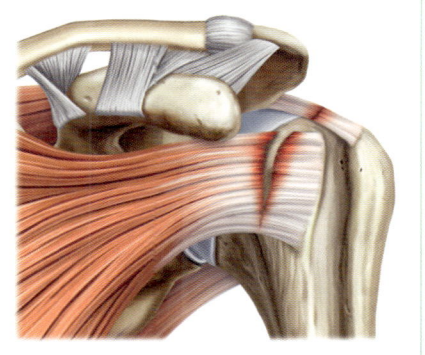

(1) 어깨충돌증후군과 관련된 근육들

회전근개(rotator cuff)

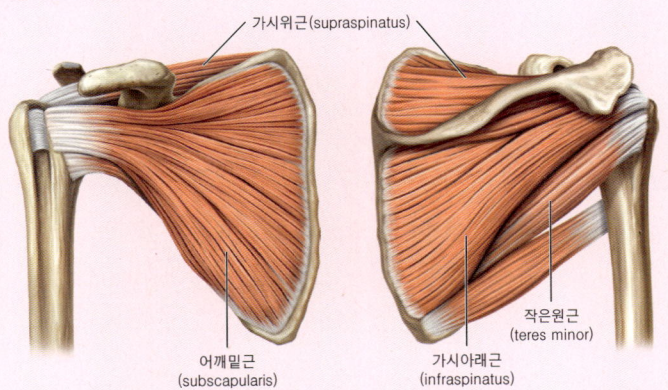

- 회전근개는 총 4개의 근육으로 이루어져 있으며 날개뼈와 위팔뼈를 이어 주는 역할을 한다.
- 우리가 팔을 움직일 때 자연스럽게 활성화되며 어깨의 안정성을 확보한다.
- 어깨 집힘으로 인해 회전근개 중 가시위근(극상근, supraspinatus)의 손상이 자주 확인된다.

어깨세모근(삼각근, deltoid)

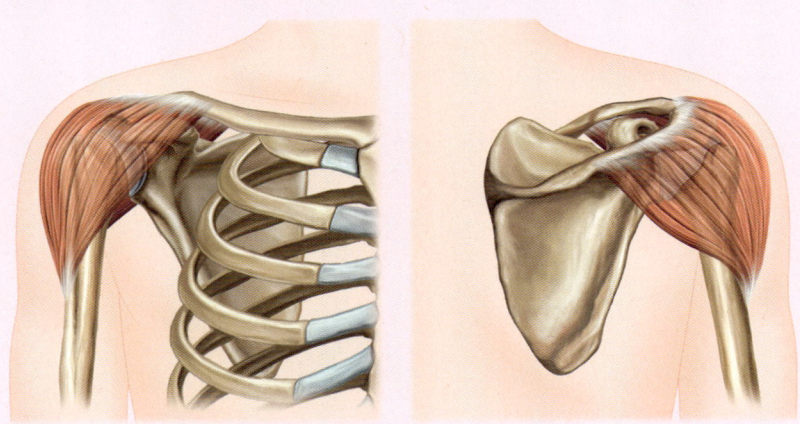

- 어깨세모근은 날개뼈에서 어깨를 넓게 덮고 있는 근육이며 가장 표면에 존재하는 근육이다.
- 팔을 들어 올릴 때 활성화되며 넓은 분포로 인해 전면, 중앙, 후면 섬유로 나눌 수 있다.
- 과하게 활성화된 어깨세모근은 어깨의 불균형을 초래할 수 있으며 어깨 충돌의 원인이 될 수 있다.

(2) 근육 만져 보기

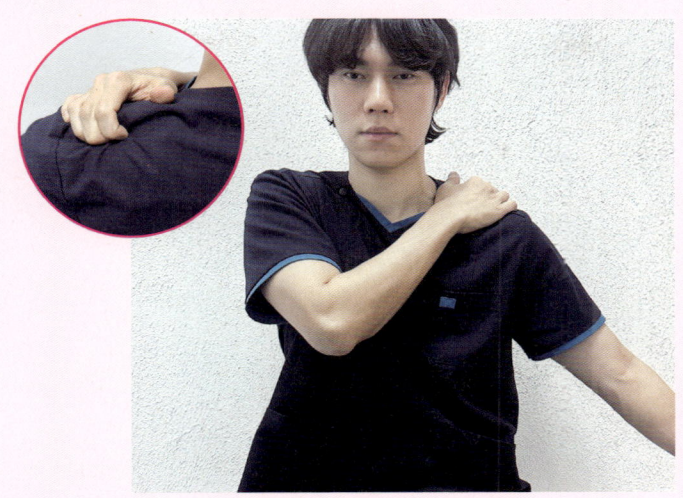

가시위근 만지는 법

가시위근은 회전근개 중 가장 손상이 빈번한 근육으로 해당 근육을 만졌을 때 날카로운 통증이 느껴진다면 어깨충돌증후군을 의심해 볼 수 있다.

❶ 한 손으로 반대쪽 날개뼈 위에 손을 올려 둔다.
❷ 날개뼈를 만지다 보면 툭 튀어나온 뼈를 찾을 수 있다.
❸ ❷의 뼈 기준으로 위쪽에 가시위근이 있으며 손가락으로 천천히 누르며 길을 따라가면 어깨까지 이어져 있는 근육을 찾을 수 있다.
❹ 팔에 힘을 완전히 빼고 근육을 누른 뒤 팔을 살짝 들어 올리면 근육이 수축하는 것을 느낄 수 있다.

주의사항 ●어깨의 끝 쪽으로 갈수록 근육이 얇아지기 때문에 끝 부위에서는 누르는 압력을 줄여야 한다.

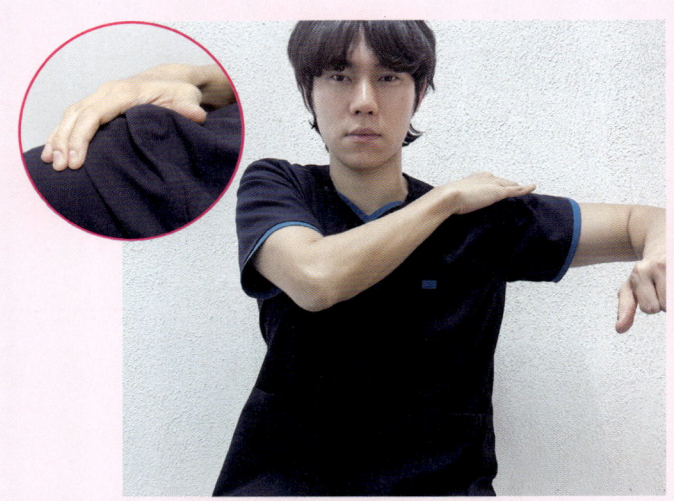

어깨세모근 만지는 법

어깨세모근은 가장 표면에 있어 비교적 쉽게 만질 수 있는 근육으로 전면, 중간, 후면 섬유로 나뉜다.

❶ 전면 어깨세모근: 어깨의 앞쪽에 손가락을 올려 두고 팔을 앞으로 들어 올린다.
❷ 중간 어깨세모근: 어깨의 중간 부위에 손가락을 올려 두고 팔을 옆으로 들어 올린다
❸ 후면 어깨세모근: 어깨를 감싸듯이 잡고 손가락은 어깨의 뒤에 위치시킨 후 팔꿈치를 구부린 상태로 뒤로 들어 올린다.

셀프 마사지 1

이 증상일 땐 이 근육을 마사지해 보세요

▶ 팔을 머리 위로 들어 올릴 때 통증이 나타나는 경우
▶ 팔을 들어 올릴 때 어깨에 과하게 힘이 들어가는 경우

폼롤러

어깨세모근 셀프 마사지 1

① 어깨세모근이 폼롤러에 닿게 옆으로 눕는다.
② 이때 체중이 실리며 근육이 눌리는 것이 느껴진다.
③ 눌리는 압력이 너무 세다면 위쪽 다리로 체중을 분산시킬 수 있다.
④ 처음에는 지긋이 누르는 압력만 제공하고 천천히 앞·뒤로 몸을 비틀며 전·후 섬유까지 이완한다.

 ● 근육이 눌리는 느낌이 아닌 관절이 압박되며 불편한 통증이 느껴진다면 중단한다.
● 통증이 너무 심하다면 마사지건을 사용할 수 있다.

셀프 마사지 2

이 증상일 땐 이 근육을 마사지해 보세요

▶ 팔을 머리 위로 들어 올릴 때 통증이 나타나는 경우
▶ 팔을 들어 올릴 때 어깨에 과하게 힘이 들어가는 경우

마사지건

어깨세모근 셀프 마사지 2

폼롤러를 사용한 셀프 이완에서 통증이 너무 많이 느껴진다면 마사지건을 사용하여 이완한다.

주의사항 ● 눌리는 느낌이 너무 세다면 움직임 없이 지긋이 눌러 주는 것으로 시작한다.

셀프 마사지 3

이 증상일 땐 이 근육을 마사지해 보세요

▶ 어깨 통증으로 인해 잠을 자기 어려울 때
▶ 허리 뒤로 뒷짐을 지기 어려울 때

폼롤러

겨드랑 부위 셀프 마사지

겨드랑 부위 셀프 마사지는 회전근개 외에도 후면 어깨세모근, 넓은등근을 이완할 수 있는 방법으로 어깨충돌증후군 해결에 효과적인 이완 방법이다.

① 폼롤러를 겨드랑이 쪽에 끼고 옆으로 눕는다.
② 폼롤러에 닿은 측의 팔로 머리를 받쳐 준다.
③ 몸을 뒤로 기울였을 때 겨드랑 부위에서 근육이 눌리는 느낌이 난다.
④ 상체에는 힘을 빼고 다리를 이용해 몸을 앞, 뒤로 움직이며 이완한다.

주의사항 ● 눌리는 느낌이 너무 세다면 움직임 없이 지긋이 눌러 주는 것으로 시작한다.

셀프 스트레칭 1

스트레칭 효과
- 어깨 유연성 회복
- 어깨 충돌 증상 완화 & 예방

어깨충돌증후군 셀프 스트레칭: 의자 활용
❶ 양손을 의자의 등받이 위에 올려 둔다.
❷ 엉덩이를 뒤로 빼며 의자에 매달리듯 몸을 숙여 준다.
❸ 팔이 머리까지 올라오도록 숙여 준다.
  - 스트레칭이 제대로 되었다면 겨드랑이와 팔 쪽에서 늘어나는 느낌이 난다.

주의사항 ● 어깨에서 통증이 있거나 어긋나는 느낌이 있다면 중단한다.

셀프 스트레칭 2

스트레칭 효과
- 어깨 유연성 회복
- 어깨 충돌 증상 완화 & 예방

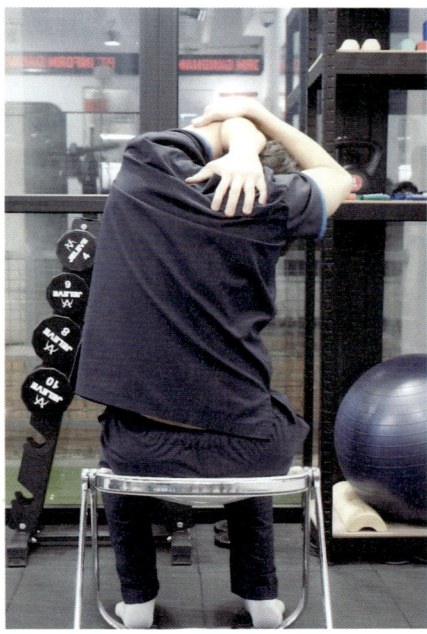 

어깨충돌증후군 셀프 스트레칭: 앉은 자세
① 불편한 어깨 쪽을 최대한 올린 뒤 팔을 구부려 준다.
② 반대쪽 손으로 팔꿈치를 잡고 살짝 더 당겨 준다.
③ 반대쪽 바닥을 쳐다보듯이 몸을 숙여 준다.

주의사항 ● 어깨에서 통증이 있거나 어긋나는 느낌이 있다면 중단한다.

꿀팁

오십견이란 무엇일까?

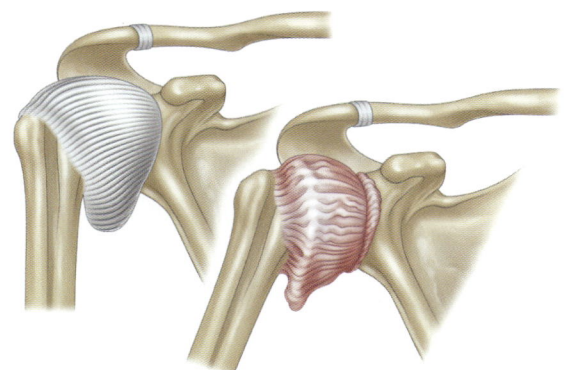

정상적인 어깨의 관절낭(좌)과 오십견의 관절낭(우).

날개뼈와 위팔뼈의 반복되는 충돌로 인해 손상된 회전근개의 힘줄이 찢어지는 증상으로 손상 정도에 따라 부분손상 또는 완전손상으로 나뉜다. 보통 부분적으로 파열되는 경우가 많으며 초음파를 통해 손상 여부를 확인할 수 있다.

● **1단계: 통증기**
오십견 초반(3~6개월)에 나타나는 증상으로 통증이 나타나기 시작해 점점 심해지는 시기이다. 통증과 동시에 어깨가 경직된다는 느낌을 받으며, 팔을 들어 올리기가 점차 어려워진다.

● **2단계: 동결기**
어깨가 얼어붙은 것처럼 느껴지는 시기(6~12개월)로 팔을 들어 올리거나 뒷짐을 지는 동작이 눈에 띄게 감소하며 참을 수 없는 통증이 느껴지기도 한다. 야간통으로 인해 수면에 지장이 있기도 한다.

● **3단계: 해동기**
굳었던 어깨가 점점 풀리며 움직임이 편해지는 시기로 길게는 2년 이상 소요되기도 한다. 전보다는 움직일 때 통증이 수월해지지만 오십견 전과는 확연한 차이가 있으며, 본격적인 재활 운동이 필요한 시기이다.
오십견은 특별한 이유 없이 나타나는 경우가 많으며 과거의 부상, 어깨가 움직이지 않는 상태가 장시간 유지될 경우, 당뇨나 갑상선기능항진증 등이 위험 요소로 꼽힌다.
오십견은 초기의 재활이 매우 중요한데, 이는 해동기 이후 움직임을 개선시키는 재활 운동의 기간을 단축할 수 있는 초동 조치이기 때문이다. 오십견 초기 통증이 심하지 않은 상태에서 스트레칭과 근력 운동을 통해 가동범위를 최대한 확보해 어깨가 굳는 것을 조금이라도 예방해야 한다. 무엇보다 중요한 건 환자의 마음가짐이다. 통증이 오래되면 심리적으로도 위축될 수 있지만 본인이 가지고 있는 질환에 대해 이해하고 참을 수 있는 통증 범위 안에서 일상생활을 유지하는 것이 중요하다.

꿀팁

막대기를 이용하여 어깨의 모든 움직임을 수동적으로 만들어 주는 가동범위 운동들

어깨 굽힘
(shoulder flexion)

어깨 폄
(shoulder extension)

어깨 벌림
(shoulder abduction)

한쪽 팔 굽힘
(single arm flexion)

바깥 돌림
(external rotation)

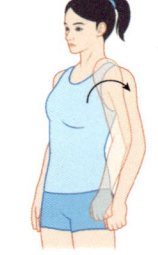

날개뼈 돌려 주기
(scapular range of motion)

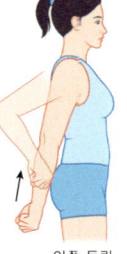

안쪽 돌림
(internal rotation)

오십견 초기 가동범위 확보 스트레칭.

- 통증이 심하지 않은 범위까지 최대한 움직인다.
- 통증이 없는 팔의 힘을 이용해 움직임을 만들어 낸다.

PART 3 어깨·팔꿈치·손목

지금 당장 재활

어깨 재활 운동 준비물

매트 　 서클링 　 밴드 　 토닝볼

(1) 어깨 가동성 운동

◀ 밴드를 뒤로 잡아 주고 한 손은 허리 뒤에 고정시킨 후 다른 한 손은 위로 올린다.

▲ 뒤쪽으로 밴드를 잡고 가동범위만큼 양옆으로 늘리며 올려 준다.

▲ 밴드를 앞으로 잡아 한 손은 아래에 고정하고 다른 한 손은 가동범위만큼 올려 준다.

(2) 어깨 안정화 운동

▲ 양손으로 서클링을 잡고 머리 위로 만세하였다가 서클링을 조이며 아래 방향으로 내려 준다.

▲ 토닝볼을 잡고 팔꿈치를 몸통 옆에 고정시킨 후 가동범위만큼 바깥쪽으로 돌려 준다.

꿀팁

어깨 보호대를 차는 이유

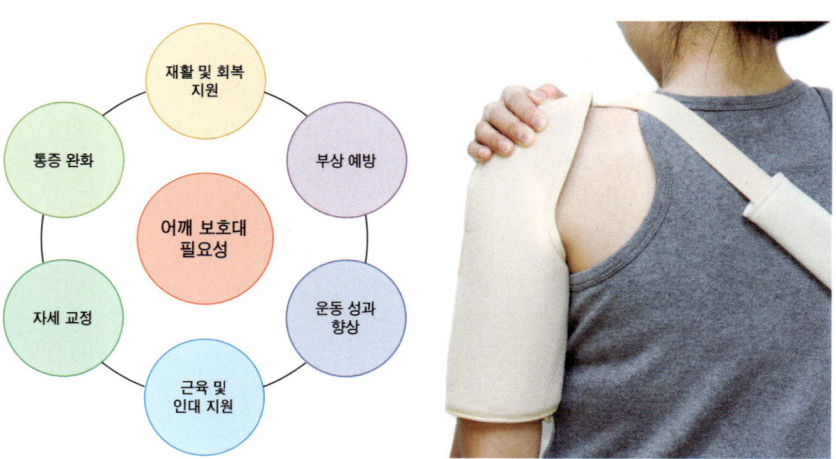

어깨 보호대(shoulder brace)는 안정성을 만들어 주며, 어깨관절에서 빠질 듯한 불편감을 호소할 때 착용해 주면 어깨관절 보호에 유용하다. 또는 어깨관절에 염증질환이 있을 때도 추천할 수 있다. 통상적으로 많이 쓰이는 보호대는 아니지만 어깨 부상 후 보호기간 때문에 착용하는데 이는 통증에 있어서 압박을 제공하여 어깨를 안정화시켜 주며, 어깨를 바르게 정렬하여 나쁜 자세로 인해 발생하는 불균형을 교정하는 데 도움을 줄 수 있다. 어깨관절의 안정성을 높여서 올바른 움직임을 도와주고 어깨 주변의 근육과 인대가 약해져 있을 때 보호대가 추가적인 지지를 하여 더 큰 부상을 방지할 수 있다.

어깨 보호대, 어떤 사람에게 추천하나요?

- 어깨에 만성통증이 있는 사람
- 고령화 사회로 접어들면서 퇴행성 어깨 질환(회전근개 파열, 어깨관절염)이 있는 사람
- 스포츠 활동 참여 시 어깨 안정화가 필요한 사람
- 스포츠 손상, 수술 후 회복이 필요한 사람

팔꿈치 통증

테니스 엘보요? 저는 딱히 운동하는 것도 없는데요??

어느 날 갑자기 팔꿈치 쪽이 뻐근하게 느껴졌다가 며칠 후에는 다시 괜찮아져서 별것 아닌 일로 생각했지만 어느 순간 날카롭게 찌르는 듯한 통증으로 병원을 찾은 회사원에게 나온 진단은 바로 '테니스 엘보(외측상과염)'였다.

따로 운동도 하지 않고 팔꿈치에 무리가 갈 만한 동작을 한 적이 없는데도 뜬금없이 나타난 통증은 점점 심해져 나중에는 키보드나 마우스를 사용할 때마다 신경이 쓰이며 일상생활에 지장을 주기 시작했다.

위의 경우는 팔꿈치에서 나타날 수 있는 대표적인 증상인 팔꿈치 외측 통증(테니스 엘보, tennis elbow)이며, 비슷한 증상으로 팔꿈치 내측 통증(골퍼스 엘보, golfer's elbow)이 있다. 테니스 엘보와 골퍼스 엘보는 특정 스포츠를 하지 않아도 팔을 많이 사용하는 주부, 사무직, 요리사 등에게서 흔히 나타날 수 있다.

팔꿈치에는 우리가 흔히 알통이라고 부르는 위팔 근육 외에도 손목과 손가락을 움직이는 아래팔 근육들이 부착되어 있다. 아래팔 근육의 과한 사용으로 인해 근육이 딱딱하게 굳어 가고 유연성을 잃게 되면 그 스트레스는 고스란히 근육의 힘줄로 전해진다. **테니스 엘보와 골퍼스 엘보는 지속적인 근육 스트레스로 인한 힘줄의 미세한 손상이 중첩되며 나타나는 결과이다.**

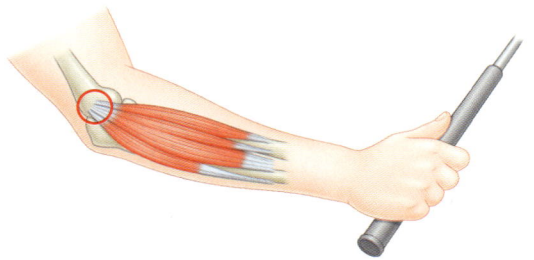

테니스 엘보(외측상과염, tennis elbow)
- 손목과 손가락을 펴는 근육의 힘줄 손상
- 팔꿈치 외측의 불편감을 느끼고 염증이 심하면 찌르는 듯한 통증도 동반함

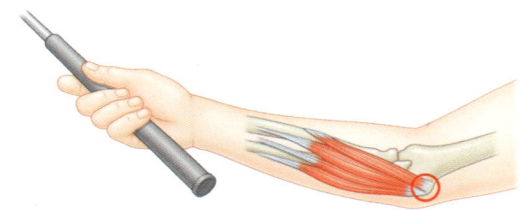

골퍼스 엘보(내측상과염, golfer's elbow)
- 손목과 손가락을 구부리는 근육의 힘줄 손상
- 팔꿈치 내측의 불편감을 느끼고 염증이 심하면 찌르는 듯한 통증도 동반함

이런 경험이 있으신가요?

- 무거운 물건을 들어 올릴 때 팔꿈치 안쪽에서 통증이 나타나는 경우
- 스포츠 활동 이후 팔꿈치에 과한 열감 또는 통증이 느껴지는 경우
- 집안일 또는 사무 업무 이후 나타나는 팔꿈치 통증이 있는 경우
- 팔꿈치의 통증으로 인해 악력이 떨어지는 경우

꿀팁

팔꿈치 통증은 간간히 있는데 염증이 생긴 것은 어떻게 알 수 있나요?

팔꿈치 통증은 꼭 염증이 있어야 나타나는 것은 아니다. 다만 염증이 심할 경우 통증 부위 주변에서 열감이 느껴지며 붓기로 인하여 팔꿈치나 손목을 움직일 때마다 불편감이 느껴진다. 또한 수면 시에 통증이 심해질 수 있으며 아침에 일어났을 때 관절이 굳어 있는 듯한 느낌을 받는데, 이러한 뻣뻣함은 일상생활을 하면서 점점 감소한다.

한눈에 보는 해부학

(1) 팔꿈치 통증과 관련된 근육들

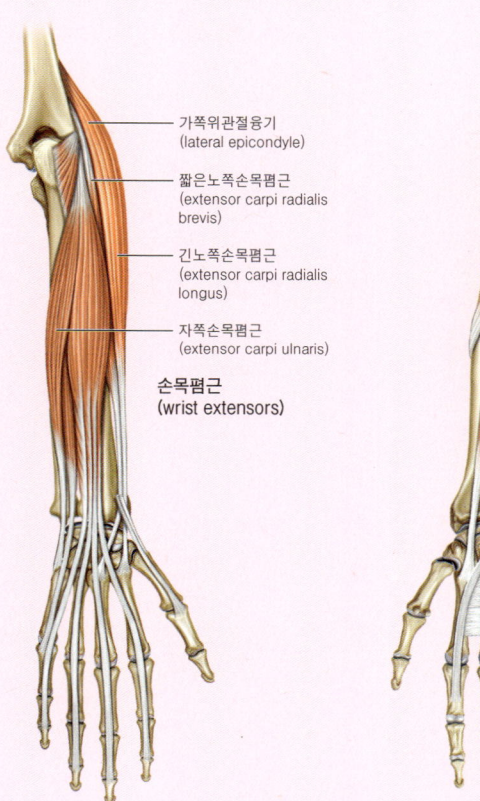
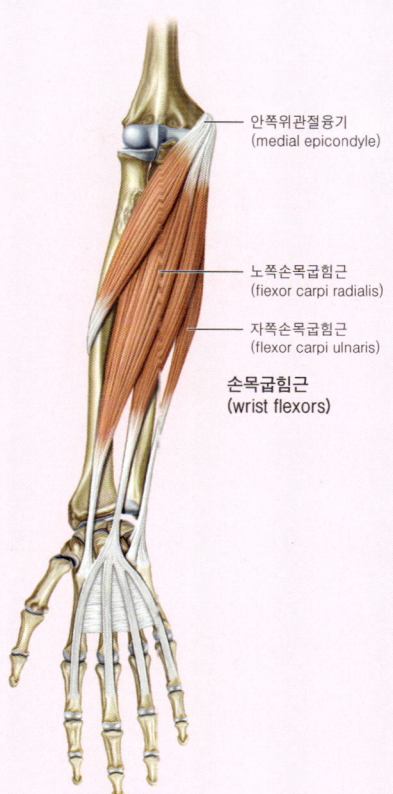

- 가쪽위관절융기 (lateral epicondyle)
- 짧은노쪽손목폄근 (extensor carpi radialis brevis)
- 긴노쪽손목폄근 (extensor carpi radialis longus)
- 자쪽손목폄근 (extensor carpi ulnaris)

손목폄근 (wrist extensors)

- 안쪽위관절융기 (medial epicondyle)
- 노쪽손목굽힘근 (flexor carpi radialis)
- 자쪽손목굽힘근 (flexor carpi ulnaris)

손목굽힘근 (wrist flexors)

손목 & 손가락 폄근(테니스 엘보)
- 팔꿈치 기준 바깥쪽에 있으며 손목과 손가락을 펼치는 근육으로 키보드나 마우스를 사용할 때 주로 쓰인다.
- 근육이 굳거나 단축되면 팔꿈치를 구부렸다가 펼 때 팔꿈치 바깥에서 튕기는 듯한 느낌이 나며 주먹을 쥐고 손목을 구부리기 어려워진다.

손목 & 손가락 굽힘근(골퍼스 엘보)
- 팔꿈치 기준 안쪽에 있으며 손목과 손가락을 굽히는 근육으로 무거운 물건을 들어 올릴 때나 꽉 잡을 때 주로 사용된다.
- 근육이 굳거나 단축되면 팔꿈치를 구부렸다가 펼 때 팔꿈치 안쪽에서 튕기는 듯한 느낌이 나며 손가락을 펼치거나 손목을 펴기 어려워진다.

(2) 근육(힘줄) 만져 보기

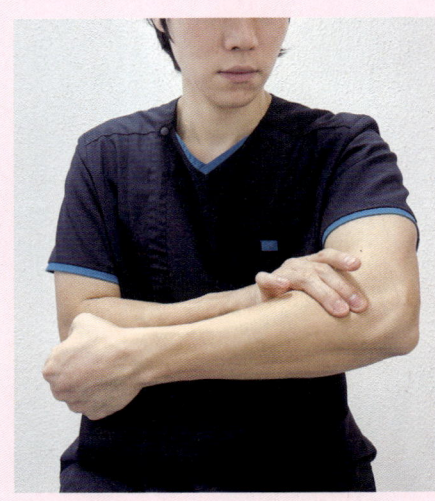

손목 & 손가락 폄근 힘줄 만지는 법

❶ 만지고자 하는 측의 팔꿈치를 구부리고 팔을 가슴 쪽으로 가져온다.
❷ 반대 손으로 팔꿈치 바깥쪽에 툭 튀어나온 부분에 손을 올려 둔다.
❸ 손목과 손가락을 동시에 펴 주면 팔꿈치 쪽에서 움찔하는 느낌이 난다.

 ● 힘줄에 염증이 심하면 만지는 것만으로도 통증이 나타날 수 있으니 주의한다.

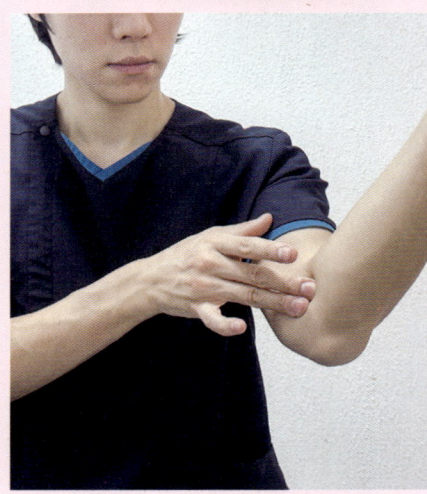

손목 & 손가락 굽힘근 힘줄 만지는 법

❶ 만지고자 하는 측의 팔꿈치를 살짝 구부린다.
❷ 반대 손으로 팔꿈치 안쪽에 툭 튀어나온 부분에 손을 올려 둔다.
❸ 주먹을 쥐고 손목을 구부리면 팔꿈치 안쪽에서 움찔하는 느낌이 난다.

주의사항 ● 힘줄에 염증이 심하면 만지는 것만으로도 통증이 나타날 수 있으니 주의한다.

셀프 마사지 1

이 증상일 땐 이 근육을 마사지해 보세요

▶ 팔꿈치 바깥쪽과 손등 쪽에 뻐근한 통증이 있을 경우
▶ 만성적인 테니스 엘보 증상을 겪고 있을 경우
▶ 손가락과 손목을 많이 사용하여 아래팔의 피로가 누적된 경우

마사지 볼

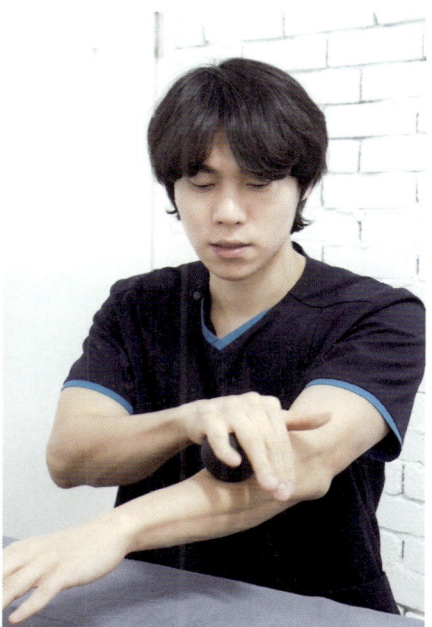

손목폄근 셀프 마사지(테니스 엘보)

❶ 손바닥이 하늘을 보게 한 뒤 손등 쪽을 마사지 볼에 올려 둔다.
❷ 마사지 볼 위의 팔을 고정시키며 동시에 압박을 가해 준다.
❸ 손등에서 팔꿈치 쪽으로 천천히 움직이며 근육을 이완한다.
❹ 위 방법이 어렵다면 오른쪽 사진과 같이 마사지 볼을 손목폄근 부위에 올려놓고 반대 손으로 마사지 볼을 원형으로 돌리며 이완한다.

주의사항
● 마사지 볼이 팔뼈를 직접 누르지 않게 주의한다.
● 통증이 제일 심한 부위에서는 움직이지 않고 압력만 제공해 준다.

셀프 마사지 2

이 증상일 땐 이 근육을 마사지해 보세요

▶ 팔꿈치 안쪽과 손바닥 쪽에 뻐근한 통증이 있을 경우
▶ 만성적인 골퍼스 엘보 증상을 겪고 있을 경우
▶ 손가락과 손목을 많이 사용하여 아래팔의 피로가 누적된 경우

마사지 볼

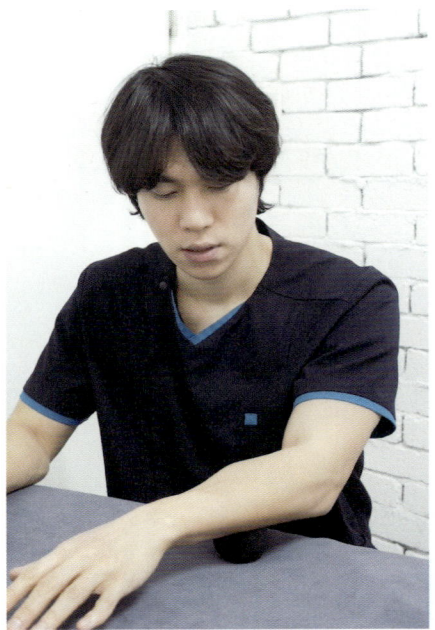 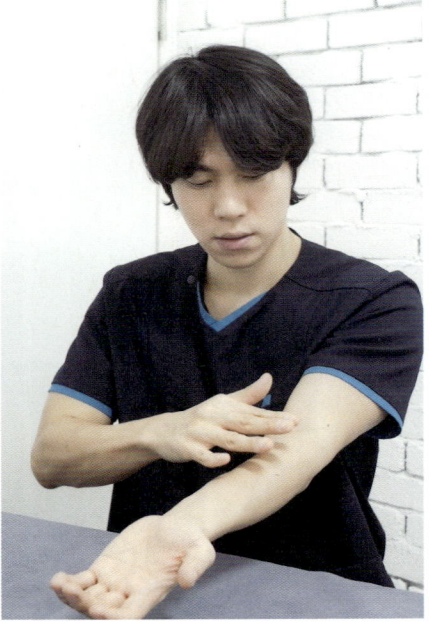

손목굽힘근 셀프 마사지(골퍼스 엘보)

① 손바닥이 바닥을 보게 한 뒤 손바닥 쪽을 마사지 볼에 올려 둔다.
② 마사지 볼 위의 팔을 고정시키며 동시에 압박을 가해 준다.
③ 손바닥에서 팔꿈치 쪽으로 천천히 움직이며 근육을 이완한다.
④ 위 방법이 어렵다면 오른쪽 사진과 같이 마사지 볼을 손목굽힘근 위에 올려놓고 반대 손으로 마사지 볼을 원형으로 돌리며 이완한다.

주의사항
- 마사지 볼이 팔뼈를 직접 누르지 않게 주의한다.
- 통증이 제일 심한 부위에서는 움직이지 않고 압력만 제공해 준다.

셀프 스트레칭 1

스트레칭 효과
- 손목 & 손가락 폄근 유연성 증가, 팔꿈치 바깥쪽 통증 감소
- 손목폄근의 힘줄로 가해지는 스트레스 완화

손목폄근 셀프 스트레칭
❶ 팔꿈치를 구부린 상태에서 반대 손으로 손등을 굽힌다.
❷ 손등이 굽혀진 상태에서 천천히 팔꿈치를 펴 준다.
 - 스트레칭이 제대로 되었다면 아래팔의 바깥쪽에서 늘어나는 느낌이 난다.

주의사항 ●손가락이 아닌 손등을 고정시켜야 제대로 된 스트레칭을 할 수 있다.

셀프 스트레칭 2

스트레칭 효과
- 손목 & 손가락 굽힘근 유연성 증가, 팔꿈치 안쪽 통증 감소
- 손목굽힘근의 힘줄로 가해지는 스트레스 완화

손목굽힘근 셀프 스트레칭
① 팔꿈치를 구부린 상태에서 반대 손으로 손바닥을 편다.
② 손바닥이 펴져 있는 상태에서 천천히 팔꿈치를 펴 준다.
- 스트레칭이 제대로 되었다면 아래팔의 안쪽에서 늘어다는 느낌이 난다.

주의사항 ● 손바닥이 아닌 손가락만 과하게 꺾지 않도록 주의한다.

지금 당장 재활

팔꿈치 재활 운동 준비물

(1) 골퍼스 엘보(내측상과염) & 테니스 엘보(외측상과염) 재활 운동

근력 회복 전에는 맨손으로 운동을 진행하고, 회복된 후에는 저항 밴드를 사용해 같은 운동을 실시한다.

◁ 옆의 사진과 동일하게 주먹을 위쪽 방향으로 올려 준다.

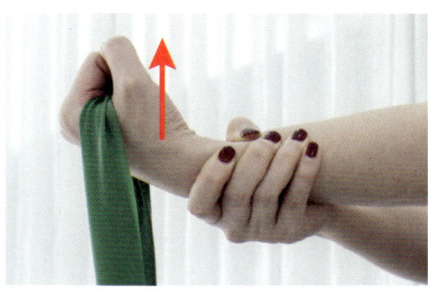

◁ 옆의 사진과 동일하게 주먹을 위쪽 방향으로 올려 준다.

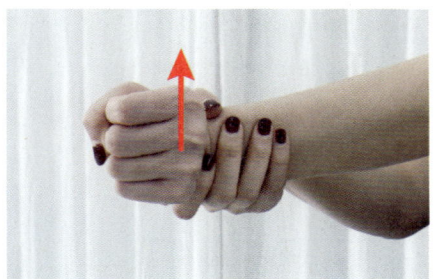

◁ 옆의 사진과 동일하게 주먹을 위쪽 방향으로 올려 준 후 통증을 유발하지 않는 범위에서 바깥으로 반원을 그려 준다.

(2) 팔꿈치 보호대(elbow brace) & 손목 보호대(wrist brace)

팔꿈치 염증(건염) 또는 연골 손상, 인대 손상, 관절염 또는 수술후 관절을 고정하고 안정화하기 위해서 발생한 통증을 줄이고 재활을 도와준다. 특히, 통증을 줄이기 위해서 압박과 지지를 제공할 수 있다.

테니스 엘보, 골퍼스 엘보 예방을 위해서 착용을 권하며 헬스, 역도, 크로스핏 등의 고강도 운동에서 팔꿈치 관절을 과도하게 사용하는 경우에도 부상을 방지하기 위해서 팔꿈치 보호대를 권한다.

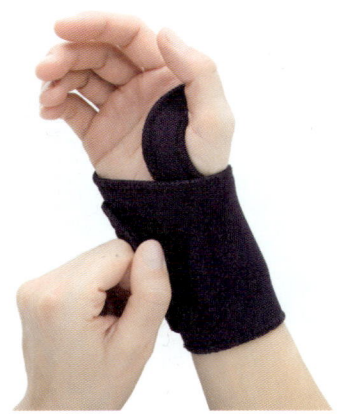

전반적인 손목 통증, 드퀘르뱅 힘줄염을 겪는 환자들에게 추천하는 보호대로 손목 관절의 안정성을 제공해 주고 동시에 엄지손가락의 정상 정렬을 도와준다.

꿀팁

과도하게 손목을 사용하고 있다면?

직업적으로 반복적인 관절 사용(예: 타이핑, 조립 작업, 무거운 물건을 드는 직업)으로 인해 팔꿈치에 부담이 가해지는 경우 팔꿈치 보호대를 착용하면 좋다. 팔꿈치 관절이 과도하게 사용되거나 스트레스를 받는 작업환경에서 보호대 착용을 하면 도움이 된다.

특히, 드퀘르뱅 증후군의 주요 증상은 엄지손가락과 손목의 통증이 심하며, 손목과 엄지 쪽에 붓기가 생기고 움직임이 제한되며 쓸 수 있는 힘이 약화된다. 그래서 손목 보호대를 착용하면 과도한 움직임을 제한하여 힘줄이 쉬고 회복할 시간을 줄 수 있으며, 특히 손목과 엄지의 사용을 줄여서 염증 악화를 방지할 수 있다. 보호대를 사용하여 손목을 과도하게 쓰지 않도록 도와주는 동시에 기본적인 일상 활동을 가능하게 하고, 특히 가벼운 물건을 들거나 타이핑 또는 운전할 때 손목에 부담을 줄일 수 있다.

손목 보호대 착용 시 주의사항

❶ 보호대는 필요할 때만 착용하고 지나치게 오랜 시간 사용할 경우 근육 약화를 초래할 수 있기 때문에 주의해야 한다.
❷ 손목 보호대는 개인 손목 크기와 증상에 맞는 제품을 선택하는 것이 중요하고 드퀘르뱅 증후군의 경우 엄지까지 포함하는 디자인을 사용하는 것이 좋다.

손목보호대 외의 관리 방법

증상을 악화시키는 활동을 피하고 특히 스마트폰을 과사용하거나 꽉 쥐려고 하는 동작을 피해야 한다. 냉찜질이 효과 있으며 이는 염증과 통증을 줄여 줄 수 있다.

손목 통증

핸드폰 할 때, 마우스 쓰다가도 뻐근한 통증!

스마트폰 타이핑, 마우스 클릭, 필기구 사용, 젓가락질 등 일상생활에서 우리가 가장 많이 사용하는 손목과 손가락은 다른 관절에 비해 많은 뼈와 근육으로 이루어져 있다. 그중에서도 특히 엄지손가락은 없어서는 안 되는 중요한 역할을 한다. 스마트폰을 이용할 때, 물건을 쥐거나 고정시킬 때도 사용되며, 다른 손가락에 비해 큰 힘을 내기도 한다.

손가락을 굽히거나 물건을 집는 동작이 손가락을 펼치는 동작에 비해 월등히 많은 직업인 **펜을 많이 사용하는 디자이너, 마우스를 많이 사용하는 사무직과 정교한 손동작을 자주 하는 직업군들이 손가락 힘줄에 염증이 생기는 손목 힘줄염(드퀘르뱅 증후군, De Quervain syndrome)**을 겪는 경우가 많다.

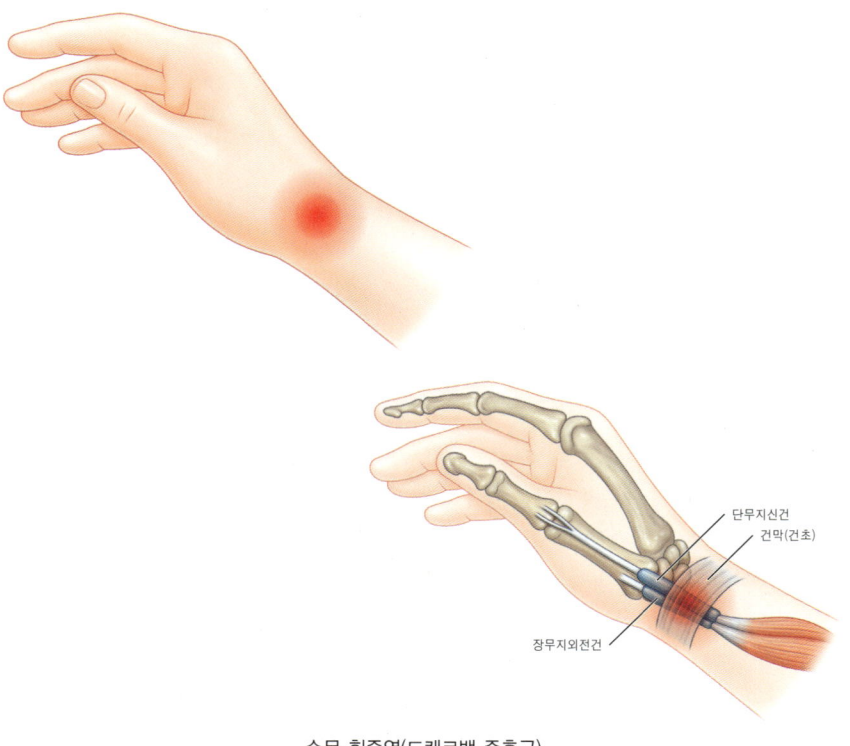

손목 힘줄염(드퀘르뱅 증후군).

손목 힘줄염이란 손목으로 이어지는 근육의 힘줄들을 감싸고 있는 막에 염증이 생기는 것으로, 앞서 설명한 대로 손과 손목을 지나치게 사용하여 나타나는 경우가 많으며, 엄지손가락 외측 면이 붓고 저린감이 생길 수 있으며, 염증이 심할 경우 손목을 움직일 때 날카로운 통증을 동반할 수 있다.

손목 힘줄염 진단을 받은 경우 충분한 휴식과 보존치료를 진행한다면 증상 자체는 금방 완화되지만 주변 환경을 수정하지 않는다면 재발할 가능성이 높다. 통증이 심한 단계에서는 보조기를 착용하거나 손목 받침대처럼 보조 도구를 사용할 수 있고 통증이 감소한 단계에서는 꾸준한 스트레칭과 셀프 마사지를 통해 건강한 손목을 만들어 갈 수 있다.

이런 경험이 있으신가요?

- 마우스나 볼펜을 오랜 시간 사용했을 때 손목 옆쪽에 통증이 나타나는 경우
- 스마트폰 사용 시 엄지 옆쪽에 뻐근한 통증이 나타나는 경우
- 엄지손가락에 쥐가 자주 나거나 손바닥을 쭉 펴기 어려운 경우

한눈에 보는 해부학

(1) 손목 힘줄염과 관련된 근육들

힘줄염이 발생하는 근육[엄지 외측: 엄지벌림근(무지외전근, abductor pollicis), 엄지폄근(무지신근, extensor pollicis)]

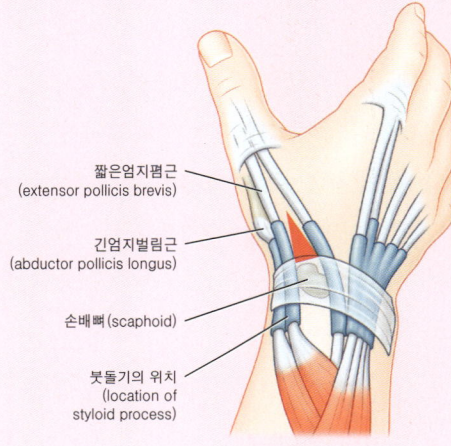

- 엄지벌림근과 엄지폄근은 엄지를 치켜 올리는 역할을 한다.
- 해당 근육들의 과사용은 근피로를 유발하고 힘줄에 가해지는 스트레스를 증가시킬 수 있다.
- 손목에 통증이 있는 대상자들에게서 해당 근육들은 쉽게 늘어나며 약해지는 양상을 보인다.

힘줄염을 유발할 수 있는 근육[손바닥 근육: 엄지두덩(thenar)]

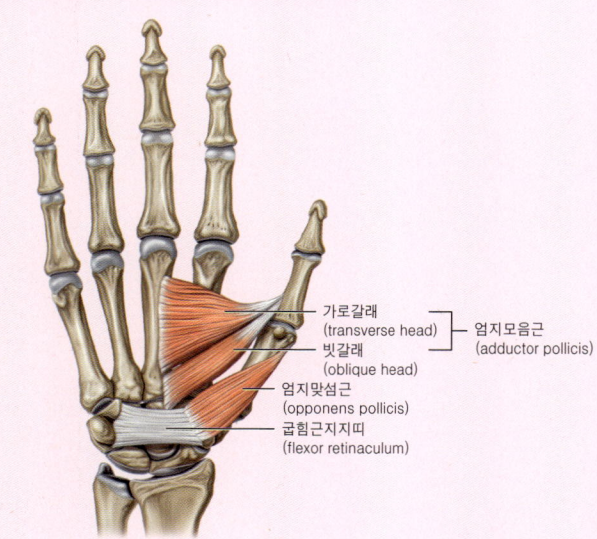

- 엄지두덩 근육들은 엄지손가락으로 강하게 누르거나 집게손가락으로 물건을 쥘 때 사용된다.
- 엄지두덩 근육들이 과도하게 쓰이고 피로해지면 엄지손가락에 쥐가 날 수 있다
- 손목에 통증이 있는 대상자들에게서 엄지두덩 근육은 쉽게 짧아지며 굳는 양상을 보인다.

(2) 근육 만져 보기

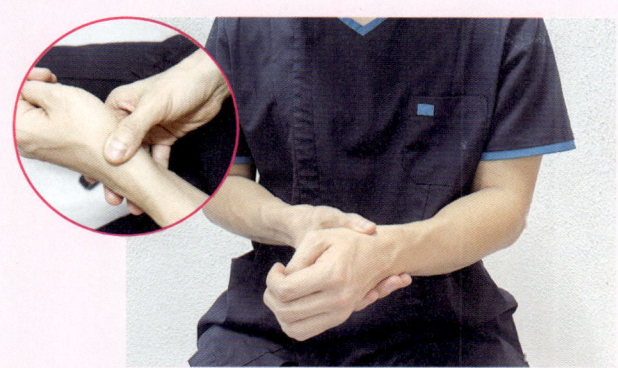

엄지 벌림근 & 폄근의 힘줄 만지는 법

❶ 엄지가 위로 올라오게 한 상태로 주먹을 쥔다.
❷ 엄지를 위로 올리며(엄지 척) 손목 옆에서 움직이는 힘줄을 찾는다.
❸ 반대 손으로 힘줄 부위에 손을 올려놓은 다음 엄지를 올리고 내리며 움직임을 느낀다.

주의사항 ● 힘줄에 염증이 심하면 만지는 것만으로도 통증이 나타날 수 있으니 주의한다.

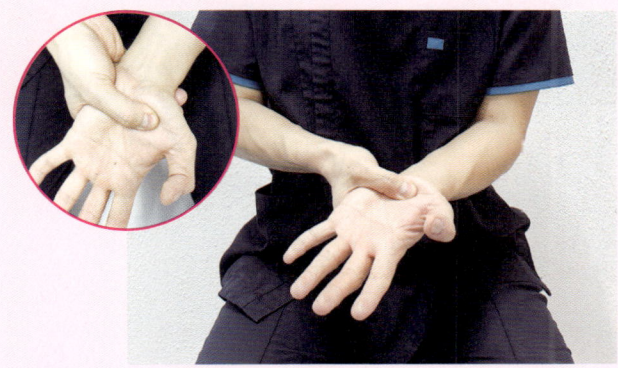

엄지두덩 만지는 법

❶ 엄지가 있는 손바닥에서 가장 두툼한 부위에 반대쪽 엄지손가락을 올려 둔다.
❷ 엄지손가락을 구부리며 안쪽으로 모으면 엄지두덩 근육들이 수축한다.
❸ 반대 손가락으로 수축하는 부위를 위·아래로 팅기면 두터운 근육층이 느껴진다.

주의사항 ● 엄지두덩의 피로가 높은 경우 세게 누르면 통증이 나타날 수 있으니 주의한다.

셀프 마사지 1

이 증상일 땐 이 근육을 마사지해 보세요

▶ 엄지손가락을 쫙 펼치기 어려울 경우
▶ 엄지 바깥쪽 통증(드퀘르뱅 질환)으로 인해 불편함이 있는 경우
▶ 업무 또는 집안일 이후 엄지손가락에 통증이 있는 경우

엄지손가락

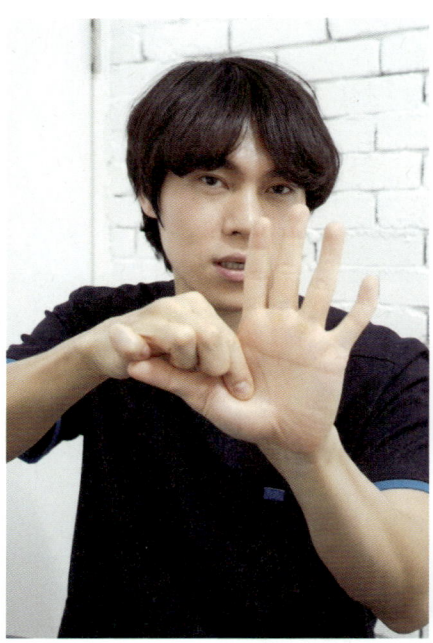

손목 힘줄염 셀프 마사지 1

엄지두덩 이완에 도움을 주는 마사지이다.
❶ 엄지를 옆으로 벌린 뒤 검지와 엄지 사이를 깊게 잡아 준다.
❷ 잡은 압력을 유지한 채 천천히 밖으로 미끄러진다.

주의사항 ● 손가락을 세워서 누를 경우 통증이 심할 수 있으니 손가락의 패드를 사용하여 이완한다.

셀프 마사지 2

이 증상일 땐 이 근육을 마사지해 보세요

▶ 엄지손가락이 뒤로 잘 펴지지 않는 경우
▶ 손바닥(특히 엄지손가락) 쪽에 자주 쥐가 날 때
▶ 업무 또는 집안일 이후 엄지손가락에 통증이 있는 경우

 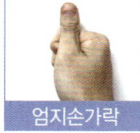

엄지손가락

 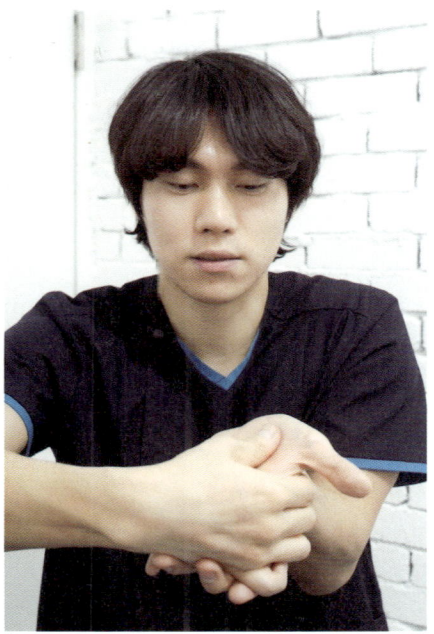

손목 힘줄염 셀프 마사지 2

엄지두덩 이완에 도움을 주는 마사지이다.
❶ 엄지를 뒤로 펼친 뒤 반대 손을 엄지두덩 위에 올려 둔다.
❷ 엄지두덩 중 가장 두터운 부위를 압박한 뒤 원을 그리며 이완한다.

주의사항 ● 손가락을 세워서 누를 경우 통증이 심할 수 있으니 손가락의 패드를 사용하여 이완한다.

셀프 스트레칭 1

스트레칭 효과
- 엄지손가락 관절 통증 예방
- 드쿼르뱅 질환의 염증 부위에 가해지는 스트레스 감소

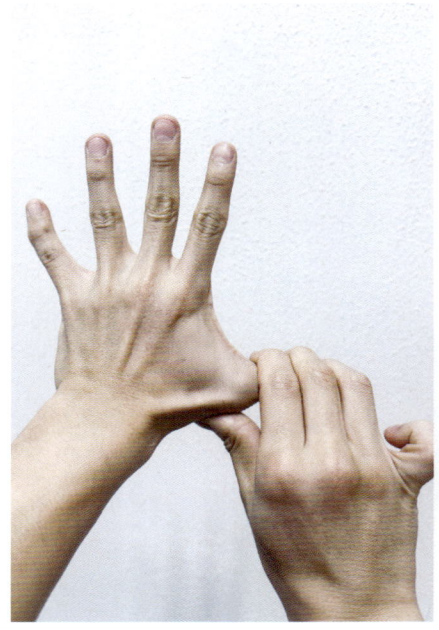

엄지두덩 셀프 스트레칭 1
① 손바닥을 쭉 편 상태에서 반대 손을 엄지손가락에 걸어 준다.
② 반대 손을 그대로 아래로 잡아당기며 엄지가 벌어지게 한다.

주의사항 ● 스트레칭 시 엄지손가락이 위·아래로 비틀리지 않게 주의한다.

셀프 스트레칭 2

스트레칭 효과
- 엄지손가락 관절 통증 예방
- 드퀘르뱅 질환의 염증 부위에 가해지는 스트레스 감소

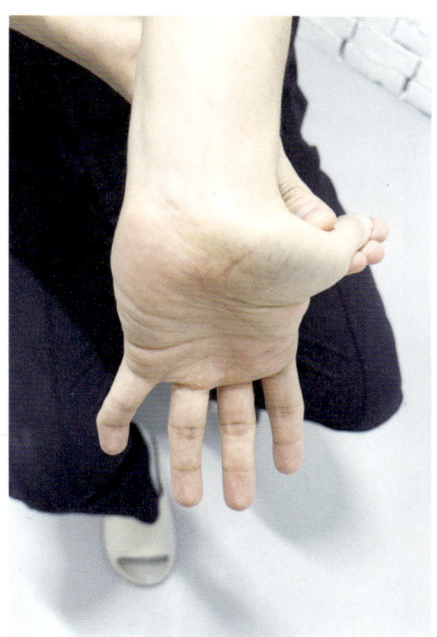
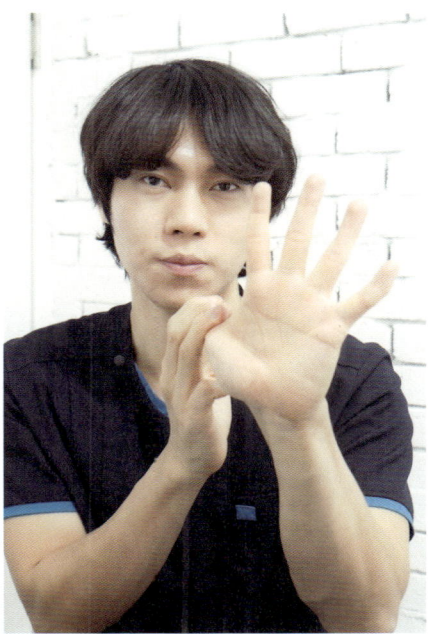

엄지두덩 셀프 스트레칭 2

① 손바닥이 하늘을 보게 위치시킨 후 반대 손을 엄지손가락에 걸어 준다.
② 반대 손을 바닥 방향으로 잡아당기며 엄지가 손등 쪽으로 움직이게 한다.
- 스트레칭이 제대로 되었다면 엄지 쪽 손바닥에서 늘어나는 느낌이 난다.

주의사항 ● 엄지를 살짝 벌린 상태에서 스트레칭하며 관절이 비틀리 지 않게 주의한다.

지금 당장 재활

손목 재활 운동 준비물

(1) 드퀘르뱅 질환 재활 운동

◀ 고무줄을 낀 손가락을 편 후 손목을 펴 준다.

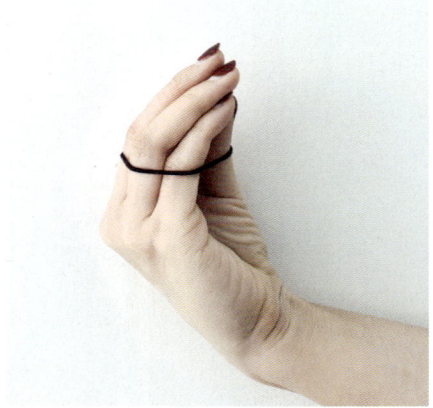

◀ 엄지손가락과 검지부터 새끼 손가락까지 순서대로 서로 꾹꾹 눌러 준다.

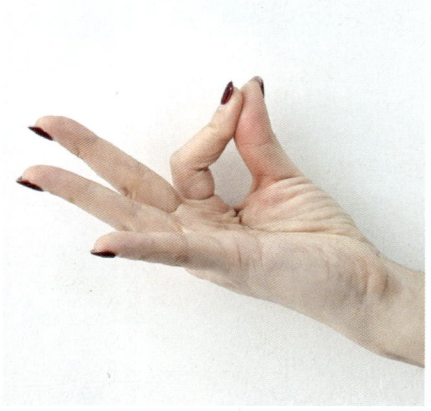

PART **4**

무릎 &
발목
발바닥

하지 파트에서 다루는 통증

무릎 통증

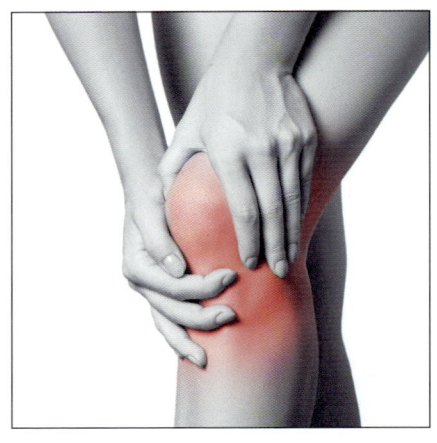

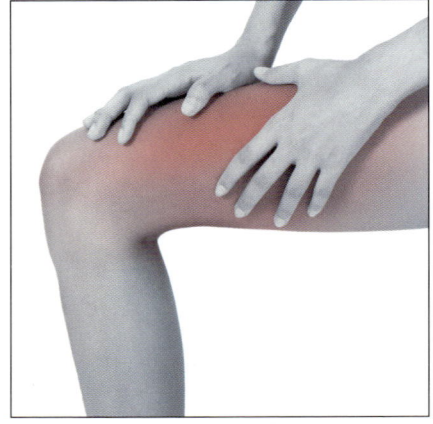

쪼그려 앉기 어려울 정도로 무릎에 통증이 있거나 무릎에 과도한 압박감이 생기는 무릎뼈통증증후군에 대해 다룬다.

운동 이후 허벅지와 무릎 옆면까지 뻐근하게 불편하거나 무릎을 움직일 때 바깥쪽에서 튕기는 듯한 느낌이 날 수 있는 엉덩정강인대증후군에 대해 다룬다.

발목 & 발바닥 통증

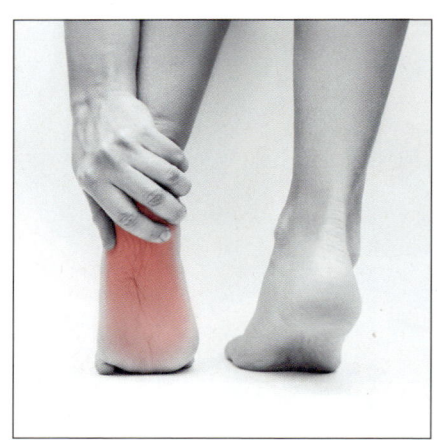

종아리가 자주 굳거나 쥐가 나는 현상과 발바닥에서 나타나는 대표적인 통증인 발바닥힘줄염에 대해 다룬다.

무릎 & 발 근육 해부학

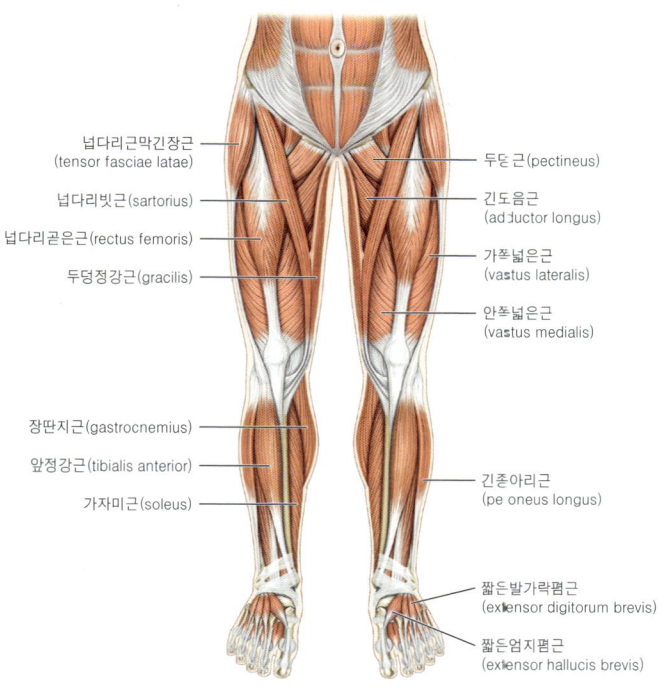
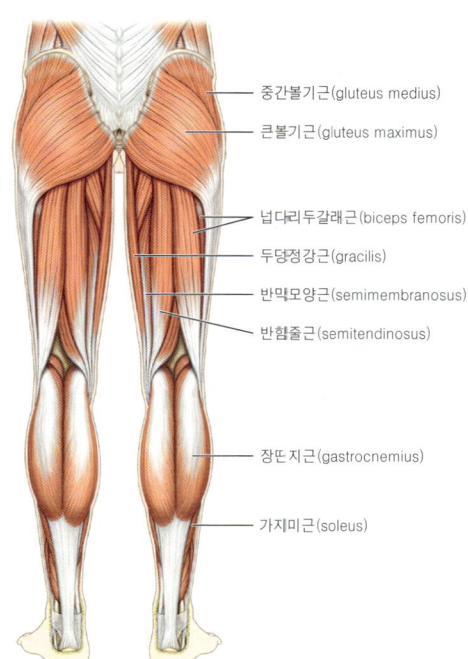

PART 4 무릎·발목 & 발바닥

무릎 통증

무릎 안쪽도 아프고, 가끔 옆도 뻐근해요. 제 무릎은 괜찮을까요?

계단을 내려오거나 쪼그려 앉을 때 무릎 앞에서 과도한 압박을 느껴 본 적이 있는가? 또는 러닝, 웨이트트레이닝 후 무릎 바깥쪽에 뻐근한 느낌이 난다면 무릎관절에 과한 부하가 가해지고 있을 가능성이 높다.

무릎관절은 신체에서 가장 긴 넙다리뼈 위에 무릎뼈(슬개골)가 얹혀 있는 관절이다. 뼈 위에 뼈가 떠 있는 상태이기 때문에 주변의 근육들과 인대와 같은 구조물들이 무릎뼈가 탈골되지 않도록 안정성을 제공한다. 무릎뼈의 안정성에 가장 크게 관여하는 근육이 바로 넙다리네갈래근(대퇴사두근)이며, 해당 근육은 4가지 근육으로 구성되어 무릎뼈를 넙다리뼈에 달라붙도록 압박을 제공하며 동시에 안정적인 움직임을 만들어 낸다.

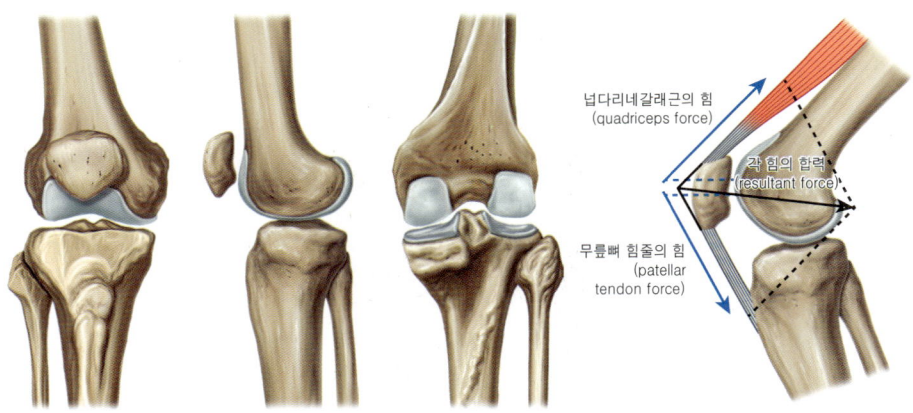

공중에 떠 있는 무릎뼈(좌), 근육들이 무릎뼈를 압박하며 안정성을 제공(우).

무릎뼈에 가해지는 적당한 압박은 관절의 안정성에 도움이 되지만 과도한 압박이 생성된다면 이는 관절 구조물을 마모, 손상시킬 수 있으며 이로 인한 염증반응으로 인해 관절통을 느낄 수 있다. 무릎에서 나타나는 가장 대표적인 통증은 다리를 구부릴수록 무릎 안쪽이 뻐근해지는 무릎뼈통증증후군(슬개대퇴통증증후군) 및 운동과 같은 활동 이후 근육의 과사용으로 인해 무릎의 외측이 붓거나 불편감이 나타나는 엉덩정강인대증후군(장경인대증후군)이 있다.

무릎뼈통증증후군(슬개대퇴통증증후군)

무릎뼈통증증후군은 무릎뼈에 가해지는 부하가 정상치를 벗어나 과해졌을 때 나타나곤 한다. 특히 무릎관절에 부하가 심해지는 계단 내려오기, 스쿼트같이 쪼그려 앉는 자세를 취할 때 무릎 안쪽에서 압박을 받는 느낌이 들며 통증으로 인해 움직이기 불편해질 수 있다.

관절의 과도한 압박은 주변 근육들의 영향이 큰데, 타이트한 종아리와 햄스트링, 대퇴사두근의 약화가 가장 큰 이유로 작용하고 잘못된 운동 방법과 체형 변화 등의 이유들이 복합적으로 무릎관절에 악영향을 미치며 증상을 악화시킬 수 있다.

엉덩정강인대증후군(장경인대증후군)

엉덩정강인대는 엉덩관절 바깥면에서 시작해 정강이뼈까지 이어지며 허벅지 옆면을 길게 잇고 있는 긴 섬유조직이다. 이 인대는 다양한 근육들과 상호 작용하며 다리를 움직이고 하체의 균형을 유지하는 역할을 한다. 이러한 엉덩정강인대가 타이트해지고 뼈에 반복적으로 마찰을 일으켜 염증이 생기는 경우를 엉덩정강인대증후군이라고 하며 엉덩관절 바깥 또는 무릎관절 바깥쪽에서 붓기와 열감 또는 통증을 느끼는 것이 주요 증상이다.

과도한 운동, 러닝, 사이클링을 즐기는 사람들한테서 쉽게 나타날 수 있으며, 잘못된 운동 습관이나 엉덩이 근육 약화, 넙다리네갈래근(대퇴사두근)의 약화, 특히 넙다리근막긴장근의 비대와 같은 요인들이 복합적으로 작용하여 엉덩정강인대에 과한 스트레스를 제공할 수 있다.

이런 경험이 있으신가요?

- 계단을 오를 때마다 무릎이 욱신거리고 걷는 게 점점 힘들어지는 경우
- 운동 후 무릎 앞쪽이 아프고 종일 쑤시는 경우
- 장시간 앉아 있으면 무릎이나 엉덩이가 묵직하게 아픈 경우
- 무릎이 뻣뻣하고 가끔은 삐걱거리는 소리가 나는 경우

(1) 무릎 통증과 관련된 근육들

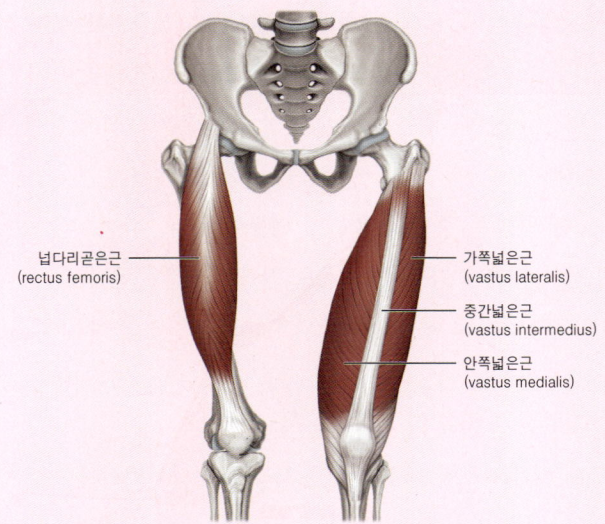

넙다리곧은근
(rectus femoris)

가쪽넓은근
(vastus lateralis)

중간넓은근
(vastus intermedius)

안쪽넓은근
(vastus medialis)

넙다리네갈래근(대퇴사두근, quadriceps femoris)

- 넙다리네갈래근은 4개의 근육으로 이루어져 무릎관절의 안정성을 제공한다. 4개의 근육 중 허벅지 안쪽에 위치하는 안쪽넓은근(내측광근)은 무릎을 펴고 서 있는 자세를 유지하게 하고 무릎의 안정성에 중요한 역할을 한다.
- 넙다리네갈래근이 약해지고 굳어 간다면 불안정한 무릎관절을 보호하기 위해 무릎을 과하게 펴게 되어 과신전 무릎(back knee) 체형으로 변형되며, 무릎뼈통증증후군을 유발할 수 있다.

엉덩정강인대(장경인대, iliotibial band) & 넙다리근막긴장근(대퇴근막장근, tensor fascia lata)

- 엉덩정강인대에는 여러 근육들이 부착되어 허벅지 바깥쪽의 안정성을 담당한다. 엉덩이 근육과 넙다리네갈래근의 약화 시 안정성을 유지하기 위해 과하게 쓰이며 이로 인해 인대와 주변 조직들이 굳어 갈 수 있다.
- 넙다리근막긴장근은 엉덩관절과 무릎관절의 움직임에 관여하며 약해진 근육들을 대신해 과하게 쓰일 수 있다. 엉덩정강인대에 부착하여 이 근육이 비대해질수록 엉덩정강인대도 타이트해지면 엉덩정강인대증후군을 유발할 수 있다.

(2) 근육 만져 보기

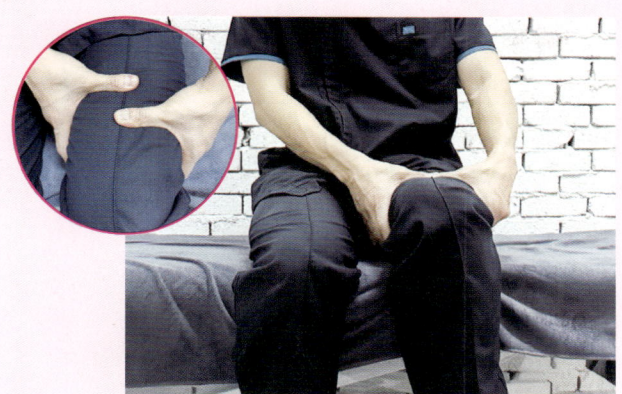

넙다리네갈래근 만지는 법

앉은 상태에서 무릎을 펼 때 허벅지 위에서 쉽게 만질 수 있으며 여기서 만져 볼 근육은 넙다리네갈래근 중 마사지 파트에서 다룰 넙다리곧은근이다.
❶ 앉은 상태에서 다리를 90°로 구부리고 양쪽 엄지손가락을 허벅지 중앙에 위치시킨다.
❷ 압력을 제공한 상태에서 좌·우로 튕기는 근육을 찾는다.
❸ 해당 근육 위에 엄지손가락을 올려 두고 발바닥을 바닥에서 떼며 들었을 때 수축하는 것을 느낄 수 있다.

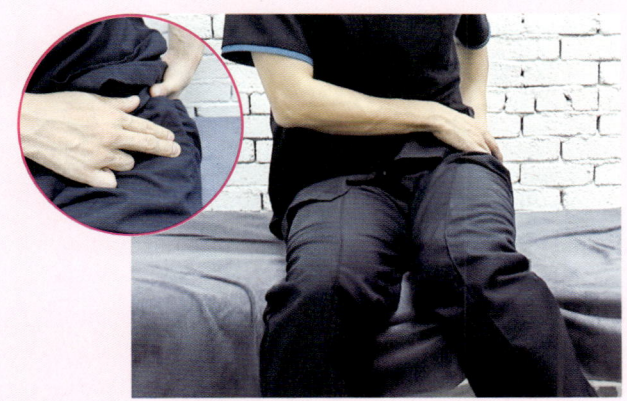

넙다리근막긴장근 만지는 법

❶ 앉은 상태에서 골반의 가장 툭 튀어나온 뼈의 살짝 아래와 바깥쪽에 손가락을 올려 둔다.
❷ 같은 쪽 다리를 살짝 안으로 오므린다.
❸ 위 상태로 발바닥이 바닥에서 떨어지게 들어 올렸을 때 손가락을 올려 둔 곳에서 수축하는 것을 느낄 수 있다.

셀프 마사지 1

이 증상일 땐 이 근육을 마사지해 보세요

▶ 무릎을 구부리는데 무릎 주위에 뻐근한 통증이 생길 때
▶ 허벅지 근육이 약해져 반대쪽과 근육 크기가 차이 날 때
▶ 무릎의 통증으로 인해 운동에 방해가 될 때

폼롤러

무릎뼈통증증후군 셀프 마사지(종아리 근육)

❶ 통증이 있는 쪽의 다리 아래에 폼롤러를 올려 두고 반대쪽 다리를 위에 올려 둔다.
❷ 다리의 무게로 압력을 제공한 뒤 눌리는 느낌이 제일 큰 부위를 찾는다.
❸ 해당 부위 기준 다리를 좌·우로 움직이며 천천히 이완한다(통증이 심하면 처음에는 움직이지 않고 압력만 제공한다).

주의사항 ● 몸을 약간 뒤로 기울인 상태에서 양팔로 지지한 채 이완하며 엉덩이를 들어 올릴 필요는 없다.

셀프 마사지 2

이 증상일 땐 이 근육을 마사지해 보세요

▶ 무릎을 구부리는데 무릎 주위에 뻐근한 통증이 생길 때
▶ 허벅지 근육이 약해져 반대쪽과 근육 크기가 차이 날 때
▶ 무릎의 통증으로 인해 운동에 방해가 될 때

폼롤러

무릎뼈통증증후군 셀프 마사지(넙다리곧은근)

❶ 통증이 있는 쪽의 무릎 바로 위에 폼롤러를 대고 엎드린다.
❷ 체중으로 압력을 제공한 다음 무릎 위로 이동하며 누르는 느낌이 제일 큰 부위를 찾는다.
❸ 해당 부위 기준 위·아래로 움직이며 천천히 이완한다(통증이 심하면 처음에는 움직이지 않고 압력만 제공한다).

주의사항 ● 허벅지를 대고 체중을 실을 때 허리가 과하게 꺾이며 배가 바닥에 닿지 않게 몸을 지탱한다.

셀프 마사지 3

이 증상일 땐 이 근육을 마사지해 보세요

▶ 러닝 또는 운동 후 허벅지 바깥으로 뻐근한 느낌이 증가할 때
▶ 무릎을 움직일 때 무릎뼈 바깥쪽에서 튕기는 느낌이 날 때

폼롤러

엉덩정강인대증후군 셀프 마사지(넙다리근막긴장근)

① 통증이 있는 다리가 아래쪽에 위치하며 골반 앞에 가장 툭 튀어나온 뼈 기준 아래쪽을 폼롤러에 올려 둔다.
② 양쪽 팔과 반대쪽 다리로 몸을 지지하며 골반 옆면이 폼롤러에 닿도록 조절한다.
③ 폼롤러에서 앞으로 몸을 기울였을 때 넙다리근막긴장근을 압박할 수 있다.
④ 체중을 사용해 압력을 제공하고 몸을 앞·뒤로 기울이며 이완한다.

주의사항
● 폼롤러에 골반뼈나 엉덩관절 뼈가 직접적으로 닿지 않도록 주의하며 진행한다.
● 통증이 너무 심하면 움직이지 않고 압력만 제공한다.

셀프 마사지 4

이 증상일 땐 이 근육을 마사지해 보세요

▶ 러닝 또는 운동 후 허벅지 바깥으로 뻐근한 느낌이 증가할 때
▶ 무릎을 움직일 때 무릎뼈 바깥쪽에서 튕기는 느낌이 날 때

폼롤러

엉덩정강인대증후군 셀프 마사지(바깥 허벅지)

① 통증이 있는 다리가 아래쪽에 위치하며 허벅지 중간부위를 폼롤러에 올려 둔다.
② 양쪽 팔과 반대쪽 다리로 몸을 지지하여 허벅지에 가해지는 압력을 조절한다.
③ 눌리는 느낌이 가장 심한 부위를 찾고 위·아래로 움직이며 이완한다.

- 폼롤러에 골반뼈나 엉덩관절 뼈가 직접적으로 닿지 않도록 주의하며 진행한다.
- 통증이 너무 심하면 움직이지 않고 압력만 제공한다.

셀프 스트레칭 1

스트레칭 효과

- 하체 유연성 증가, 무릎 통증 감소
- 무릎에 가해지는 스트레스 감소
  (무릎뼈통증증후군 또는 엉덩정강인대증후군에 효과)

종아리 셀프 스트레칭

❶ 무릎이 불편한 쪽의 발끝을 벽에 올려 둔 뒤 양팔로 체중을 지지한다.
❷ 팔을 구부리며 천천히 골반과 몸을 벽 쪽으로 이동시킨다.
❸ 이때 종아리 뒤쪽에서 늘어나는 느낌이 있다면 그대로 유지한다.

주의사항 ● 벽에 닿은 다리의 무릎을 쭉 펴며 발가락이 과도하게 꺾이지 않게 주의한다.

셀프 스트레칭 2

스트레칭 효과
- 하체 유연성 증가, 무릎 통증 감소
- 무릎에 가해지는 스트레스 감소
  (무릎뼈통증증후군 또는 엉덩정강인대증후군에 효과)

허벅지 앞 셀프 스트레칭(넙다리곧은근)
① 불편한 쪽 무릎이 위로 오게 옆으로 누운 상태에서 위의 사진과 같이 발목을 잡아 준다.
② 몸통의 정렬을 유지한 채로 무릎이 골반보다 뒤로 이동하도록 발목을 뒤로 당겨 준다.
- 스트레칭이 제대로 되었다면 허벅지 앞에서 전반적으로 늘어나는 느낌이 난다.

 • 근육이 단축되어 있다면 배가 앞으로 튀어 나가며 허리가 쉽게 꺾일 수 있으니 배꼽을 안쪽으로 당겨 주며 몸통의 정렬을 유지해야 한다.

셀프 스트레칭 3

스트레칭 효과
- 하체 유연성 증가, 무릎 통증 감소
- 무릎에 가해지는 스트레스 감소
  (무릎뼈통증증후군 또는 엉덩정강인대증후군에 효과)

넙다리근막긴장근 셀프 스트레칭
넙다리곧은근 스트레칭과 거의 동일하다. 단, 옆으로 누운 상태에서 아래쪽에 있는 다리를 동일하게 뒤로 당겨 주며 스트레칭한다.

주의사항 근육이 단축되어 있다면 배가 앞으로 튀어 나가며 허리가 쉽게 꺾일 수 있으니 배꼽을 안쪽으로 당겨 주며 몸통의 정렬을 유지해야 한다.

꿀팁

무릎에서 자꾸 뚝뚝 소리가 나는데 괜찮은 걸까요?

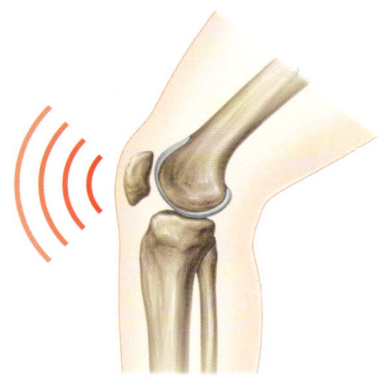

"쭈그려 앉았다가 일어나거나 스쿼트 운동을 할 때 무릎뼈에서 뚜둑하는 소리가 반복적으로 나요!"
이러한 소리는 어깨나 무릎에서 쉽게 들을 수 있는데, 순간적으로 관절이 비틀리면서 뼈와 다른 구조물들이 부딪히며 나타나는 증상이다. 관절이 불안정할수록 소리는 더 자주, 크게 날 수 있다. 통증이 없더라도 관절 주변 근육들을 강화하여 안정성을 확보해야 잠재적인 관절통을 예방할 수 있다.

지금 당장 재활

무릎 재활 운동 준비물

밴드

(1) 무릎뼈통증증후군 재활 운동

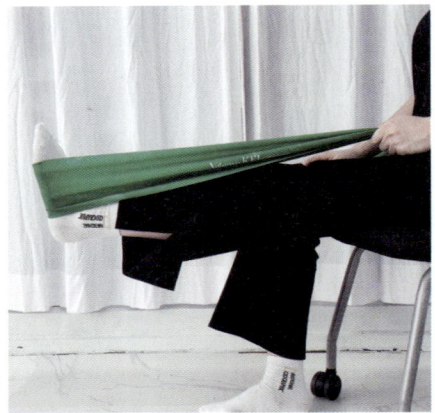

◀ 밴드를 발바닥에 걸고 무릎을 펴 준다.

◀ 밴드를 무릎에 한 바퀴 돌려 묶어 준 후 옆으로 누워 위쪽에 있는 다리를 올려 준다.

(2) 엉덩정강인대증후군 재활 운동

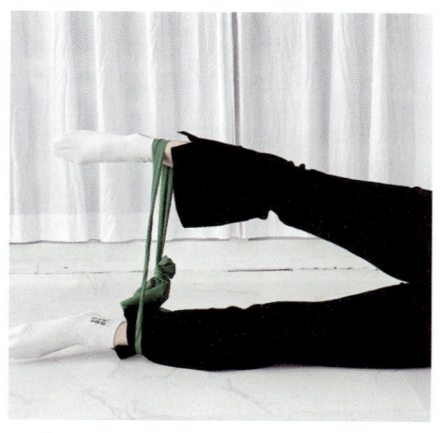

▲ 밴드를 복숭아뼈에 한 바퀴 돌려 묶어 준 후 옆으로 누워 위쪽에 있는 다리를 올려 준다.
▲ 위의 사진과 동일하게 서 있는 상태에서 허리의 아치를 유지하며 앉아 준다.

(3) 무릎 보호대(knee brace)

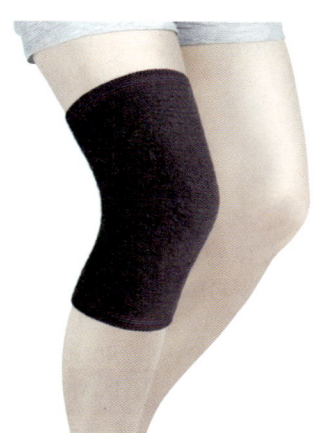
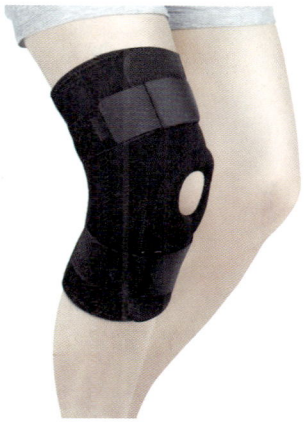

갑작스러운 방향 전환, 점프를 해야 하는 축구, 농구, 배구, 러닝, 스키 등 무릎에 부담이 가는 운동 시 착용하여서 부상을 예방할 수 있다. 무릎인대 손상이나 수술 후 관절을 안정적으로 지지하고 회복을 돕기 위해 착용할 수 있고, 반월상 연골판 손상이나 골관절염으로 인해 발생하는 통증과 불편함을 해소하고 무릎의 안정성을 제공해 줄 수 있다.

무릎을 과도하게 사용하는 러너스 니(runner's knee) 또는 점퍼스 니(jumper's knee)와 같은 과사용 증후군으로 인한 통증 완화를 위해 사용하면 도움이 된다. 또한 무릎 보호대는 부드러운 압박을 통해 혈액순환을 촉진하고 염증과 통증을 줄여 주는 데도 효과가 있다.

꿀팁

무릎 보호대 외의 관리 방법

1. 무거운 물건을 드는 직업인 경우 무릎에 지속적으로 부담이 가는 환경이기 때문에 리프트를 사용하거나 허리를 세워서 들면 부담이 덜할 수 있다. 무릎뿐만 아니라 허리에도 통증이 발생할 수 있으므로 무거운 물건을 들 때는 주의해야 한다.

2. 굽 높은 신발은 무릎 통증(반복적인 스트레스가 쌓여 발생), 퇴행성 관절염(장기간 하이힐을 신는 경우 관절염 위험 증가), 무릎인대 손상(불안정한 자세로 인해 인대 부상이 발생할 수 있음)이 발생할 수 있다. 굽 높은 신발을 신으면 체중이 발 앞쪽으로 이동하면서 무릎 관절에 가해지는 압력이 증가하고 이로 인해 과도한 부하가 발생한다. 하이힐 착용 시 무릎 관절의 내측 압력을 높이고 골관절염(퇴행성 관절염) 발병 위험을 증가시킬 수 있고, 특히 무릎 관절의 연골이 점진적으로 손상되어 통증과 움직임 제한을 유발할 수 있다. 5cm 이하의 굽이 상대적으로 무릎에 가해지는 부담을 줄일 수 있고, 굽이 너무 높으면 무릎과 발목에 과도한 스트레스가 가해질 수 있으므로 피해야 한다. 하루 종일 힐을 신어야 한다면 중간중간 발을 풀어 주는 스트레칭과 휴식을 취하는 것이 필요하다. 굽 높은 신발을 신는다면 무릎 주변 근육(특히 햄스트링, 대퇴사두근, 종아리근육)을 강화하는 운동을 병행해 주면 좋다.

하체 유연성

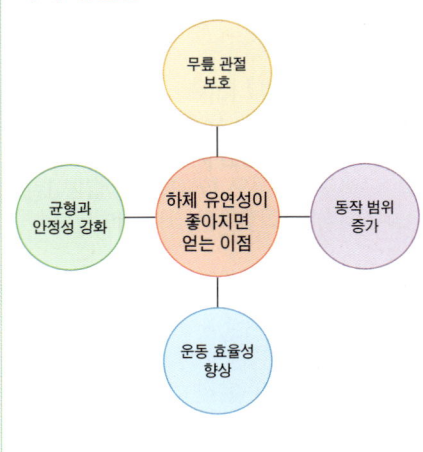

하체 유연성이 부족할 경우 무릎 주변 근육과 인대가 더 많은 역할을 하게 되고 피로와 손상 가능성이 높아진다. 특히, 고관절과 발목의 유연성이 부족하면 보상작용으로 무릎 관절에 더 큰 압력이 가해지고, 하체 유연성이 좋을수록 동작의 범위가 넓어지고, 움직임이 부드러워져 무릎 관절이 올바르게 사용된다.

하체의 유연성을 높이면 얻는 이점은 다음과 같다. 근육과 인대가 유연해져서 충격 흡수 능력이 증가하여 무릎의 부상을 예방할 수 있다. 또한 움직임이 부드러워지고, 무릎과 하체 관절을 자유롭게 사용할 수 있는 가동범위가 넓어진다. 뿐만 아니라 하체 유연성은 스쿼트, 런지, 뛰기 등의 운동에서 적절한 자세를 유지하고 운동 능력을 극대화한다.

발목 & 발바닥 통증

발바닥이 따끔따끔하며 발목 뒤쪽이 너무 아파요

 굽이 높은 구두를 신거나 하이힐을 신고 오래 걷다가 발바닥에서 따끔따끔한 통증을 느껴 본 적이 있는가? 또는 많이 걸은 날에 뒤꿈치가 화끈거리거나 욱신거리는 느낌이 있다면 발바닥힘줄에 염증이 생기는 발바닥힘줄염(족저근막염)을 의심해 볼 수 있다. 발바닥힘줄염을 겪는 분들의 대부분이 아킬레스힘줄에도 뻐근한 통증을 느끼는 경우가 많은데 이는 종아리가 굳어 가며 나타나는 증상으로 발바닥 통증이 있는 발의 아킬레스힘줄도 손상 위험에 노출되어 있을 가능성이 높다.

 발바닥힘줄염(족저근막염)의 주 증상으로는 아침에 일어나서 첫발을 딛을 때 발바닥 또는 발뒤꿈치 쪽에서 느껴지는 통증과, 보행 중 발바닥에서 느껴지는 날카로운 통증이 있다. 힘줄에 염증이 심할수록 눌렀을 때 나타나는 통증과 열감이 심하고, 증상이 오래된 경우에는 반복되는 손상과 치유로 인해 새로운 **뼈**가 자라나거나 만성적인 통증에 시달리기도 한다.

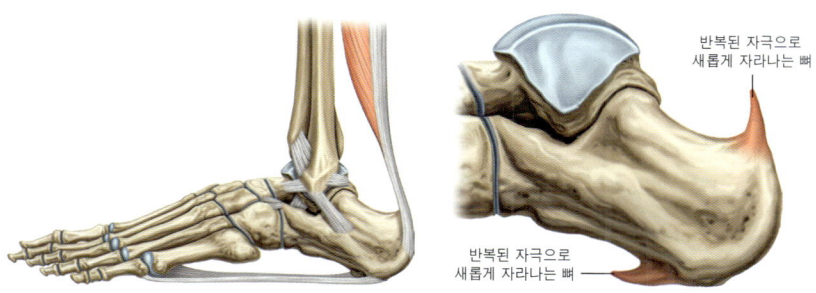

반복되는 손상으로 인해 발뒤꿈치 뼈에 자라나는 뼈.

이는 발바닥에 가해지는 스트레스가 증가하는 것이 주된 원인이다. 엉덩관절을 지탱하는 엉덩이 근육과 무릎관절의 안정성을 담당하는 넙다리네갈래근이 약해지면 발목과 발에 가해지는 부하가 증가하게 되고 이로 인해 발바닥의 아치가 무너지며 발바닥의 체형이 변할 수 있으며, 종아리 근육이 굳어 가며 딱딱해질 수 있다. 종아리의 아킬레스힘줄과 발바닥 근막은 이어져 있기 때문에 서로 큰 연관이 있으며 발바닥힘줄염을 해결하기 위해서는 발바닥 근육들을 풀어 주는 것은 물론 딱딱해진 종아리 근육을 이완하는 것이 중요하다.

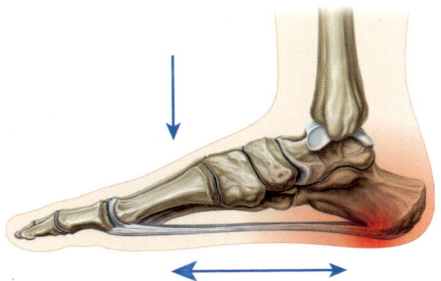

무너지는 아치와 발바닥힘줄에 가해지는 스트레스.

이런 경험이 있으신가요?

- 오래 걸을 때 발뒤꿈치 또는 발바닥에서 화끈 또는 따끔한 통증이 나타나는 경우
- 아침에 침대에서 일어날 때 뒤꿈치에 날카로운 통증이 있는 경우
- 종아리가 굳고 부으며 저녁에 수면 중 쥐가 나는 경우

한눈에 보는 해부학

(1) 발목 & 발바닥 통증과 관련된 근육들

발바닥 근막(족저근막, plantar fascia)과 이어져 있는 아킬레스힘줄(아킬레스건, Achilles tendon)

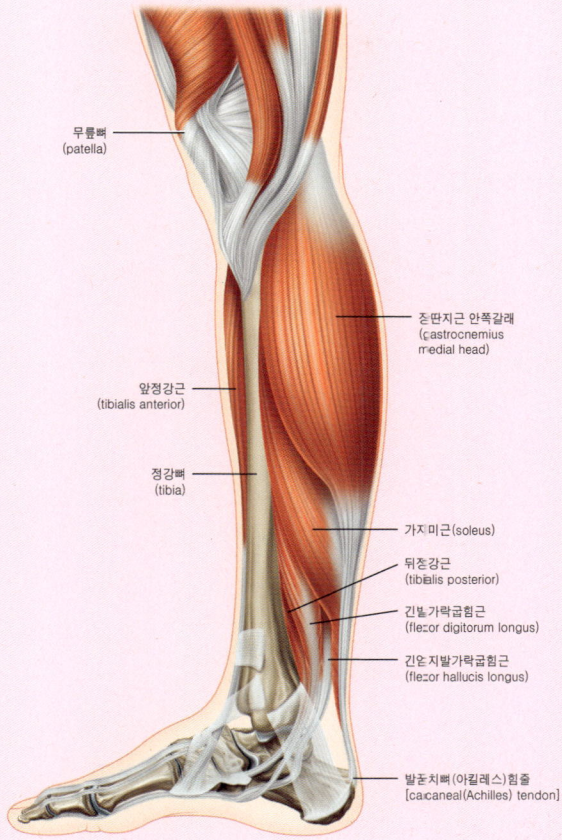

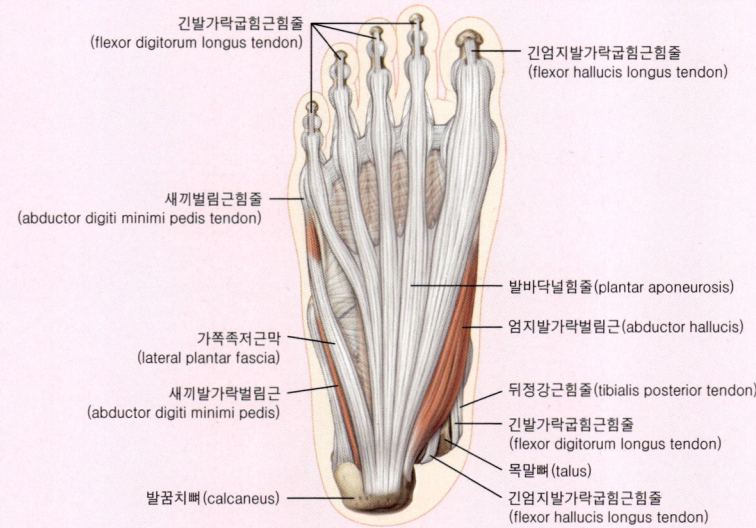

- 발바닥 근막의 제일 중요한 역할 중의 하나는 발바닥 아치를 지지한다는 것이다. 발바닥의 아치가 반복적으로 무너진다면 발바닥 근막염이 쉽게 나타날 수 있다. 발바닥 근막은 발에 가해지는 충격을 흡수하는 동시에 발의 안정성을 만들어 낸다.
- 아킬레스힘줄은 종아리 근육과 이어지는 힘줄이며 종아리 근육의 힘을 발에 전달해 까치발을 들거나 보행 시 발을 뗄 때 주로 사용된다. 종아리가 굳으며 아킬레스힘줄에 가해지는 부하가 증가한다면 아킬레스힘줄에도 손상으로 인한 염증이 생길 수 있다.

발바닥힘줄염 부위

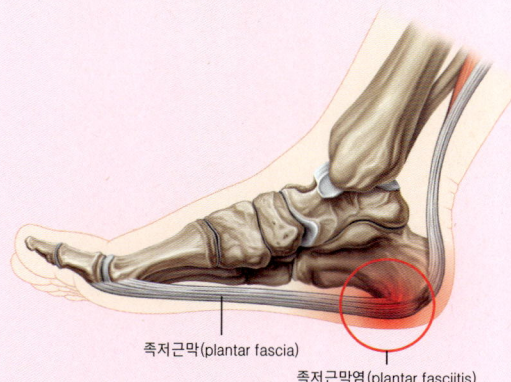

- 발바닥 통증을 가지고 있다면 대부분의 경우 종아리가 굳어 있고 아킬레스힘줄에도 통증이 있는 경우가 많다.
- 이는 종아리~아킬레스힘줄~발바닥으로 이어지는 하나의 근막으로 인해 나타난다.

(2) 근육 만져 보기

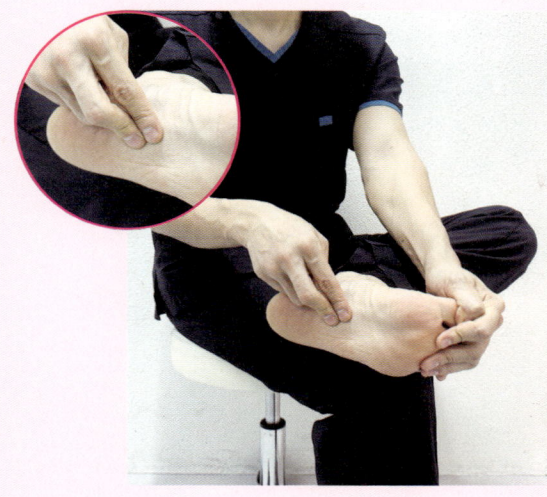

발바닥 근막 만지는 법

① 앉은 상태에서 발바닥 정가운데 움푹 들어간 곳에 손가락을 올려 둔다.
② 발가락을 뒤로 들어 올리면 발바닥힘줄이 늘어나며 타이트해진다.
③ 올려 둔 손가락을 좌·우로 팅기다 보면 발뒤꿈치에서 발가락으로 이어지는 힘줄을 만질 수 있다.

주의사항 ● 발바닥에서 화끈거리거나 따끔한 통증이 있으면 해당 부위는 만지지 않는 것이 좋다.

아킬레스힘줄 만지는 법

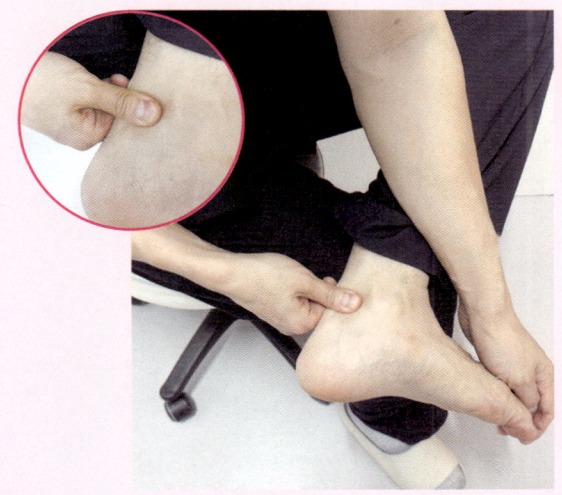

① 아킬레스힘줄은 쉽게 만질 수 있으며 복숭아뼈 뒤에 있는 두꺼운 힘줄을 집게손가락으로 잡는다.
② 발목을 아래로 내리고 올리는 동작에서 아킬레스힘줄이 움직이는 것을 느낄 수 있다.
③ 집게손가락을 위·아래로 움직이며 아래로는 뒤꿈치뼈, 위로는 종아리 근육을 만질 수 있다.

주의사항 ● 종아리가 타이트하고 아킬레스힘줄에 가해지는 스트레스가 많을 시 만졌을 때 통증이 심할 수 있으니 주의한다.

꿀팁

나도 발바닥 근막염?

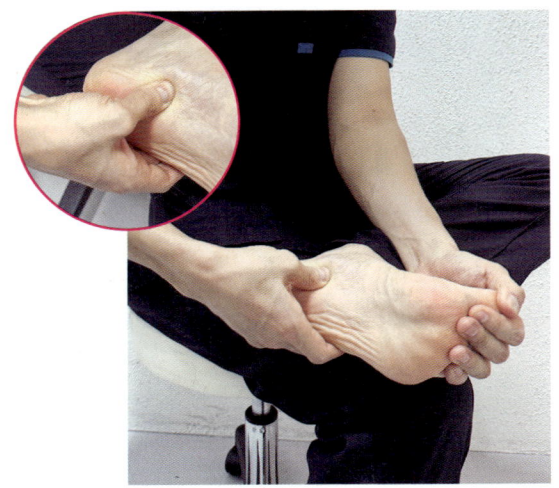

위 동그라미 사진의 해당 부위를 만졌을 때 화끈거리는 열감 또는 통증이 있다면 그 부위를 엄지손가락으로 꾹 눌러 준다.
날카로운 통증이나 평소에 나타나던 통증이 있다면 발바닥 근막에 과한 스트레스가 가해지고 있거나 염증이 있을 수 있으니 적절한 관리가 필요하다.

발바닥 근막염은 보통 편측이 심하게 나타날 수 있으니 꼭 반대쪽과 비교해야 한다.

셀프 마사지 1

이 증상일 땐 이 근육을 마사지해 보세요

▶ 발바닥 뒤꿈치나 아킬레스힘줄에 반복적으로 통증을 느낄 때
▶ 수면 중 발바닥이나 종아리에 쥐가 자주 날 때
▶ 아침에 일어날 때 발바닥에 통증이 나타나는 경우

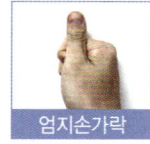
엄지손가락

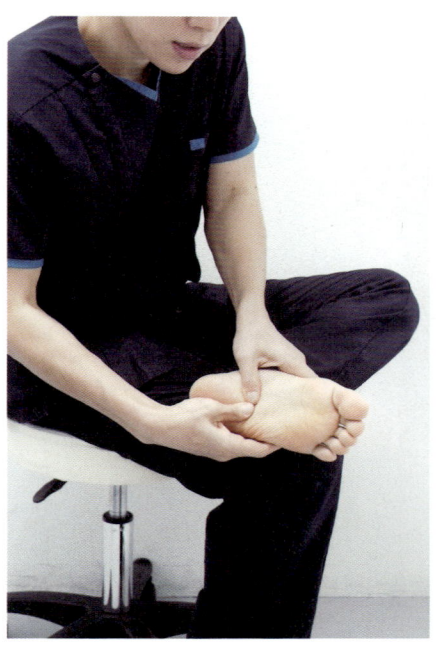
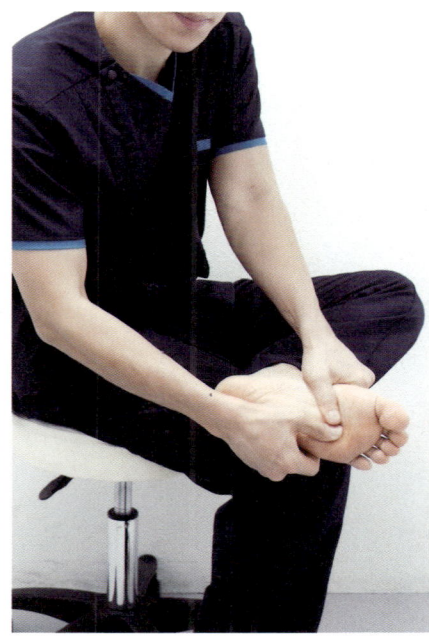

발바닥 근막염 셀프 마사지 1

❶ 양손의 엄지손가락을 포개어 뒤꿈치 쪽 발바닥 정가운데에 올려 둔다.
❷ 양 엄지손가락의 압력으로 발바닥을 천천히 눌러 준다.
❸ 압력을 유지한 채 발가락 쪽으로 미끄러지며 이완한다.

주의사항 ● 발뒤꿈치 쪽을 세게 눌러 날카로운 통증이 나타나지 않도록 주의한다.

셀프 마사지 2

이 증상일 땐 이 근육을 마사지해 보세요

▶ 발바닥 뒤꿈치나 아킬레스힘줄에 반복적으로 통증을 느낄 때
▶ 수면 중 발바닥이나 종아리에 쥐가 자주 날 때
▶ 아침에 일어날 때 발바닥에 통증이 나타나는 경우

마사지 볼

발바닥 근막염 셀프 마사지 2

❶ 마사지 볼을 발바닥 정가운데에 둔 뒤 체중을 살짝 실어 준다.
❷ 압력을 유지한 채 위·아래로 움직이며 발바닥 근막을 이완할 수 있다.

주의사항 ● 통증이 너무 심하다면 체중을 조금만 실어 주거나 움직이지 않은 상태로 압력만 제공한다.

셀프 마사지 3

이 증상일 땐 이 근육을 마사지해 보세요

▶ 발바닥 뒤꿈치나 아킬레스힘줄에 반복적으로 통증을 느낄 때
▶ 수면 중 발바닥이나 종아리에 쥐가 자주 날 때
▶ 아침에 일어날 때 발바닥에 통증이 나타나는 경우

엄지손가락

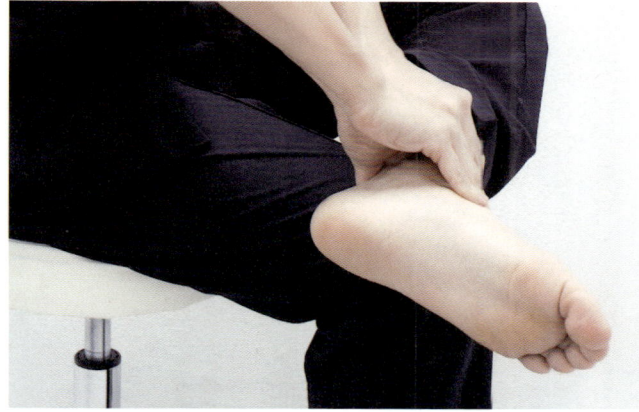

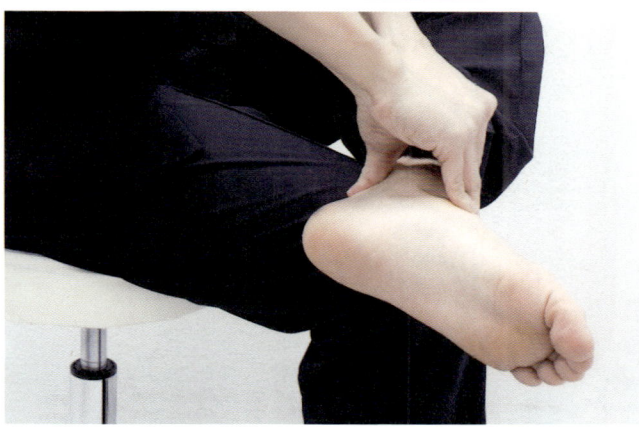

아킬레스힘줄염 셀프 마사지

❶ 앉은 상태에서 통증이 있는 쪽의 다리를 꼬아 준다.
❷ 양쪽 엄지손가락이 아킬레스힘줄에 위치하게 다리를 쥐어 압력을 제공한다.
❸ 처음에는 악력을 이용해 압력을 제공한 채 마사지하며, 통증이 감소하면 위·아래로 움직이며 이완한다.

 ● 마사지 부위에 열감과 날카로운 통증이 있는 경우 염증이 있을 수 있으므로 진행하지 않는다.

셀프 스트레칭 1

스트레칭 효과
- 종아리 & 발바닥 근육 유연성 증가
- 발바닥힘줄염 & 아킬레스힘줄염 통증 감소에 도움

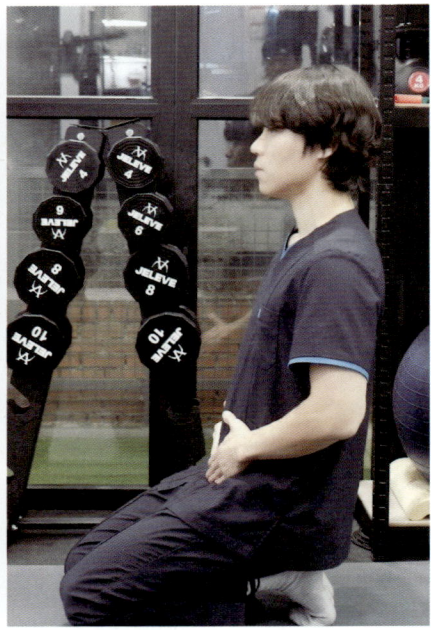

발바닥 셀프 스트레칭
① 엄지발가락이 펴지게 양쪽 무릎을 꿇고 앉는다.
② 발가락에는 최대한 힘을 빼며 엉덩이를 양측 뒤꿈치 쪽에 올려 둔다.
③ 체중으로 발가락이 펴지는 느낌이 나게 눌러 주며 스트레칭한다.

주의사항 ● 엄지발가락이나 나머지 발가락에서 늘어나는 느낌보다 뻐근한 통증이 느껴진다면 중단한다.

셀프 스트레칭 2

스트레칭 효과
- 종아리 & 발바닥 근육 유연성 증가
- 발바닥힘줄염 & 아킬레스힘줄염 통증 감소에 도움

아킬레스힘줄 셀프 스트레칭

아킬레스힘줄 스트레칭은 종아리 스트레칭과 동일하며 무릎 파트의 종아리 셀프 스트레칭을 시행해도 무관하다.
① 불편한 쪽 다리를 쭉 편 상태로 앉는다.
② 발바닥 끝 쪽에 수건을 걸어 준다.
③ 몸을 뒤로 기울이며 팔로 수건을 당겨 발목이 위로 당겨지게 하며 스트레칭한다.

 ● 발뒤꿈치가 바닥에서 뜨며 무릎이 과하게 펴지지 않도록 주의한다.

지금 당장 재활

(1) 발바닥 근막염 재활 운동

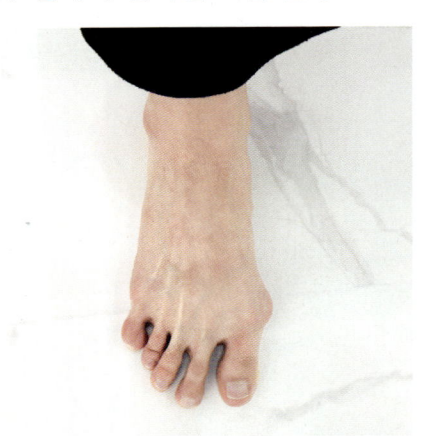

◀ 옆의 사진과 동일하게 발가락을 양 옆으로 펴 준다.

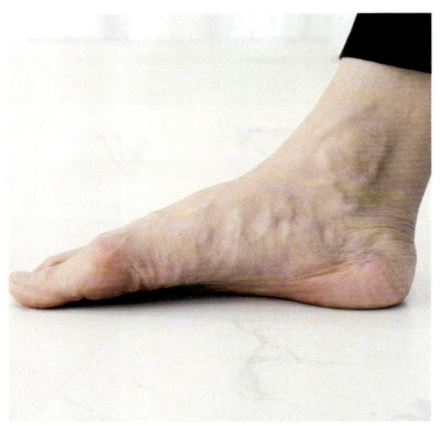

◀ 발가락을 눌러 내며 모아 아치를 만들어 준다.

◀ 발바닥의 아치를 유지하며 한쪽 다리로 지탱한다.

산전·산후 재활 운동법

산전·산후 재활 운동법
산모의 변화

- **임신초기(임신 시작~14주)**
- 생리가 멈추는 것을 자각한다.
- 6주경부터 입덧 또는 먹덧을 시작한다.
- 하복부에 통증을 느끼고 소변을 자주 본다.
- 속이 메스껍거나 토를 할 수 있고 가스가 자주 찬다.
- 변비가 생길 수 있다.
- 피로가 많아지며 평소보다 잠이 많아진다.
- 소량의 질출혈이 발생할 수 있다.

- **임신중기(임신 15~28주)**
- 입덧이나 먹덧이 완화될 수 있다.
- 태동을 느끼기 시작한다.
- 배가 나오기 시작하면서 피부가 가렵다고 느껴질 수 있다.
- 유두 주위 유륜이 어두워질 수 있다.
- 산모에게는 임신 중 가장 편한 시기가 될 수 있다.

- **임신후기(임신 29주~출산)**
- 태동이 강해진다.
- 체중이 많이 증가하여 움직임이 불편하다.
- 수분량이 6.5~8.5ℓ까지 증가하면서 체중도 증가하고 빈혈로 어지러움증이 나타나기도 한다.
- 소변이 더 자주 마렵다.
- 배꼽이 튀어나올 수 있다.
- 복부 수축 또는 통증이 있을 수 있다.

산모의 운동 중요성 및 금기사항

임산부 운동의 중요성

임산부에게 있어서 적정량의 규칙적인 운동은 산모와 태아의 전반적인 건강 상태를 향상시킬 뿐만 아니라 안전하다고 보고되었다. 하지만 임신은 신체의 여러 가지 변화를 가져오므로 몸의 변화에 유의하며, 체중조절이 목적이 아닌 체력 수준을 유지하기 위한 안전하고 지속적인 운동을 계획하는 것이 중요하다. 임신 중 운동에 참여함으로써 여러 가지 신체의 긍정적인 효과를 얻을 수 있으므로 운동 참여와 종료 시기 및 운동의 종류 등에 대하여 담당의사와 상의 후 적절한 운동 또는 여가 활동에 참여하도록 한다. 임신 중 운동이 가져다주는 건강상의 이점에는 다음과 같은 것들이 있다.

1. 요통, 변비, 복부 팽창을 감소시킨다.
2. 임신성 당뇨의 예방과 치료에 효과적이다.
3. 사지의 정맥류나 부종을 감소시킨다.
4. 근육긴장을 완화시키고 근력 및 근지구력의 향상에 도움이 된다.
5. 활력을 증진시키고 피로를 개선한다.
6. 스트레스 및 불안을 해소하고 기분을 전환시킨다.
7. 불면증을 예방하고 숙면을 돕는다.
8. 임신기간 동안 체력을 유지시켜 준다.
9. 진통을 잘 견디도록 해 준다.
10. 임신에 따른 신체적 변화에 의한 심리적 우울감을 예방한다.

절대적 금기사항(의학적 관리 필요)
- ☐ 중증의 심장질환
- ☐ 폐용적이 제한되는 폐질환
- ☐ 자궁경부무력증
- ☐ 지속적인 임신 2, 3삼분기 출혈
- ☐ 조기진통이 있는 경우
- ☐ 양막 파열
- ☐ 임신성 고혈압 혹은 임신중독증
- ☐ 임신 26주 이후의 전치태반
- ☐ 조산의 위험이 있는 다태임신

상대적 금기사항(의사와 상담 후 운동)
- ☐ 심각한 저체중(BMI<12)
- ☐ 심한 빈혈(Hb<10g/dL)
- ☐ 의학적 평가를 받지 않은 부정맥
- ☐ 병적인 고도비만
- ☐ 태아가 자궁내발육부전 소견을 보이는 경우
- ☐ 정형외과적 문제로 운동에 제한이 있는 경우
- ☐ 잘 조절되지 않는 갑상선기능항진증
- ☐ 잘 조절되지 않는 간질
- ☐ 잘 조절되지 않는 고혈압
- ☐ 거의 움직이지 않는 생활 패턴
- ☐ 조절되지 않는 제1형 당뇨
- ☐ 만성기관지염
- ☐ 심한 흡연자

해당 부분이 없는지 체크해 보세요.

＊ 운동 중단 사유
다음과 같은 증상 발생 시 즉시 운동을 중단하고 전문가와 상담한다.
질출혈, 현기증 또는 어지러움, 호흡곤란 증가, 흉통, 두통, 근무기력증, 종아리 통증 또는 부기, 자궁수축, 태아의 활동 감소, 물 같은 분비물 새어 나옴

임신 중 피해야 하는 운동

1. 균형을 잃거나 떨어지기 쉬운 운동: 스키, 승마, 체조, 야외 사이클 등
2. 운동 중 신체접촉으로 충격이 가해지는 운동: 하키, 농구, 축구, 배구, 야구, 킥복싱, 유도 등
3. 급격한 방향 전환이 일어나는 운동: 스쿼시, 테니스, 라켓볼 등
4. 일시적으로 호흡을 중단하거나 숨을 참는 운동(발살바법): 혈압이나 복부 내의 압력을 급격하게 상승시킬 수 있으며 태아에게 산소공급을 방해할 수 있다.
5. 2,500m 이상 고도에서의 운동: 고산병이 발생할 수 있고 자궁 내 혈류의 흐름이 감소할 수 있으므로 고지대에서는 운동을 하지 않아야 한다.
6. 태아에게 감압증(잠수병)을 유발할 수 있는 운동: 스쿠버다이빙
7. 덥고 습한 환경에서의 운동 또는 사우나
8. 공복 시 운동 또는 과도한 운동: 저혈당이 유발될 수 있어 주의해야 한다.

산모의 시기별 운동법

유산소 운동, 걷기, 수영, 고정식 자전거, 근력 운동, 요가, 필라테스 등 임신 중기부터 운동이 가능하다.

유산소 운동은 임산부의 심폐기능을 향상시키고 과도한 체중증가를 예방할 수 있는 좋은 운동법이다. 걷기, 수영과 같이 큰 근육을 사용하는 운동이 좋으며 임신 전부터 운동을 꾸준히 해 오던 임산부의 경우에는 임신 중에 달리기를 해도 좋다. 건강한 여성의 경우 일주일에 3~4일, 하루에 15~30분 운동하여 주 150분 이상 운동을 실시하는 것이 좋으며 운동 중 대화를 유지할 수 있을 정도의 강도로 실시한다.

임신초기 운동법

가벼운 유산소 운동을 하며 복부에 압력을 강하게 가하지 않는 것이 중요하다.

운동법: 뒤통수를 바닥 방향으로 눌러 주고 턱도 목 방향으로 지그시 눌러준다.

❶ 목 안정화[neck(cervical) stabilization]: 목의 가동성을 향상시키고, 목과 상부 척추의 긴장을 완화하는 운동이다. 주로 목 근육을 풀어 주고, 신경계를 자극하는 데 효과적이다.

❷ 고관절 굴곡 강화(hip flexion): 다리와 엉덩이의 움직임을 원활하게 하고, 고관절의 유연성과 안정성을 향상시킨다.

운동법: 누운 상태에서 한 다리를 90°로 들어 올린다.

❸ 골반 안정화(pelvic stabilization): 엉덩이와 고관절 근육을 강화하고 안정성을 향상시키는 운동이다.

운동법: 옆으로 누워 무릎을 구부린 자세에서 발바닥은 붙인 상태로 위쪽 다리를 들어 올려 준다.

❹ 중둔근 강화(gluteus medius strengthening): 근육의 가동 범위를 증가시키고 관절의 안정성을 향상시키는 데 도움을 준다.

운동법: 옆으로 누워 아래쪽 다리는 무릎을 구부려 중심 잡고 다른 한 다리는 편 상태로 수직의 위 방향으로 들어 올린다.

❺ 브릿지 자세(bridge exercise): 엉덩이와 하체 근육을 강화하고 코어 안정성을 개선하는 운동으로 주로 둔근, 햄스트링, 복부 근육을 활성화하는 데 효과적이다.

운동법: 누운 상태에서 양쪽 다리를 무릎 바로 밑에 11 자로 발바닥을 유지하고 무릎과 어깨가 수직이 되도록 엉덩이를 위 방향으로 들어 올린다.

❻ 한쪽 다리 들어 하체 안정화 강화[single leg bridge exercise(lower body stabilization exercise)]: 엉덩이와 하체 근육을 강화하고 균형 감각을 향상시키며, 코어 안정성도 개선하는 데 효과적이다.

운동법: 누운 상태에서 무릎 바로 밑에 11 자로 발바닥을 유지하고 엉덩이를 위쪽 방향으로 들어 올린 후 한 다리를 구부린 상태로 가슴 방향으로 들어 올린다.

임신중기 운동법

급격한 체중이 증가하는 것을 막기 위한 적절한 유산소 운동과 체력을 위한 근력 운동이 중요하다.

❶ 앞 방향 손 올리기[front arm raise(shoulder flexion)]: 어깨와 상체 근육을 강화하는 운동으로, 이 동작은 어깨의 안정성과 가동 범위를 개선하는 데 도움을 준다.

운동법: 스트랩을 잡은 양손을 골반 옆에 손바닥이 앞을 바라보게 하고 내쉬는 호흡에 물 떠올리듯 어깨 높이까지 양손을 올려 준다.

❷ 이두 강화(biceps strengthening): 팔의 근력 및 손목과 어깨의 안정화에 도움을 준다.

운동법: 스트랩을 잡은 양손을 앞으로 나란히 한 자세에서 양손을 얼굴 쪽으로 당겨 오며 팔꿈치만 구부려 준다.

❸ 삼두 강화(triceps strengthening): 삼두근을 강화하여 팔꿈치를 펴는 능력을 향상시키고, 팔의 근력과 어깨 안정성을 개선하는 데 도움을 준다. 또한 팔꿈치 안정성을 높이고, 팔과 어깨의 전체적인 균형과 기능을 개선한다.

운동법: 스트랩을 잡은 양손을 앞으로 나란히 한 자세에서 골반 옆까지 잡아당긴다.

❹ 한쪽 다리 근육 강화(single leg muscle strengthening): 주로 대퇴사두근, 햄스트링, 둔근 등을 자극하며 균형과 안정성을 향상시키는 데 효과적이다.

운동법: 한 다리는 지면에, 한 다리는 발바닥을 박스에 터치하고 버티는 다리를 90°로 구부려 주며 박스에 있는 다리는 뒤쪽 방향으로 뻗어 준다.

❺ 전거근 강화(serratus anterior strengthening): 어깨 안정성을 높이고 상체의 기능을 개선시키며, 어깨 가동성을 향상시킨다.

운동법: 푸시바를 잡고 양 팔꿈치를 바닥 방향으로 내려 준다.

❻ 견갑골 가동성 강화(scapular mobility strengthening): 어깨뼈의 유연성과 가동성을 향상시켜 어깨관절의 기능을 개선하고, 어깨와 팔의 움직임을 원활하게 한다. 또한 어깨 관련 질병의 예방 기능을 한다.

운동법: 푸시바를 잡고 팔꿈치를 몸통 방향으로 내려 준다.

❼ 한쪽 다리 강화(single leg muscle strengthening with push bar): 주로 대퇴사두근, 햄스트링, 둔근 등을 자극하며 균형과 안정성을 향상시키는 데 효과적이다.

운동법: 푸시바를 잡은 다음 한쪽 다리로 중심을 지탱하고 한쪽 다리는 뒤로 뻗어 준다.

❽ 한쪽 다리 들어 하체 안정화 강화[single leg bridge exercise(lower body stabilization exercise)]: 엉덩이와 하체 근육을 강화하고 균형 감각을 향상시키며, 코어 안정성도 개선하는 데 효과적이다.

운동법: 누운 상태에서 양손으로 푸시바를 잡고 무릎 바로 밑에 11 자로 발바닥을 유지한다. 이어 엉덩이를 위쪽 방향으로 들어 올린 후 한 다리를 구부린 상태에서 가슴 방향으로 들어 올린다.

❾ 한쪽 다리 들어 몸통의 안정화 강화(single leg raise for core strengthening): 균형 감각을 향상시키고, 근력과 코어 안정성을 강화시켜 주는 운동이다.

운동법: 리포머에 누워 한 다리를 편 상태로 들어 올려 준다.

임신후기 운동법

출산 전까지 운동이 가능하다. 그렇지만 조산 위험이 있고 빈혈 위험이 있기 때문에 무리하지 않는 것이 중요하다.

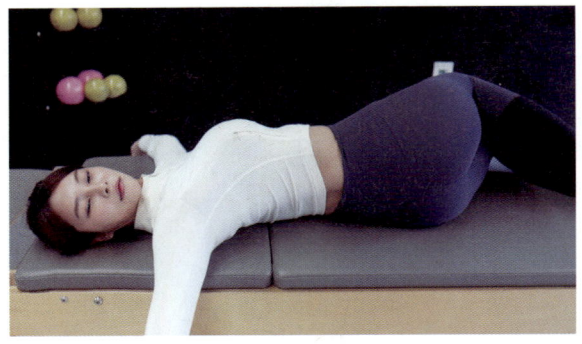

❶ 척추 유연성 강화(spine rotation): 흉추의 가동성에 도움을 주며 둥근 어깨(round shoulder)와 거북목을 교정하는 데 도움을 준다.

운동법: 옆으로 누운 상태에서 양손을 앞으로 나란히 한 후 손을 반대로 보내며 상체를 열어 준다.

❷ 이두 강화(biceps strengthening): 팔의 근력 및 손목과 어깨의 안정화에 도움을 준다.

운동법: 스트랩을 잡은 양손을 앞으로 나란히 한 자세에서 양손을 얼굴 쪽으로 당겨 오며 팔꿈치만 구부려 준다.

❸ 삼두강화(triceps strengthening): 삼두근을 강화하여 팔꿈치를 펴는 능력을 향상시키고, 팔의 근력과 어깨 안정성을 개선하는 데 도움을 준다. 또한 팔꿈치 안정성을 높이고, 팔과 어깨의 전체적인 균형과 기능을 개선한다.

운동법: 스트랩을 잡은 양손을 앞으로 나란히 한 자세에서 골반 옆까지 잡아당긴다.

❹ 견갑골 안정화 강화(scapular stabilization exercise): 어깨뼈의 유연성과 가동성을 향상시켜 어깨관절의 기능을 개선하고, 어깨와 팔의 움직임을 원활하게 한다. 또한 어깨 관련 질병 예방 기능을 한다.

운동법: 푸시바를 잡고 팔꿈치를 몸통 방향으로 내려 준다.

❺ 전거근 강화(serratus anterior strengthening): 어깨 안정성을 높이고 상체의 기능을 개선시키며, 어깨 가동성을 향상시킨다.

운동법: 푸시바를 잡고 양 팔꿈치를 바닥 방향으로 내려 준다.

❻ 복부 강화(core strengthening): 복부를 강화시키며 만출력을 높여 막달에 아이를 내려오게 하는 데 효과가 있어 자연분만에 도움이 된다. 단, 가동범위를 제한하고 무리하지 않아야 한다.

운동법: 머리 뒤에 깍지 낀 후 상체를 가볍게 들어 올린다.

출산 후 배곧은근분리 및 골반바닥근육 재활 운동법
배곧은근분리(복직근분리)란?

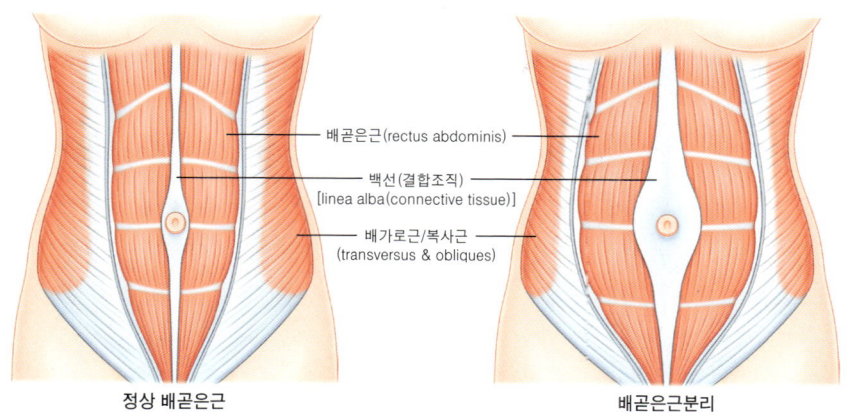

정상 배곧은근   배곧은근분리

배곧은근분리(복직근분리, diastasis recti abdominus)는 오른쪽, 왼쪽 복부 근육 사이의 공간이 넓어진 것을 말하며 신생아를 포함한 모든 사람에게 나타날 수 있다. 배곧은근분리는 특히 임산부에게 매우 흔하게 발생하며, 이는 허리 통증, 소화불량, 변비 등을 유발할 수 있으며 심한 경우 움직임이 어렵게 되거나 탈장이 발생하기도 한다.

심부근육으로 배가로근, 배곧은근이 있는데 배곧은근분리는 이 배곧은근이 분리되어 정중선이 벌어져 배가 튀어나오거나 약해지는 느낌을 만들어 낼 수 있다.

배가로근은 복부 가장 깊은 곳에서 안정성을 담당하며, 배곧은근분리 회복에 중요한 역할을 한다. 배곧은근은 복부 앞쪽을 지탱하며 몸을 굽히는 기능을 하고, 이개 시 배가로근과 함께 강화가 필요하다. 이 두 근육은 배곧은근분리 회복과 자세 안정에 핵심적인 역할을 한다.

배곧은근분리 확인 방법

똑바로 누워 발바닥을 바닥에 대고 무릎은 구부린다. 그리고 배를 볼 수 있도록 옷을 걷어 올리고 머리와 어깨를 서서히 들어 올린다. 이때 복부 중앙에 골이 지거나 불룩한 흔적이 있으면 배곧은근분리를 의심할 수 있다. 또한 배꼽 근처 복부에 손가락 2개를 올려놓고 머리와 어깨를 살짝 들어 배의 중앙을 따라 세로로 파인 부위가 있는 것을 살펴본다. 파인 부위의 너비에 손가락 1~3개가 들어가면 배곧은근이 분리된 것으로 볼 수 있으며, 이 경우 상당한 요통이 따를 수 있다.

골반바닥근육이란?

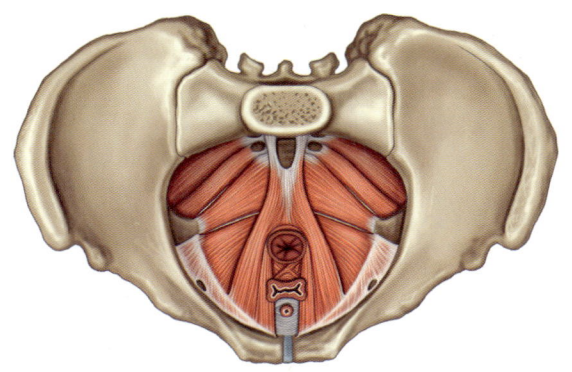

골반바닥근육은 골반 바닥을 형성하는 근육으로 방광, 자궁, 직장 등의 하복부 장기들을 보호하고 받쳐 주는 역할을 한다. 이는 치골, 미골, 좌골을 연결해 마름모꼴을 형성하며, 단일 근육이 아닌 미골근, 항문거근 등으로 구성된 근육 집합체를 의미한다.

속근육에는 내측 척주세움근(medial erector spinae), 꼬리뼈근육(coccygeal muscles), 장골근(iliacus), 그리고 꼬리뼈 부위의 둔근(gluteal muscles of the coccygeal region) 등이 포함된다. 이외에도 내측 회음근(medial perineal muscles), 척주직장근(coccygeorectal muscles), 외항문괄약근(external anal sphincter), 외요도괄약근(external urethral sphincter), 궁둥해면체근(ischiocavernosus), 심층 및 표층 회음횡근(deep and superficial transverse

perineal muscles) 등이 있으며, 이들은 골반바닥근육(pelvic floor muscles)과 밀접한 관련이 있다. 이러한 근육들은 자세 유지, 배뇨·배변 조절, 심부 안정성 유지 등 다양한 기능에 중요한 역할을 한다.

이들 근육은 배뇨와 배변의 조절, 성기능 유지, 골반의 안정성 확보, 그리고 하복부의 기능적 역할을 담당한다. 각 근육은 골반의 중요한 구조를 지지하며, 정상적인 생리 기능을 유지하는 데 필수적인 역할을 한다.

산후 재활 운동법
1. 횡경막 호흡

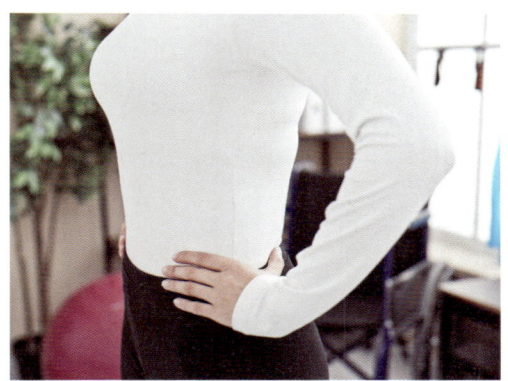

호흡법: 양손으로 갈비뼈를 터치하고 코로 호흡을 마시며 양 갈비뼈를 옆으로 확장시킨 후 내쉬며, 양 갈비뼈와 배가로근 및 골반바닥근육, 괄약근을 수축시킨다.

2. 배곧은근분리 및 골반바닥근육 재활 운동
(1) 가로막(횡경막, diaphragma) 호흡 재활 운동
- 운동 시기: 출산 1~2주 후부터 권장
- 효과: 내측 복근(배가로근, 골반바닥근육) 활성화, 골반 속 기관 버팀힘 회복, 배곧은근 갈라짐 회복에 도움, 스트레스 완화, 몸 조절 신경 안정
- 운동법: ① 코로 천천히 숨을 들이마시며 갈비뼈를 양 옆으로 풍선처럼 부풀어 오르게 한다. 이때 가슴은 최대한 움직이지 않도록 한다.
  ② 입으로 천천히 숨을 내쉬며 배가 서서히 납작해지도록 한다. 5초 들이마시고, 5~10초 내쉬는 것을 목표로 하되 처음에는 편한 속도로 시작한다.

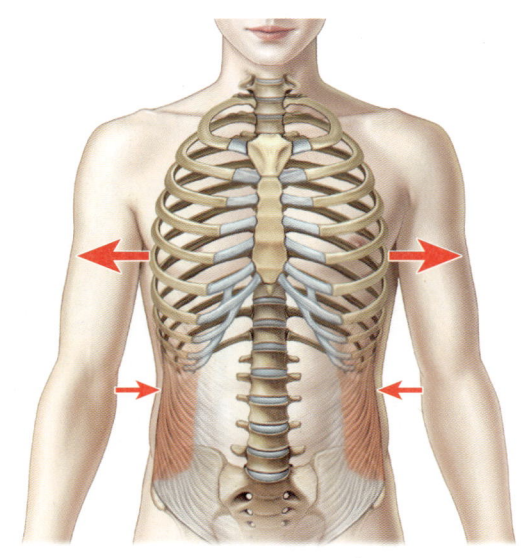

(2) 배가로근(복횡근, transversus abdominis) 재활 운동

- 운동 시기: 출산 6주 후부터 권장
- 효과: 내측 복근 안정성 회복, 허리 통증 예방, 속기관 버팀힘 강화, 배곧은근 갈라짐 회복, 배가로근 강화
- 운동법: ① 원 레그 테이블톱 호흡(one leg tabletop with breath)으로 누운 상태에서 한쪽 무릎을 들어 90° 각도로 만든다.
  ② 누운 자세를 유지하며 호흡과 함께 배가로근 수축을 유지한다. 허리 바닥에 밀착하며 복부가 부풀지 않도록 주의한다.
    * 한쪽당 횟수: 10회 × 2세트

(3) 골반바닥근육 재활운동

- 운동 시기: 출산 6주 이후부터 권장
- 효과: 배가로근을 활성화해 배속근 안정성, 골반바닥근육과의 협응으로 아랫배 지지력 강화, 척주굽힘근육(다열근)의 안정화로 허리 안정성 증가, 볼기근을 강화해 골반과 허리 정렬 개선, 몸통 속근 전반의 기능 회복으로 자세 유지 능력 향상
- 운동법: ① 브릿지 호흡(pelvic bridge with breath)으로 무릎 바로 밑에 발바닥이 올 수 있도록 누운 자세에서 시작한다.
  ② 엉덩이를 들어 올려 골반과 어깨가 사선 일직선이 되게 한 다음 위에서 10초 유지하며 호흡한다. 이때 엉덩이와 복부, 골반바닥근육을 수축한다.
  ③ 천천히 등, 허리, 엉덩이 순서대로 내려온다. 이때 골반바닥근육 수축은 소변 참는 힘을 준다는 느낌으로 해 준다. 이때 허리가 꺾이지 않도록 복부는 아래로 누르고 골반을 위로 올려 준다.

참고자료

- 건강보험심사평가원 서울지원(2022), 요양급여비용 청구길라잡이, 1-203.
- 건강보험심사평가원(2024), 건강보험요양급여비용, 3-1213.
- 권나은, 최승준(2020), 필라테스 운동이 임신성 요통을 가진 임산부의 골반 경사각 및 건강체력에 미치는 영향, PNF and Movement, 18(3), 351-363.
- 권오국, 최현, 박찬호, 양영식, 유달영(2023), 기구 필라테스 운동이 만성 요통환자의 통증 정도, 장애지수, 복부근 두께에 미치는 영향, 대한정형도수물리치료학회지, 29(1), 53-67.
- 근골격계운동치료학편찬위원회(2017), 근골격계 운동치료학, 범문에듀케이션.
- 김경배, 임강일, 소위영, 박수경, 송욱(2007), 국내 비만연구에서 적용된 운동요법의 효과에 대한 메타분석, 대한비만학회, 16(4), 177-185.
- 김규용, 이준희, 임규돈(2024), 어깨뼈 안정화 필라테스가 여성의 어깨 통증과 근기능에 미치는 효과, 대한치료과학회지, 16(1), 15-22.
- 김명권, 정용범, 전은희(2023), 12주간의 미니볼을 이용한 필라테스와 매트필라테스가 노인의 근력, 전신지구력, 유연성, 동적평형성에 미치는 영향을 비교, 29(1), 33-39.
- 김미영, 김미정(2020), 필라테스 안정화 운동이 배근 수축과 허리골반정렬, 생리통에 미치는 영향, 대한물리치료학회지, 32(4), 203-215.
- 김샛별(2023), MAT / Small Equipment Pilates: Mat, Foam Roller, Circling, Mini Ball, Gym Ball, Band, BOSU Manual, 서울: 국제필라테스지도자협회.
- 김선하, 지무엽, 오재근(2024), 탄력밴드를 이용한 필라테스 운동이 야구선수의 코어 근기능, 어깨 회전 근력, 볼 스피드에 미치는 영향, 한국스포츠학회지, 22(3), 685-694.
- 김영균(2020), 필라테스 안정화 운동이 배근 수축과 허리골반정렬, 생리통에 미치는 영향, 한국체육과학회지, 29(2), 123-134.
- 김영근, 홍승표, 이희령, 주유미, 한대성(2023), 국내 작업치료에서 인지재활 현황 및 미래발전방안 조사연구: 임상현장 작업치료사 중심으로, 대한작업치료학회지, 31(4), 105-124.
- 김은정, 설은미(2020), 독거노인의 연령에 따른 일상생활, 건강수준 및 영양관련 특성비교 : 2020년 노인실태조사 자료를 중심으로, 동서간호학연구지, 30(2), 127-139.
- 김은지, 임종민, 김동훈(2018), 요가운동 프로그램이 정상성인의 몸통 안정성과 균형능력에 미치는 영향, 정형스포츠물리치료학회지, 14(1), 65-73.
- 김정훈, 김희년, 최용석, 정형선(2023), 지역별 회복기 재활의료서비스 필요도 결정요인 분석연구, 보건행정학회지, 33(1), 40-54.
- 김지영(2019), 편두통과 긴장형 두통에서 불면의 역할, 부산대학교 석사논문.
- 노수연(2017), 필라테스 기구 운동 시 포지션에 따른 손목 과신전 자세가 상지와 어깨 근육 활성도에 미치는 영향, 대한물리치료학회지, 24(3), 45-56.
- 박주영, 김남순, 박헌영(2008), 국내 장노년층 만성통증의 현황과 과제, Public Health Weekly Report, 8(31), 728-734.

- 신현철(2011), 외래 이학요법료의 진료경향 분석, 건강보험심사평가원 심사평가정책연구소, HIRA 정책동향, 5(4), 64-74.
- 안소현, 김해봄, 신재용(2024), The effect of pilates intervention programs on individuals with developmental disabilities : a systematic review, 한국컴퓨터정보학회지, 30(2), 1-11.
- 유하나, 정은정, 이병희(2012), 오타고 운동과 요가운동이 여성 노인의 보행, 우울 및 낙상 효능감에 미치는 효과 비교, 특수교육재활과학연구지, 51(2), 261-279.
- 이상훈, 김상만(2024), 만성 편두통에 대한 기능의학적 이해 및 치료적 접목, 대한기능의학회지, 7(1), 18-25.
- 이소니(2021), 테이핑과 필라테스 안정화 운동이 젖힌 무릎을 가진 여성의 신체 정렬 및 젖힌 무릎 개선에 미치는 영향, 용인대학교 재활복지대학원 석사논문.
- 장민희(2024), 작업치료 수가 개선방안연구: 미국과 일본의 비교제도톤적 고찰, 가천대학교 특수치료대학원 석사논문.
- 장설희, 이해림, 김명기(2023), 필라테스 기구 운동시 포지션에 따른 손목 과신전 자세가 상지와 어깨 근 활성도 및 통증에 미치는 영향, 32(2), 959-969.
- 조나영, 장용철, 조준용(2020), 12주간의 필라테스 매트 운동이 임산브의 신체구성, 요부근력, 요통 및 임신스트레스에 미치는 영향, 한국엔터테인먼트산업학회논문지, 14(6), 259-268.
- 조한수, 김찬회(2020), 맞춤형 교정운동 프로그램이 편평등 증후군 환자의 척추 만곡도 및 균형능력에 미치는 영향, 한국웰니스학회지, 15(1), 409-417.
- 차유진, 송영진, 김은영, 김선정, 김동준(2017), 보건의료 빅데이터를 예용한 전문재활치료 건강보험수가 현황분석: ICF모델을 중심으로, 대한작업치료학회지, 25(4), 1-17.
- 최오종, 조성일(2018), 우리나라 성인의 성별에 따른 비만유병률의 변화: 국민건강보험건강검진(2011-2013), 대한보건학회지, 44(4), 87-97.
- 한대성(2024), 노인작업치료학, 대한나래출판사.
- 현아현, 조준용(2019), 12주 필라테스 운동이 임산부의 신체조성, 분만 자신감, 경부장애지수에 미치는 영향, 스포츠사이언스, 36(2), 43-55.
- 현아현, 최동훈, 엄현섭, 김지선, 오은택, 조준용(2020), 8주간의 출산전 필라테스 운동과 프로바이오틱스 섭취가 출산 후 여성의 장내미생물, 신체구성, 혈중지질, 비만호르몬, 염증성 사이토카인에 미치는 영향, 한국응용과학기술학회지, 37(4), 878-892.
- 황이위, 이성노(2024), 필라테스 운동이 노인의 하지근력 및 균형에 디치는 영향-체계적 문헌 고찰 및 메타분석, 코칭능력개발지, 26(12), 98-110.
- Carolyn Kisner, Lynn Allen Colby(안창식 외 역)(2020), 운동치료총론(개정7판), 영문출판사.
- Donald A. Neumann(채윤원 역)(2018), 뉴만 Kinesiology 근육뼈대계통의 기능해부학 및 운동학, 범문에듀케이션.
- 편두통, 질병관리청 국가정보포털, https://health.kdca.go.kr/healthinfo/biz/health/gnrlzHealthInfo/gnrlzHealthInfo/gnrlzHealthInfoView.do?cntr.ts_sn=5449

- Abdulazeem Kamkar, James J. Irrgang, Susan L. Whitney. (1993), Nonoperative Management of Secondary Shoulder Impingement Syndrome. Journal of Orthopaedic & Sports Physical Therapy, 17(5), 212-224. https://www.jospt.org/doi/10.2519/jospt.1993.17.5.212

- ACOG Committee. (2002), Opinion no. 267: Exercise during pregnancy and the postpartum period, 대한산부인과학회지, 99, 171-173.

- American Academy of Orthopaedic Surgeons (AAOS) & OrthoInfo. Therapeutic Exercise program for Epicondylitis. https://orthoinfo.aaos.org/globalassets/pdfs/2022-therapeutic-exercise-program-for-epicondylitis.pdf

- Artal, R., & O'Toole, M. (2003), Exercise in pregnancy: Guidelines of the American College of Obstetricians and Gynecologists for exercise during pregnancy and the postpartum period, 영국 스포츠의학저널, 37, 6-12.

- Davies, G.A., et al. (2003), Joint SOGC/CSEP clinical practice guideline: exercise in pregnancy and the postpartum period. Can J Appl Physiol, 28(3), 330-341.

- Kenneth F. Smith. (1979), The Thoracic Outlet Syndrome: A Protocol of Treatment. Journal of Orthopaedic & Sports Physical Therapy, 1(2), 89-99. https://www.jospt.org/doi/10.2519/jospt.1979.1.2.89

- Martin J. Kelley, Michael A. Shaffer, et al. (2013), Shoulder Pain and Mobility Deficits: Adhesive Capsulitis. Journal of Orthopaedic & Sports Physical Therapy, 43(5), A1-A31. https://www.jospt.org/doi/10.2519/jospt.2013.0302

- Thomas A., Koc J.r., et al. (2023), Heel Pain - Plantar Fasciitis: Revision 2023. Journal of Orthopaedic & Sports Physical Therapy, 53(12), CPG1-CPG39.

- Physiopedia. Non specific Low back pain. https://www.physio-pedia.com/Non_Specific_Low_Back_Pain?utm_source=physiopedia&utm_medium=related_articles&utm_campaign=ongoing_internal

- Physiopedia. Sway Back Posture. https://www.physio-pedia.com/Sway_Back_Posture?utm_source=physiopedia&utm_medium=search&utm_campaign=ongoing_internal